기독교교육심리

Church Next ❹
기독교교육심리

초판 발행 | 2008년 10월 2일
초판 7쇄 | 2019년 2월 8일
저자 | 박종석
편집책임자 · 펴낸이 | 총회교육원
펴낸곳 | 도서출판 생명의양식
등록 | 1998년 11월 3일, 서울시 제22-1443호
주소 | 06593 서울특별시 서초구 고무래로 10-5 (반포동)
전화 | (02) 533-2182
팩스 | (02) 533-2185

총판 | 생명의말씀사
전화 | (02) 3159-7979
팩스 | (080) 022-8585

교열 | 양명지
북디자인 | 이성희
ISBN 978-89-88618-24-0 03230

이 책은 저작권법에 의해 보호를 받는 출판물입니다.
기록된 형태의 저자의 허락이 없이는 무단 전재와 복제를 금합니다.

Church Next ❹
기독교교육심리

박종석 지음

생명의 양식

발간사 'Church Next' 시리즈를 펴내면서

한국교회가 위기에 처해 있다는 경종이 계속되고 있습니다. 우리 사회에서 교회의 신인도가 크게 추락하고 있고, 무엇보다도 젊은이들이 교회를 떠나고 있으며 어린이들과 청소년들의 수가 급격하게 줄어들고 있습니다. 다음 세대의 한국교회를 생각할 때 큰 위기가 아닐 수 없습니다.

한국교회가 이러한 위기상황임에도 불구하고 우리는 여전히 한국교회를 사랑하며 교회교육을 사랑합니다. 칠흑 같이 어두운 밤에 작은 등불이 더욱 빛나는 것을 아는 우리들은 이제 다시 한국교회의 미래를 위한 희망의 씨앗을 뿌립니다. 하나님의 교회는 본질적으로 교육하는 교회여야 하고, 교육과 훈련을 통해 다음 세대를 계속하여 양성할 수 있음을 알기 때문입니다. 교회의 교육 발전을 위해서는 잘 훈련되고 구비된 교사들이 필요하고, 그들이 교육을 새롭게 할 수 있습니다.

이제 우리는 한국교회 교육의 새로운 부흥을 기대하며, 교회의 미래를 준비하는 교회학교 교사 교육과정으로 'Church Next' 시리즈를 간행합니다. 한국교회에서 학문적이고도 실천적인 기독교교육으로 잘 무장된 복음주의권 기독교교육학자들과 교육전문가들을 중심으로 성경과 신학, 기독교교육학 이론과 실천의 에센스를 뽑아 모두 8권의 시리즈로 기획, 출판합니다. 지난 23년 동안 14,000명을 훈련된 교사와 평신도 리더들을 양성하고 배출한 경험을 토대로 한국교회의 교사 양성을 위한 새로운 교육과정으로 제시합니다. 이 시리즈의 저자들은 신학과 기독교교육의 이론에서 정통하면서도 교육실천의 현장에서 오랜 경험과 축적된 경험이 교사로 입문하는 이들에게 의미있는 도움을 줄 것입니다. 이 시리즈의 여덟 권의 교재로 1년 두 학기 동안 교사들을 훈련할 수 있으며, 교사들이 개인적으로 전문교사로 성장하는 일에도 많은 도움이 될 것입니다. 이 시리즈가 한국교회 교회교육을 새롭게 하고, 교회의 다음 세대를 양성하는 일에 크게 쓰여질 것을 믿습니다.

2008년 3월

기획·책임편집자 _ 나삼진

머리말

이 책은 교회에서 교육을 할 때 교사들이 학습자의 행동을 보다 더 잘 이해할 수 있도록 돕기 위해 쓰여졌다. 교육에서 가장 중요한 것 중의 하나는 학습자 이해이다. 학습자 이해는 여러 접근을 통해서 가능한데, 여기서는 심리학적 차원에서 시도를 한다.

교회의 교육의 본질은 '신앙교육' 이라고 할 수 있을 것이다. 그런데 이 '신앙' 이라는 말을 영적으로만 이해하다 보니 교육조차도 인간의 조건을 배려하지 않고 교리나 성경의 전달, 영성 훈련이나 감정의 고조를 추구하는 방향으로 나아간 것 같다. 하지만 신앙교육도 당연히 교육일진대, 그렇다고 한다면 신앙교육 역시 인간에 대한 고려가 있어야 한다. 이 '고려' 가 곧 인간 조건의 이해라고 할 수 있으며, 교육에서는 그 인간 조건을 지·정·의라고 생각하며 그것의 균형과 조화를 목표로 삼고 있다.

교육의 목표라고 할 수 있는 인간의 이 지·정·의의 차원은 심리학적 이해를 필요로 한다. 얼핏 보면 지성과 정서, 그리고 행동은 성격이 전혀 다른 차원처럼 보이지만 사실은 서로 영향을 주고받는 관계에 있다. 이 같은 관계 양상들을 포함한 인간의 내적 외적 상태에 대한 설명을 하고자 하는 것이 심리학의 관심이다.

인간에게는 지·정·의적인 차원 이외에 여러 차원이 있다. 신앙교육을 하는 입장에서는 인간의 영적 차원이 무엇보다 관심사이다. 그런데 이제까지 교회교육에서는 이 영적 차원에 대한 관심에 비해 상대적으로 인간의 전인적 차원이 경시되어 온 경향이 있다. 이 책은 그와 같은 교회 교육의 약점을 보완해 줄 것이다.

이 책에서 다루는 심리학적 내용들은 교육과 관련된 것들이다. '교육심리학' 이라고 부르는 이 심리학의 영역에는 일반적으로 학습자와 관계된 내용으로 자아와 그 발달, 학습, 동기, 그리고 교사와 관계된 내용으로 교수와 평가 등이 포함된다. 이 책에서도 이 같은 영역을 벗어나지는 않았다. 이는 '기독교교육심리학' 이라는 제하의 책들이 대부분 그런 체제를 유지하고 있기 때문이라는 이유를 댈 수 있지만, 무엇보다 그 같은 영역들이 교육 행위라는 현상에 포함된 기본적인 심리학적 내용이기 때문이다. 하지만 이 책이 교육심리학에 대한 기독교적 접근을 해야 한다는 당위성에서 언급된 영역들과 관련된 기독교 심리적 내용들을 부가했다. 따라서 독자들은 해당 영역에서 일반적 내용과 기독교적 관점에서의 내용들을 비교할 수 있을 것이다.

이 책은 우선은 교회학교의 교사들을 위해서 쓰여졌다. 그러나 시중에서 본격적인 기독교교육심리학 책을 찾아볼 수 없는 상황에서 이 책은 대학의 기독교교육 전공 관련 강의의 교재로 사용될 수도 있을 것이다. 사실 이 책의 수준을 대학 1학년 교양과목 정도로 생각했으나 그 판단은 독자가 해야 할 것 같다. 또한 '교육심리'라는 주제에 관심이 있는 사람이라면 이 책을 통해 기본적인 내용들을 파악할 수 있을 것이다. 인간에 대한 이해가 필요하다고 생각하는 신학대학원생이나 목회 현장에 있는 사역자들에게도 도움이 될 수 있을 것이다.

이 책은 뜻밖의 기회에 의해 집필되었다. 저자가 타 교단 사람임에도 불구하고 집필의 기회를 주신 대한예수교장로회(고신) 총회교육원장이신 나삼진 박사님과 고신대학교 기독교교육과 교수이신 강용원 교수님의 배려에 심심한 감사를 드린다. 그리고 이 책을 편집하느라 수고하신 양명지 강도사님에게도 감사를 드린다. 아무쪼록 이 책을 통해 학습자들의 행동을 더 잘 이해하게 되어서 참 좋은 신앙교육이 이루어지기를 간구하는 바이다.

2008년 3월

저자_박종석

차례
Contents

발간사　5
머리말　6

제1부 기독교 교육심리학은 무엇인가?
01 기독교교육심리학의 필요성　14
02 기독교교육심리학의 성격　16
03 기독교교육심리학의 분야　19

제2부 학습자는 누구인가
01 성격　27
　성격의 개념 | 성격이론 | 성격과 신앙
02 정서　44
　정서의 정의 | 정서의 발달
03 인지　49
　지능 | 다중지능
04 학습자의 행위 유형　57

제3부 신앙은 어떻게 발달되는가?
01 발달의 원리　65
　발달의 과정 | 단계의 성격 | 발달 이론
02 종교적 발달　70
　신앙발달의 전통 | 실존적 생의 주기론 | 종교적 사고의 발달 |
　하나님 개념 | 기도 개념 | 종교적 정체성 발달 | 신앙발달 | 종
　교적 판단 발달 | 영성 발달 | 영적 발달과제

제4부 교사는 어떻게 가르칠 것인가?

01 글라이서의 교수이론 144
수업목표의 선정과 진술 | 출발점 행동의 진단과 확인 | 수업절차의 선정과 실행 | 학습 성과의 평가와 사정

02 브루너의 교수이론 149
구체적 경험 | 내용 구성 | 교수 내용의 계열화 | 보상의 균형

03 오슈벨의 교수이론 154
유의미 학습 | 교수 단계

04 기독교교육의 교수이론 157
성경공부 교수 | 귀납법적 교수 | 리처즈의 교수이론 | 리, 그룸, 그리고 윙크의 교수이론 | 교수와 성령

05 교육평가 168
교육평가의 목적 | 교육평가의 절차 | 교육평가의 영역

제5부 학습자는 어떻게 배우는가?

01 행동주의 학습이론 183
고전적 조건화 | 조작적 조건화 | 강화

02 관찰학습 195
반두라의 사회학습이론 | 관찰학습의 과정

03 인지적 접근 200
인간학습과 기억 | 신경망 이론 | 두뇌기반학습 이론

04 구성주의적 학습 216
능동적 학습 | 구성주의 학습의 특징

05 학습양식 221
학습 단계 | 학습양식 | 나의 학습 선호방식

06 학습과 신앙 231
분리적 학습자 | 관련적 학습자 | 동화적 학습자 | 해석적 학습자

07 동기 234
동기에 대한 접근 이론 | 동기와 교수

표와 그림 차례

표1_ 기본정서의 정서군 47
표2_ 성격에 따른 행위 유형 58
표3_ 오슈벨의 교수단계 156
표4_ 객관주의와 구성주의 교수_학습이론의 특징비교 219

그림1_ 유아의 정서발달 47
그림2_ 리의 교수체계도 163
그림3_ 콜브의 학습 단계 224
그림4_ 매슬로우의 욕구 위계도 242

| 제1부 |

기독교교육심리학은 무엇인가?

서론

'기독교교육심리학'은 낯이 설다. 아직까지 '기독교교육심리학은 이것이다'라고 말할 만큼 분명하게 정리되어 있지 않기 때문이다. 그래서 우리나라에서는 물론이고 외국에서도 일반 교육심리학의 내용을 그대로 되뇌이거나 응용한 내용들로 아쉬움을 달래는 형편이다. 기독교교육심리학의 이와 같은 상황을 전제로 하고 이 장에서는 기독교교육심리학을 그 성격 면에서 나름대로 새롭게 구상해본다는 입장에서 함께 생각해보는 기회가 되었으면 하는 바람이다. 이 책의 전제가 있다면 기독교교육심리학을 교회교육의 입장에서 가능하면 실천적으로 논의한다는 점이다.

 1장

기독교교육심리학의 필요성

왜 우리는 지금 기독교교육심리학인가? 왜 그것을 배워야 하는가? 교육은 사람을 가르치는 행위라고 할 수 있는데, 그 사람은 몸과 마음으로 되어 있다. 우리가 학습자들을 잘 가르치기 위해서는 학습자들의 마음을 잘 알아야 하는 것은 당연한 일이다. 이 사람의 마음을 연구하는 학문이 심리학인데, 그래서 우리는 심리학을 공부할 필요가 있다.

'심리학' 이 무엇인가에 대한 의견은 분분하다. 말 그대로 마음을 연구하는 것이라는 입장이 있는 반면에 보이지도 않는 마음을 연구하는 것은 모호하니 보이는 행동을 연구해야 한다는 입장도 있다. 전자의 입장에서는 마음을 구성하고 있는 것들이 무엇인지, 그것들이 어떻게 작용하는 지에 대해 연구하고, 후자의 경우에는 사람이 자극에 대해서 어떻게 반응을 하는

지 등을 실험을 통해 연구하려는 입장이다. 심리학은 그 종류도 많아 영역에 따라, 즉 어느 분야에서 연구되느냐에 따라 교육심리학, 종교심리학, 상담심리학, 사회심리학, 산업심리학, 경영심리학, 광고심리학 등 그 수가 무척 많으며, 대상에 따라 아동심리학, 청소년심리학, 노인심리학 등이 있다. 심리학이 이렇게 복잡하다 하여 겁낼 필요는 없다. 우리가 여기서 심리학을 배우고자하는 이유는 학습자들을 잘 가르치기 위해서인데 그러기 위해서는 다른 심리학들보다 특히 교육심리학에 관심을 가지면 된다.

교육심리학은 교육과 관련된 내용, 즉 배움과 관련된 정신 등이 어떻게 발달해 가는지, 그리고 학습자들이 어떻게 배우는지, 그에 맞추어 교사는 학습자들을 어떻게 가르쳐야 하는 지 등의 문제에 대해 심리학적 관점에서 다루는 학문이라 할 수 있다. 그런데 우리가 여기서 살펴보고자 하는 것은 일반 교육심리학이 아니라 '기독교교육심리학', 즉 교육심리학을 다시 기독교적 관점에서 보는 것이라 할 수 있다.[1]

우리가 기독교교육심리학을 배워야 하는 이유는 위에서 말했듯이 학습자들을 잘 가르치기 위해서이지만 한편으로 교사에게도 교사로서의 나는 누구인지 또 나는 지금 학습자들을 잘 가르치고 있는지를 돌아보게 하는 기회가 된다는 것이다. 학습자들의 심리, 곧 마음과 전혀 맞지도 않는데 우격다짐으로 가르쳐오지는 않았는지, 왜 학습자들이 그렇게 성경공부를 하기 싫어했는지 등등 여러 가지 것들의 이유와 원인을 발견할 수 있을 것이다. 그러니까 기독교교육심리학은 학습자들의 마음을 잘 이해하고 가르치기 위해서, 그리고 교사인 나 자신의 마음과 행동을 반성하기 위해서 공부할 필요가 있다는 것이다.

---

[1] 기독교교육심리학을 '기독교교육'에 대한 다양한 용어에 따라 다른 말로도 부를 수 있을 것이다. 일반적으로 사용되는 '기독교교육'은 그 의미에 따라 '종교교육', '교리문답교육', '기독교종교교육' 등으로 불리기도 한다(이에 대한 자세한 내용은 John H. Westerhoff III, *Who Are We* [Birmingham, AL: Religious Education Press, 1978] 참조). 한편 최근의 신앙교육에 대한 관심을 반영해 '기독교신앙교육'이라 부를 수도 있을 것이다. 그럴 경우 교육심리학은 '기독교신앙교육심리학'이 될 것이다.

 2장

기독교교육심리학의 성격

우리가 무엇에 대해 공부하고자 할 때 맨 처음 그것이 무슨 뜻인지를 알아보는 것이 좋다. 우리의 경우도 마찬가지이다. 우리는 지금 '기독교교육심리학'에 대해 공부하려고 하는데, 도대체 그것의 정체가 무엇인지 먼저 알아봐야 한다. '기독교교육심리학'이란 말은 '기독교교육'과 '심리학'이라는 말이 합쳐진 말인데, '기독교교육'은 다시 '기독교' + '교육'으로 나눌수 있으니, 결국 '기독교교육심리학'이란 말은 '기독교' + '교육' + '심리학'이란 세 단어가 합쳐진 용어라고 할 수 있다. '기독교교육심리학'이라는 말을 이렇게 생각하면 "어휴, 그러면 '기독교교육심리학'을 제대로 알려면 '기독교'와 '교육'에다 '심리학'까지 알아야 하니 '기독교교육심리학'이란 내용은 굉장히 어렵겠구나!" 이렇게 생각할 수 있다.

그러나 꼭 그렇게 생각할 필요는 없다. 왜냐하면 '기독교교육심리학'을 잘 알기 위해서는 '기독교', '교육', 거기에다 '심리학'까지 알아야 한다는 생각은 '기독교교육심리학'을 그것 모두를 합쳐놓은 것으로 보기 때문이다. 그런데 사실은 그렇지 않다. 예를 들어, 여기 사과, 연시, 그리고 배가 있다고 하자. 그리고 그것들을 섞어보자. 그러면 그것들이 다른 것으로 바뀌는가? 그렇지 않다. 사과는 사과대로, 연시는 연시대로, 배는 배대로 다른 것과 섞어도 변하지 않고 그대로 있을 것이다. '기독교교육심리학' 역시 마찬가지이다. '기독교교육심리학'을 '기독교'와 '교육'과 '심리학'을 섞어놓은 것이라고 생각하는 것은 사과, 연시, 그리고 배를 섞어놓는 것과 같다. '기독교'와 '교육'과 '심리학'을 아무리 섞어도 그것은 '기독교'이고 '교육'이고 '심리학'이지 절대 '기독교교육심리학'은 아니다. 그렇다면 '기독교교육심리학'은 무엇인가.

여기서 다시 한 번 과일의 비유를 생각해 보자. 사과, 연시, 배를 섞어서 새로운 것을 만들려면 어떻게 해야 할까. 그것들을 썰어서 샐러드를 만드는 방법도 있겠지만 가장 완전한 방법은 그것들을 모두 믹서에 넣고 갈아버리는 것이다. 그랬을 때 우리는 그것을 무엇이라고 불러야 할까. 그것은 사과도 아니고, 연시도 아니고 그렇다고 배도 아닌 뭔가 새로운 것으로 이름도 붙일 수 없는 어떤 것이 되어버릴 것이다. '기독교교육심리학' 역시 마찬 가지이다. '기독교'와 '교육'과 '심리학'을 한 데 넣고 갈 수 있다면 그래서 '기독교'도 아니고, '교육'도 아니고, '심리학'도 아닌 어떤 것이 생겨난다면 그것이 바로 '기독교교육심리학'이다.

그런데 구체적으로 그것은 무엇을 말하는가? 우리는 그것을 믹서의 비유를 통해서 이해할 수 있을 것이다. 위에서 과일들을 믹서에서 갈았을 때 다른 무엇으로 바뀐다는 것을 알았다. '기독교교육심리학'의 경우도 마찬가지이다. '기독교교육심리학'이 '기독교'와 '교육'과 '심리학'의 합이 아닌 다른 고유하고 독특한 무엇이 되기 위해서는 그 '기독교'와 '교육'과 '심리학'을 한 데 넣고 갈 수 있는 믹서와 같은 것이 필요하다. '기독교교육심리학'의 경우, 그것은 '교회학교'라는 현장이다. 그러니까 '교회학교'라는 현장 속에 '기독교'와 '교육'과 '심리학'이 섞여 들어가서 나타난 것, 그것이 바로 '기독교교육심리학'이다. 그것은 이제 '기독교'도 아니고 '교육'도 아니고 '심리학'도 아닌 그 모든 것이면서 동시에 그 모든 것이 아닌 '기독교교육심리학'이라는 새로운 형태와 성격을 가진 내용으로 태어나는 것이다. 이 같은 입장은 일반심리학이 연구·확립한 원리를 교육현장에 응용하고자 하는 종래의 전통적 입장과는 판이하게 다른 입장이다. 이 새로운 입장은 교육현장에 내재되어 있는 심리적 현상을 과학적, 체계적으로 연구하고자 하는 입장이라고 할 수 있다.

따라서 '기독교교육심리학'에서 교회교육의 현장은 중요하다. 왜냐하면 기독교교육심리학은 바로 그 현장을 떠나서는 존재하지 않기 때문이다. 또한 기독교교육학은 바로 그 '교회교육'이라는 현장을 돕기 위해 존재하기 때문이다. 그런 면에서 기독교교육심리학은 교회교육현장과 서로 영향을 주고받는 학문이라고 할 수 있다.[2] 그러니까 교사들이 교회교육의 현장에서 경험한 일이 기독교교육심리학의 이론을 수정할 수도 있다는 말이다.

---

2) 물론 기독교교육심리학을 '기독교교육'과 '심리학'의 합성어라고 볼 경우, 여기서 '기독교교육'의 장은 교회뿐만 아니라 가정, 학교, 사회를 포함한다. 그렇게 되면 기독교교육심리학의 현장은 교회뿐만 아니라 가정, 학교, 그리고 사회가 포함될 것이다. 그러나 기독교교육심리학의 현장을 그렇게 넓게 잡을 경우, 이 책의 내용은 몇 배로 확장될 것이고 교회학교에서 교육을 하는 기독교교육자를 위한 이 책의 목적상 당장은 기독교교육심리학의 장을 교회교육에 한정해도 큰 무리는 없을 것이다.

 3장

기독교교육심리학의 분야

우리가 앞으로 공부할 기독교교육심리학에 대해서 간략하게 살펴보자. 위에서 보았듯이 기독교교육심리학은 교회교육의 현장을 전제로 해서 논의된다. 그렇기 때문에 기독교교육심리학 역시 교회교육의 현장에 관여된 사람이나 일어나는 사태 등과 관련된다. 즉 기독교교육심리학은 교회교육의 현장에서 일어나는 여러 문제들을 심리학적 측면에서 연구하여 원리를 정립하고 방법을 제시함으로써 교육의 효과를 극대화하려고 한다.

교회교육을 아주 단순하게 말하면 '교회에서 신앙을 가르치고 배우는 행위'라고 할 수 있다. 이와 관련해서 기독교교육심리학이 관심을 갖고 다루는 내용들은 일반적으로 학습자의 이해와 발달, 교수와 학습의 이론, 동기, 그리고 평가 등이다.[3] 학습자는 우리가 교회에서 가르치는 학습자들을 말하는데, 그들을 잘 가르치기 위해서는 그들이 누구인지를 잘 이해할 필요가 있다. 교수와 학습은 가르치고 배우는 것을 말한다. 교육의 측면에는 항상 이 가르치고 배우는 두 측면이 있으며 이것들을 어떻게 하면 더 잘할 수 있을까를 살펴보는 것이 교수와 학습의 이론이다. 동기는 학습자들이 왜 무엇 때문에 배우고자 하는지 하는 그 내용을 말한다. 말을 훈련시키기 위해서는 소위 당근과 채찍을 잘 사용해야 한다는 말들을 하는데, 동기는 바로 '당근'에 해당하는 것이라 할 수 있다. 평가는 더 잘 가르치고 배우기 위해 그동안 가르치고 배운 것들에 대해 판단을 내리는 것을 말한다.

기독교교육심리학을 하나의 집이라고 한다면 그 집에는 학습자 이해, 발달이론, 교수이론, 학습이론, 동기, 그리고 평가라는 방들이 있다.[4] 방이 여섯 개나 되니 꽤 큰 집이라 할 수 있다. 기독교교육심리학에 공부할 것이 그만큼 많다는 뜻이다. 우리는 이 방들을 하나하나 살펴보도록 할 것이다. 그러나 이 책의 개론적 성격상 아주 자세히 살피지는 않을 것이다. 전체적으로 기독교교육심리학이 무엇이라는 것을 알 정도로 그리고 그것을 바탕으로 더 공부할 수 있는 기초를 다지는 정도로 살펴볼 것이다.

---

3) 기독교교육심리학이 다루는 내용들은 우리나라의 경우, 김득용은 《기독교교육심리학》에서 유전과 환경 문제를 다루고 지면의 대부분을 학습자 이해에 할애한다(김득용, 《기독교교육심리학》[서울: 한국복음문서연구회, 1973]). 정정숙은 《기독교교육심리학》에서 발달, 학습, 성격, 그리고 부별교수지도를 다룬다. 그러나 부별교수지도라고는 했지만 사실은 학습자 이해에 대해 말하고 있다(정정숙, 《기독교교육심리학》[서울: 대한예수교장로회총회교육부, 1982]). 권택조는 인간발달, 자아 이해, 학습이론, 학습의 영역, 동기, 그리고 평가를 다루고 있다(권택조, 《기독교교육심리학》[서울: 대한기독교서회, 2005], 7-8). 미국의 경우, 대표적 기독교교육심리학 책은 연트(William R. Yount)와 아이슬러와 하버마스(Klaus Issler and Ronald Harbermas)의 것인데, 연트는 인간발달, 교수이론, 학습이론, 동기, 평가, 예수의 교육심리를 다루고 있으며(William R. Yount, *Created to Learn: A Christian Teacher's Introduction to Educational Psychology* [Nashville, TN: B&H Publishing Group, 1996]), 아이슬러와 하버마스는 인간발달, 학습이론, 평가, 동기 등을 다루고 있다(Klaus Issler and Ronald Harbermas, *How We Learn A Christian Teachers Guide to Educational Psychology* [Grand Rapids, MI: Baker Books, 1994]). 위의 내용은 이상의 기독교교육심리학 관련 저서들이 다루는 내용들을 정리한 것이다.
4) 그러나 이외에도 추가적으로 신앙과 종교관련 내용의 발달, 교수와 학습에서의 성령의 역할, 동기와 관련 지어 소명, 그리고 신앙의 평가 등도 함께 다룰 수 있을 것이다.

참고문헌

권택조.《기독교교육심리학》. 서울: 대한기독교서회, 2005.

Benson, Nigel C., and Simon Grove. *Introducing Psychology*. 윤길순 역.《심리학》하룻밤의 지식여행 7. 서울: 김영사, 2001.

Issler, Klaus, and Ronald Harbermas. *How We Learn A Christian Teachers Guide to Educational Psychology*. Grand Rapids, MI: Baker Books, 1994.

Yount, William R. *Created to Learn: A Christian Teacher's Introduction to Educational Psychology*. Nashville, TN: B&H Publishing Group, 1996.

✚ 학습 문제

1. 기독교교육심리학의 성격에 대해 설명하시오.

2. 기독교교육심리학이 다루는 분야에는 어떤 것들이 있는가?

| 제 2 부 |

학습자는 누구인가?

서론

  우리가 여기서 '학습자'라고 할 때의 학습자는 일반적으로 우리가 교회학교에서 가르치는 학습자를 말한다. 그러나 학습자들을 가르치는 교사 본인이라 생각할 수도 있고 또는 교사가 만나는 사람들을 모두 가리킨다고 볼 수도 있다. 사람의 마음이라는 것이 거의 비슷하기 때문이다. 그런데 그 학습자는 우리가 겉으로 보는 것과는 달리 대단히 복잡한 존재이다. '열 길 물 속은 알지만 한 길 사람 속은 알 수 없다'는 속담도 있듯이 사람이란 게 참 복잡하여 완전히 파악하기는 어려운 것이다. 학습자를 이해하는 일이 어렵기는 하지만 그러나 학습자를 잘 이해하면 할수록 그만큼 잘 가르칠 수 있는 조건이 마련되는 것이니 학습자에 대한 이해는 노력해볼만한 일이다.

  우리가 이 책에서 다루는 내용 전체가 어떤 면에서 학습자와 관계된 내용이기는 하지만 여기서는 특히 다른 것과의 관계에서가 아닌 학습자만을 따로 떼어서 살펴보도록 하자. 현대 심리학에서는 인간의 마음, 곧 정신 활동을 성격, 정서, 인지적 측면으로 나누어 접근하고 있다.[1] 그것들을 하나씩 살펴보자.

---

1) 송준만, "정서발달", 서울대학교 교육연구소 편, 《교육학 대백과사전》3 (춘천: 하우동설, 1998), 2294.

 1장

성격

1. 성격의 개념

교회교육의 현장에서 우리는 학습자들과 다른 교사들과 함께 살아간다. 교회라는 공동체가 어떠해야 하며, 예수 믿는 사람들이 어떠해야 한다는 당위성에서 오는 압력 때문에 우리는 속으로는 어떨지 몰라도 겉으로는 대부분 사람들과 비교적 잘 어울리며 살아간다. 그러나 혹간 마음에 들지 않는 학습자나 다른 교사들을 발견하게 되는 수가 있는데, 그 이유는 대부분 성격 차이 때문일 것이다. 누구나 사람인 이상에는 성격을 갖고 있는데 사람 사이의 갈등이라는 것이 대부분 이 성격이 서로 달라서 생기는 것이다. 성격이 전혀 다를 경우에는 참 상대하기가 어려워 피하게도 된다. 내가 아는 사람 중에 한 사람은 '영화나 드라마를 보면서 한 번도 눈물을 흘려본 적이 없다'고 한다. 영화나 드라마가 허구이기 때문이라는 것이다. 이런 사람은 말을 해도 항상 논리적이고 객관적인 바탕 위에서 하기 때문에 즉 '옳으냐 그르냐'를 따지기 때문에 감정이 개입될 요소가 전혀 없다. 그러다보니 그 사람과의 대화는 누가 옳으냐 또는 무엇이 옳으냐를 따지는 식이 되어 뒷맛이 씁쓸하고 피곤하다. 그러다 보면 상대를 피하게 되기도 한다. 성격은 이처럼 사람과 사람 사이의 관계의 내용에서 중요한 역할을 한다. 가르치는 데 있어서도 학습자와 교사의 성격이 맞지 않으면 항시 문제가 잠재되어 있는 것이라고 할 수 있다. 그러므로 성격을 잘 이해하는 것은 교사와 학습자의 만남을 바탕으로 하는 교육에서 중요하다.

 종종 교육현장에서 같은 내용을 가르치는 데도 교사에 따라 그 교육의 방식이 다르고 그에 따라 그 효과도 다르게 나타나는 경우를 볼 수 있다. 그 이유 중의 하나는 교사의 개성, 즉 성격의 차이일 것이다. 그러므로 교사는 우선 자신의 성격이 어떤 지 확인할 필요가 있다. 아울러 학습자가 왜 그렇게 말하고 생각하고 행동하는 지의 상당 부분도 성격 탓인 경우가 많다. 그러니 적어도 학습한 내용을 기준으로 교사인 나 자신과 학습자의 성격을 연결지어 보는 일이 필요하다.

 성격(personality)은 사람에게 지속적으로 그리고 일관적으로 나타나는 행동 양식이다. 우리가 어떤 사람을 보고 "성격이 좋다", "나쁘다"하는 것은 그 사람이 하는 말이나 행동을 보고서 하는 말인데, 그 때 '좋다', '나쁘다'하는 것은 바로 그 사람 자체를 두고 하는 말이기도 하다. 이런 면에서 성격은 어떤 특별한 경우에 나타나는 특별한 특성을 말하는 경우를 포함해서 다양한 뜻으로 사용되고 있음을 알 수 있다. 알포트(Gordon W. Allport)라는 심리학자는 이 같은 내용들을 정리하여 성격이라는 개념이 대체로 다음과 같이 네 가지 뜻으로 사용된다고 하였다.[2] 첫째, 성격은 개인의 성질의 집합체라는 것이다. 그 사람이 지닌 몸과 마음의 모든 특성의 합이 성격이라는 것이다. 둘째, 성격은 어떤 사람이 다른 사람에게 보여지는 면이라는 것이다. 실제로 그 사람의 성격이 그렇지 않을 수도 있다. 셋째, 성격은 어떤 사람이 생활 속에서 보여주는 행위를 말한다는 것이다. 그가 마음속에 무엇을 품고 있는지는 알 수 없지만 겉으로 나타난 행동이 그의 성격이라는 것이다. 그리고 마지막으로 성격은 다른 사람의 성격과 다른 그것이라는 것이다.[3] 이것은 소위 그 사람에게만 독특한 성격인 개성을 가리킨다. 이렇게 보면 성격이라는 것은 그 사람이 본래 어떤 사람인지, 그리고 그 사람의 기분이나 태도, 그리고 의견 등이 합쳐져서 나타나는 행동거지 등이 다른 사람과 차이를 보이며 나타나는 것이라고 할 수 있다. 그런데 이런 성격은 어떻게 생겨나는 것일까. 그리고 성격에는 어떤 것들이 있을까.

2. 성격이론

고전적 이론

성격이 어떻게 생겨나는 지, 그리고 그것에는 어떤 것들이 있는 지에 대한 의견들은 분분하다. 성격을 신체적인 것으로 보는 경우가 있다. 예를 들어 '키가 큰 사람은 싱겁다'거나 '작은 고추가 맵다'거나 하는 식이다. 또 어떤 이들은 성격을 그 사람의 행동과 주로 연관시킨다. '활발하다'거나 '얌전하다'거나 하는 식이다.

옛날 그리스 사람들은 성격을 사람의 체액(humour)과 연관시켜 보았다. 체액이란 혈액·림프액·조직액과 같은 것으로 사람 몸의 2/3를 차지하는

---

2) Gordon W. Allport, *Personality: A Psychological Interpretation* (New York: Holt, 1937).
3) 학자에 따른 다양한 성격의 정의에 대해서는, 허형, "성격검사", 서울대학교 교육연구소 편, 《교육학 대백과사전》2 (춘천: 하우동설, 1998), 1621-1622 참조.

액체로서, 몸 안을 이동하며 조직과 세포에 영양분이나 산소를 운반하고 노폐물을 운반·제거하고, 병원체의 박멸과 체온조절 등의 기능 등을 한다. '의학의 아버지'라 불리는 히포크라테스(Hippocrates)는 사람의 몸에는 혈액, 점액, 황색쓸개즙, 흑색쓸개즙 등의 네 가지 체액이 있는데, 혈액은 열정, 점액은 둔감, 황색쓸개즙은 분노, 흑색쓸개즙은 우울과 관계가 있는 것으로 여겼다. 사람의 기분이나 기질은 이러한 체액이 여러 모양으로 결합한 결과라고 생각했다. 혈액이 우세할 경우의 성격은 다혈질이라고 해서 그와 같은 사람의 성격은 명랑하고 쾌활하며, 남에게 온정적이고 사교적이며, 정서적으로 흥분이 빠르게 나타나고 곧 사라진다고 하였다. 점액이 우세할 경우 점액질이라고 해서 이와 같은 사람의 성격은 냉정하고 침착하며, 행동은 더디지만 지구력이 있다고 보았다. 황색쓸개즙이 우세할 경우 담즙질이라 해서 이 같은 사람의 성격은 쉽게 흥분하고 화를 잘 내며, 반응이 빠르고 강하다고 하였다. 흑색쓸개즙이 우세할 경우 우울질이라고 해서 이 같은 사람은 성격은 소심하고 염려가 많으며, 자주 우울하고 슬퍼한다고 하였다.

　어떤 사람들은 머리를 보면 성격을 알 수 있다고 생각하였다. 요즘은 머리가 큰 것을 부끄럽게 생각하는 젊은이들도 있으나, 옛날에는 '머리가 큰 사람이 공부도 잘 한다'고 생각했고, 이에 반해 머리가 작은 사람은 '닭대가리'라고 해서 머리 나쁘다고 놀리기까지 했다. 갈(Franz J. Gall)과 같은 사람은 머리통, 즉 두골을 보고 사람의 성격을 비롯한 심적 특성 및 나아가 그 사람의 운명까지 추정할 수 있다고 주장했다. 한편, 클라게스(Ludwig Klages)라고 하는 사람은 사람의 글씨를 보고 그 사람의 성격을 알 수 있다고 하였다. 쓰여진 글자의 모양, 특징, 크기, 눌러쓴 힘 등을 분석하면 글씨를 쓴 사람의 정신적 특징과 성격 등을 알아낼 수 있다는 것이다. 한편 밀(John S. Mill)과 같은 이는 격언이나 문학작품을 통해 인간의 성격을 이해하려고 하였다.

유형론

전통적으로 성격연구는 유럽에서는 유형론적 연구(type theory)를, 미국에서는 특성론적 연구(trait theory)를 해왔다. 유형론적 연구에는 슈프랑거(Franz E. E. Spranger)의 가치관에 따른 유형론과 크레츠머(Ernst Kretchmer)나 셸돈(William H. Sheldon) 등의 체격과 기질의 관련성 연구(체격이론, Physique Theory), 프로이트(Sigmund Freud)와 융(Carl G. Jung) 등의 정신역학적 유형론 등을 들 수 있다.

독일의 철학자 슈프랑거는 사람이 무엇을 추구하느냐에 따라 사람을 이론적, 경제적, 심미적, 사회적, 정치적, 그리고 종교적 유형의 여섯 가지로 분류했다. 독일의 정신의학자 크레츠머는 사람의 체격이 성격에 영향을 준다고 보았다.[4] 이에 따라 그는 사람의 체격을 세장형, 근육형, 그리고 비만형으로 나누었다. 세장형은 마르고 키가 큰 체형으로 꼼꼼하고 신경질적이라 하였고, 근육형은 매우 정력적이며 활동적이고 모험적이라 했다. 비만형은 사교성이 좋고 활달하다고 하였다.

미국의 심리학자 셸돈은 성격을 생물학적으로 발생학적 입장에서 보았다. 그는 사람을 내배엽형, 중배엽형, 외배엽형으로 나누었다. 내배엽형은 가장 안쪽의 내장 부분이 우세하게 분열하여 내장의 기능이 좋고 식성도 좋으며 사교적이고 완만한 성격이다. 중배엽형은 뼈와 근육이 잘 발달한 사람으로 정력적이고 용기가 많고 자기주장이 강하며, 활동과 권력을 추구하는 성격이다. 외배엽형은 몸이 가늘고 약하고 피부나 두뇌, 감각기관이 발달하여 걱정이 많고 감각적이고 예민하여 사람을 회피하는 성격이다.

근대에 가장 큰 영향을 미친 성격이론은 프로이트의 정신분석학적 성격이론이다. 프로이트에 따르면, 인간의 성격은 이드(id), 자아(ego), 초자아

---

4) *Körperbau und Charakter* (Berlin, 1921).

(superego)라는 세 가지 요소로 되어 있다. 이드는 원초적이고 유전적인 충동이나 본능을 말한다. 이드는 충동을 만족시켜 긴장을 해소하려는 경향, 즉 쾌락을 얻고 고통을 피하려는 경향을 갖고 있다. 유아기와 아동기 때는 성격이 이 이드의 영향을 많이 받는다. 자아는 일종의 이성적 성향이라 할 수 있는데, 아동기를 벗어나면서 이드에 의한 충동을 통제하며 합리적으로 행동하려고 한다. 일종의 양심이라 할 수 있는 초자아는 어느 사회가 요구하는 가치와 도덕을 수용하려는 성향이라고 할 수 있다. 프로이트에 따르면 사람의 성격은 본성적으로 타고난 충동이나 본능을 만족시키는 방향으로 움직이려고 하는 이드와 이를 통제하고자 하는 자아 사이에서 형성된다고 보았다. 한편 프로이트에 따르면, 사람의 이와 같은 성격은 어린 시절에 그 기초가 형성된다고 하였다.

스위스의 정신과의사 융은 프로이트와 마찬가지로 무의식적인 동기를 강조했지만, 프로이트와는 달리 성적 특성을 강조하지 않았고, 사람이 가진 심리적 에너지가 어디로 향하느냐에 따라 외향이냐 내향이냐로 사람의 성격을 분류했다. 외향성의 사람은 바깥세계에 대하여 관심이 많으며, 사교적이고 수다스러우며 친절하다. 내향성의 사람은 자신의 내부세계, 즉 사고, 감정, 경험 등에 몰두하는 데, 이런 사람은 사색적이고 조용하며 초연하다. 그는 내향형, 외향형의 두 가지 형태에 사고, 감각, 감정, 직관의 네 가지 심리적 기능을 조합하여 성격을 여덟 가지 유형으로 나누었다.

특성론

성격연구의 다른 차원은 특성론적 연구이다. 개인이 여러 경우를 통해 비교적 일관성 있게 나타내는 행동경향을 특성이라 한다. 성격의 특성이론을 처음 주장한 이는 알포트이다. 그는 특성을 주 성향, 핵심성향, 이차성향의 세 가지 종류로 구분했다. 주 성향은 특정인의 생애를 구성하는 특성들이다. 예를 들어 테레사 수녀에게 있어서 주 성향은 타인들을 위해 자신을 희생하는 것이다. 핵심성향은 주 성향보다 제한된 범위에 영향을 미치지만 행동에 있어 폭넓은 일관성을 지닌다. 예를 들어 정직, 친절 등이 있다. 이차성향은 사람들의 행동을 예언할 수 있는 구체적이고 개인적인 특성들이지만 개인의 성격을 이해하는 데는 도움이 덜 된다. 음식이나 의복에서의 기호들은 이차성향의 예가 된다.

알포트의 특성이론을 더욱 발전시킨 사람은 카텔(Raymond B. Cattell)이다. 카텔은 요인분석이라는 통계적 방법을 사용하여 성격 특성을 측정하였다. 그는 성격 특성을 16가지 요인으로 분류하였다.

- 내성적이다(reserved) ↔ 개방적이다(outgoing)
- 비지적이다(less intellignet) ↔ 지적이다(more intelligent)
- 감정적이다(affected by feelings) ↔ 정서적으로 안정되어 있다(emotionally stable)
- 복종적이다(submissive) ↔ 지배적이다(dominent)
- 심각하다(serious) ↔ 낙천적이다(happy-go-lucky)
- 수단적이다(expedient) ↔ 양심적이다(conscientious)
- 소심하다(timid) ↔ 모험적이다(venturesome)
- 집념이 강하다(tough-winded) ↔ 민감하다(sensitive)
- 신뢰적이다(trusting) ↔ 의심이 많다(suspicious)
- 실질적이다(practical) ↔ 상상적이다(imaginative)
- 솔직하다(forthright) ↔ 약삭빠르다(shrewd)
- 자신감이 있다(self-assured) ↔ 걱정이 많다(apprehensive)
- 보수적이다(conservative) ↔ 진보적이다(experimenting)
- 의존적이다(group-dependent) ↔ 독립적이다(self-sufficient)
- 통제된다(controlled) ↔ 통제되지 않는다(uncontrolled)
- 이완되어 있다(relaxed) ↔ 긴장하고 있다(tense)

그는 이 성격의 16가지 기본특성을 '기본특질'이라고 불렀고, 이러한 기본특질의 다양한 조합이 수많은 독특한 성격인 표면특질, 예를 들어, 단정함, 호기심, 변덕스러움 등을 만들어 낸다고 보았다.

카텔과 같이 아이젠크(Hans J. Eysenck) 역시 성격 특성의 밑바닥에 있는 유형에 관심을 갖는다. 그는 사람의 성격을 크게 내향성, 외향성 차원과 정신완고성 차원, 그리고 신경증적 차원으로 구분하였다. 내향성, 외향성 차원은 사교성, 생동성, 활동성, 주장성, 감각추구성, 지배성, 모험성, 그리고 태평성과 파동성 등의 특성을 내포한다. 정신완고성 차원은 공격성, 냉담성, 자기중심성, 비인간성, 충동성, 반사회성, 비공감성, 창의성 및 고집 등의 특성으로 구성된다. 그리고 신경증적 차원은 불안, 우울, 죄책감, 긴장, 낮은 자존감, 수줍음, 기분 등의 감정적 특성을 지닌다.[5] 특성론에서 개인은 이러한 특성이 전체적으로 합쳐진 것으로 생각 되며, 개인 사이의 차이는 각 특성의 양의 차이라 생각한다.

최근 성격과 관련된 한 권의 책이 화제이다. 해리스(Judith R. Harris)라는 미국의 할머니 과학 저술가가 쓴 이 책의 요점은 가정에서 부모의 양육 방식이 자녀의 성격 형성에 영향을 미친다는 교육심리학자들의 진리와 같은 전통(양육가설, Nurture Assumption)에 대해서 그렇지 않다는 것이다.[6] 물론 환경이 사람의 성격 형성에 영향을 끼치기는 하지만 '일관된 영향'을 끼치지는 않는다는 것이다. 만약 환경이 사람들에게 일관된 방식으로 영향을 끼친다면, 같은 환경에서 자란 형제는 '공유된 환경'으로 인해 어느 정도 비슷한 성격을 가져야 한다. 그러나 형제들의 성격은 얼마나 다른가. 그리하여 그녀는 여러 가지 조사를 통하여 '개성의 45%는 유전자에 의해 결정된다'고 주장한다. 나머지 55%는 대뇌신경 네트워크가 정보를

---

5) Hans J. Eysenck, "Personality and Factor Analysis: A Reply to Guilford," *Psychological Bulletin* 84 (1977), 405-411.
6) Judith R. Harris, *No Two Alike: Human Nature and Human Individuality*, 곽미경 역, 《개성의 탄생: 나는 왜 다른 사람과 다른 유일한 나인가》(서울: 동녘사이언스, 2007).

받아들이는 방식과 오랜 진화 과정을 거친 사회화 과정이 우리를 서로 다르게 만든다고 한다. 그런데 과연 그런 것들은 '유전자나 환경'과 전혀 상관없는 것일까? 그러므로 우리는 성격을 포함한 교육 문제에 대해서 다시 원점으로 돌아가게 된다. 사람은 유전과 환경에 의해 형성된다.

우리는 이상에서 기질, 머리 크기, 글씨 모양 등으로 사람의 성격을 판단하려고 하는 고전적 이론, 생물학적, 심리적으로 성격을 분류하는 유형론, 사람의 행동 성향을 따라 성격을 설명하려는 특성론 등을 살펴보았다. 성격을 설명하는 이 같은 이론들은 각기 나름대로 타당한 면이 있다. 그러므로 학습자의 성격을 이해하고자 할 때 이 모든 내용들을 고려해서 종합적으로 판단해야 한다. 이제 성격에 관한 이론 중에서 요즘 많이 언급되는 MBTI에 대해서 살펴보자.

MBTI

MBTI(Myers-Briggs Type Indicator)는 본래 스위스의 심리학자인 융의 《심리유형론》(*Psychological Types*)으로부터 나온 것이다. 앞에서 잠깐 언급했듯이 그는 사람의 성격 유형을 외향형과 내향형, 감각형과 직관형, 사고형과 감정형으로 분류하였다. 여기에 미국의 마이어스(Isabel B. Myers)와 브릭스(Katharine Briggs)라는 모녀가 판단형과 인식형을 추가하였고, 자신들의 이름을 붙여 MBTI라고 한 것이다.

성격유형의 기초를 이루는 내용은 네 가지이다. 그것들은 주의집중과 에너지의 방향, 정보수집의 방법, 판단과 결정과정, 행동이행과 생활양식이다. 주의집중은 우리가 어디에서 에너지를 얻고 그 에너지를 어디에 사용하느냐에 대한 것이다. 여기에는 사람과, 사물, 그리고 활동 등 외부세계에 의해 에너지를 얻고, 에너지가 외부세계를 향하는 외향적 성향(Extraversion)[7]과 사고와 개념 등의 내부세계에 의해 에너지를 얻고 에너지가 내부세계를 향하는 내향적 성향(Introversion)이 있다.[8] 또한 융은 우리가 정보를 받아들이는 방식과 그것에 대해 결정을 내리는 방식에 각각 두 가지 방식이 있다고 하였다. 즉 환경을 알게 되고 정보를 수집하기 위해 오감을 통해서 하는 감각형(Sensing)[9]과 직관적, 잠재적, 무의식적으로 하는 직관형(iNntuition)이다.[10] 전자는 먼저 세부적인 것을 보고 나중에 윤곽을 파악한다. 후자는 세부적인 것을 보기 전에 먼저 전체적인 윤곽을 본다. 나무보다 숲을 먼저 보는 식이다. 또한 융은 수집된 정보에 대해서 마음이 결정을 내리고 결론을 짓는 두 가지 방식이 있다고 보았다. 하나는 개인적 가치와 주관적 방법이 포함된 감정을 기초로 해서 결정을 내리는 방식이고 (Feeling), 다른 하나는 논리와 자료, 객관적 사실을 중심으로 판단을 내리는 방식이다(Thinking).[11]

성격에 대한 융의 이 같은 내용에 마이어스와 브릭스는 외부 세계에 대한 반응을 첨가했다. 즉 외부 세계에 대해 이해하고자 하는가, 아니면 판단하고자 하는가이다. 외부로부터 정보를 받아들이거나 인식하는 등 세계를 수용하려는 입장이 있는가하면(Perception), 외부 세계를 평가하고 판단하려는 입장이 있다(Judging).[12] 이상의 내용을 정리하면 다음과 같다: 외향-내향(사회성과 외적 지향 대 개인성과 내적 지향, E-I), 감각-직관 (감각 정보 사용 대 직관적-파생된 정보 사용, S-N), 사고-감정 (객관적, 합리적

---

7) Carl G. Jung, *Psychological Types* (Princeton, NJ: Princeton University Press, 1971), 333-337.
8) Ibid., 373-378. 내향적 성향은 사회적이지 않다는 의미에서의 내성적인 것과는 그 의미가 다르다. 내향성은 단지 개인적 에너지를 외부 세계가 아닌 내부세계로부터 얻는다는 뜻이다. http://sharedpaths.com/myers-briggs/myers-briggs-personality-type-1.html.
9) Jung, *Psychological Types*, 362.
10) Ibid., 366.
11) Ibid., 342, 354.
12) Isabel B. Myers, *Gifts Differing* (Palo Alto, CA: Consulting Psychologists Press, 1980), 8-9. 종종 "판단적"이라는 말을 비판적이거나 편견적인 의미로 오해한다. MBTI에서 판단적이라는 말은 판단을 하고자 하는 욕구, 다른 말로 결정을 내리거나 결론을 지으려는 욕구를 뜻한다. http://sharedpaths.com/myers-briggs/myers-briggs-personality-type-1.html.

사고에 기초한 판단 대 내적 가치의 표현에 기초한 판단, T-F), 그리고 판단-인식(안정되고 결정된 것 선호 대 자발성과 추후 결정 선호, J-P). 이와 같은 네 쌍의 조합이 사람의 성격을 대체로 16가지 유형으로 결정한다는 것이다. 이 성격들 중에서 어느 것은 좋고 어느 것은 나쁜 것이 아니다. 다만 차이만 있을 뿐이다.

MBTI에 나오는 성격 유형은 일종의 선호도(preference)이다. 즉 성격은 사람에게 불변하는 것이 아니라는 것이다. 성격은 마치 도구와 같은 것으로 다만 그것이 보다 쉽고 편하고 자연스럽기 때문이라는 것이다. 그러므로 선택은 언제라도 바뀔 수 있는 것이다. 중년기의 대부분의 사람들이 덜 선호했던 영역을 선호하게 되는 것도 이 같은 사실을 반증한다.[13]

MBTI가 시사하는 점은 성격에는 네 가지가 있다는 것이 아니라 네 가지 측면이 있다는 점이다. MBTI의 유익함은 그 내용을 통해 다른 사람을 판단하는 것이 아니라 자기에 대한 이해의 자료로 삼을 수 있다는 점이다. MBTI가 성격을 측정하는 정밀한 도구가 아닌 이상 그 결과를 그대로 수용할 필요가 없다. 실제로 MBTI의 정확도는 53-85%이다. 이 말은 15-47%의 사람의 MBTI의 결과는 신뢰할 수 없다는 것이다.[14]

MBTI를 신앙 차원과 연결시켜 볼 수 있다. 하바우(Gary L. Harbaugh)는 MBTI의 간단한 조합을 신앙의 은사와 연결시킨다. 즉 ST는 실용적인 은사로서 '지금 여기'를 중시한다. SF는 다른 사람에게 손을 내밀어 일으켜 세우며 남을 돕는 은사이다. NF는 가능성을 보는 은사이다. 쉽게 절망하지 않고 소망을 갖는다. NT는 미래를 중시하는 은사이다. 그래서 미래적

---

13) Lynne M. Baab, *Personality Type in Congregations: How to Work with Others More Effectively*, 문희경 역, 《MBTI로 보는 교회 공동체》(서울: 솔로몬, 2005), 23. MBTI에 따른 학습 지도에 대해서는, Carolyn Mamchur, *A Teacher's Guide to Cognitive Type Theory and Learning Style* (Alexandria, VA: Association for Supervision and Curriculum Development, 1996)을 참조.
14) *MBTI Manual*, 3rd ed., 8, 9장.

관점에서 현재를 바라본다.[15] 학습자의 성격을 이 같은 은사와 연결시켜 열매를 맺도록 이끌어 줄 필요가 있다. 또한 그랜트(W. Harold Grant) 등은 감각, 사고, 감정, 직관이 신앙생활에서 어떤 내용이어야 할 지를 제안한다. 그에 의하면, 감각은 단순성(simplicity)으로, 사고는 정의(Justice)로, 감정은 감사(Gratitude)로, 그리고 직관은 소망(Hope)으로 나타나야 한다고 본다.[16]

MBTI와 더불어 성격을 말할 때 흔히들 말하는 내용은 혈액형이다. 혈액형에 따른 성격에 대해 관심을 갖는 나라는 전 세계에서 우리나라와 일본뿐이다. 우리나라의 경우 아마 혈연과 대인관계를 중시하는 경향 때문이다.

---

15) Gary L. Harbaugh, *God's Gifted People: Discovering Your Personality As a Gift* (Minneapolis: Augsburg Fortress Publishers. 1990), 333-387. 키어시(David Kiersey)와 베이츠(Marilyn Bates)도 MBTI의 간단한 조합에 대해 말한다. 그들은 히포크라테스의 네 가지 기질-다혈질, 담즙질, 점액질, 그리고 우울질을 사용해서 이 네 가지 기질을 반영하는 유형에 기초한 네 가지의 행동 패턴을 제시하였다. 그것들의 기질 유형은 SP(자유), SJ(의무), NT(능력), NF(성장)이다. 감각과 인식의 조합인 SP는 특히 자유와 자발적 행동에 관심을 가지며 행동 그 자체를 목적으로 본다. 이들은 충동적이며 현상 유지에 싫증을 느낀다. 이들이 마치 장인(Artisan)과 같아서 조정하고, 위기에 대처하고 협상하는 일을 선호한다. 또한 기회를 식별하고 반응하는 것을 즐긴다. SJ는 감각과 판단의 조합으로 특히 의무와 유용에 관심을 갖는다. 이들은 변화와 자발적 행동을 싫어하고, 소속감과 타자 섬김에 가치를 둔다. 이들은 보호자(Guardian)와 같아서 책임이 요구되는 일을 즐긴다. 이들은 과정의 효율성을 증진시키고 표준적인 절차를 정하는 것을 즐긴다. NT는 직관과 사고의 조합으로 특히 능력에 흥미가 있다. 자연 통제력, 지성과 지식, 그리고 능력 개발에 모든 가치를 둔다. 이들은 매우 자기비판적이며 완벽주의자이고 신중한 경향이 있다. 이들은 합리주의자(Rational) 같아서 고도의 전문적 수준과 고도의 능력 기준이 요구되는 일을 즐긴다. 그들은 체계를 설계하고 이해하는 일을 즐긴다. NF는 직관과 감정의 조합으로 "되어감"을 향해 나아가며 의미와 자기 실현을 추구하면서, 특히 개인적 성장과 발전에 관심을 갖는다(이상주의자). 이들은 다른 사람의 자기 발전도 가치있게 여기며 강하고 친밀한 관계를 추구한다. 이들은 이상주의자 같아서 다른 사람을 지원하고 격려하는 일을 즐긴다. 이들의 열정적인 경향은 다른 사람에게 힘을 주고 덕성을 증진시킨다. David Kiersey and Marilyn Bates, *Please Understand Me* (Del Mar, Calif.: Prometheus Nemesis Book Company, 1984).

16) W. Harold Grant, Mary Magdala Thompson, and Thomas E. Clarke, *From Image to Likeness: A Jungian Path in the Gospel Journey* (New York: Paulist Press, 1983), 29-177. 이 기질 유형을 영성에 적용한 이들은 마이클(Chester P. Michael)과 노리시(Marie C. Norrisey)이다. Chester P. Michael and Marie C. Norrisey, *Prayer and Temperament* (Charlottesville, VA: The Open Door, 1984).

혈액형과 성격이 관계가 있다는 과학적 증거는 없다. 그럼에도 불구하고 혈액형에 따른 성격을 믿는 이유는 모두에게 적용되는 내용인데도 자신의 성격에만 해당한다고 생각하는 '버넘 효과(Barnum effect)'의 영향이 큰 것으로 보인다.[17] 하지만 혈액형과 성격의 관계가 전혀 무관하지는 않다는 주장도 만만치 않다. 그들 주장에 따르면 지금까지 보고된 혈액형과 성격의 상관관계 연구를 종합한 결과 O형이 외향적인데 비해 A형은 내성적인 경향이 강하다. 또 A형은 논리적이고 안정적인 기질이지만 B형은 다른 혈액형을 가진 사람에 비해 감성적이라는 것이다.[18] 기독교교육 현장에서는 구태여 혈액형에 대해 신경을 쓸 필요가 없다. 괜한 편견을 유발할 수 있기 때문이며, 한편으로 신앙이 우리의 성격을 그리스도를 닮은 성품으로 변화시켜 주실 것이기 때문이다. 이상에서 말한 성격이론 외에 다양한 성격에 대한 내용들이 있다. 그 중에서 대표적인 것이 에니어그램(enneagram)이다.

에니어그램

에니어그램은 '아홉'을 뜻하는 그리스어 "에니어"와 '그림'을 뜻하는 "그램"(gram)이 합쳐진 말이다. 그러니까 에니어그램은 '아홉 개의 점이 있는 그림'이라는 뜻이다. 에니어그램은 그 뜻처럼 사람의 성격을 아홉 가지 유형으로 나누고 그 상관성을 탐구한다. 완벽형(The Perfectionist, 올곧은 사람)은 바르게 살고자 하며, 자신과 남이 더 가치 있는 인간이 되도록 힘쓰고 화내지 않으려 한다. 베풂형(The Giver, 자상한 사람)은 사랑받고자 하고 '고맙다'는 말을 듣고 남에게 좋은 감정을 표현하고 도움이 필요한 사람으로 보이지 않으려 한다. 성취형(The Performer, 효율적인 사람)은 생산

---

17) 〈SBS 스페셜: 혈액형의 진실〉, 2006년 8월 20일.
18) 류성일·손영우, "혈액형 유형학 연구에 대한 개관," 《한국심리학회지: 사회 및 성격》21:4 (2007 가을).

적이고 성공적이고 실패하지 않으려 한다. 낭만형(The Tragic Romantic, 독창적인 사람)은 자신의 감정을 이해하고 또 이해받고, 의미를 찾고 평범한 것을 거부하려 한다. 관찰형(The Observer, 현명한 사람)은 세상 모든 것을 알고 이해하며, 자기만족을 추구하고, 혼자 있고 싶어 하며 대책 없고 어리석은 인간으로 보이지 않으려 한다. 회의형(The Devil's Advocate, 충직한 사람)은 타인의 동의를 얻어내고 보살핌을 받고 반항적으로 보이지 않으려 한다. 공상형(The Epicure, 밝은 사람)은 유쾌하게 지내고 재미난 일을 계획하고 세상에 기여하고 고통을 피하려한다. 보스형(The Boss, 강한 사람)은 자기 자신을 믿고 강해지고 세상에 영향을 주는 사람이 되고 약해지지 않으려 한다. 조절형(The Mediator, 조화로운 사람)은 평온을 유지하고 타인과 융화하고 어떤 충돌이든 피하려 한다.[19]

성격은 우리가 그것을 알아 이용하는 데 목적이 있다기보다 타인의 필요와 자신의 필요가 만나도록 도와주는 강력한 도구로 사용해야 한다. 교사가 학습자를 대할 때, 상대방의 유형을 잘 분석하고 상대의 스타일에 맞춰 적절하게 대화하고 관계를 맺는다면 현재보다 발전된, 바람직한 관계를 맺을 수 있을 것이다.

3. 성격과 신앙

성격과 신앙은 서로 얽혀 있는 것 같다. 외향적이고 사교적인 사람의 신앙은 열성적이며, 내향적이고 조용한 사람은 신앙생활이 소극적인 것처럼 비친다. 또한 사색적이고 반성적 성격의 신앙을 가진 이도 있다. 기독교교육은 학습자들이 이 성격과 신앙의 상호 영향을 통해 성숙한 성격과 신앙을 이루도록 도와야 할 것이다.

카터(John D. Carter)는 대부분의 심리학자들이 동의하는 성숙의 개념을 다음과 같이 정리한다.[20] 첫째, 자신과 타인에 대한 현실적인 조망이다. 둘째, 자신과 타인을 있는 그대로 수용한다. 셋째, 현재의 삶에 충실하면서도 목표지향적이지만 과정을 즐긴다. 넷째, 자율적이고 바람직한 가치관이다. 다섯째, 지속적인 자기 개발과 자기실현의 노력을 한다.[21]

---

19) 에니어그램에 대한 일반적 이해를 위해서는, Jerome P. Wagner, *The Enneagram Spectrum of Personality Styles: An Introductory Guide*, 김태흥 역, 《성격의 심리학: 에니어그램으로 본 9가지 성격 유형》(서울: 파라북스, 2006); 신앙적 차원에서의 에니어그램 논의에 대해서는, Richard Rohr and Andreas Ebert, *Discovering the Enneagram: An Ancient Tool for a New Spiritual Journey*, 이화숙 역, 《내 안에 접혀진 날개》(서울: 성바오로출판사, 1993); Richard Rohr, *Enneagram II*, 윤운성 역, 《에니어그램 2: 내 안에 접혀진 날개 후편》(서울: 열린, 2003); 교육과 관련된 논의를 위해서는 Janet Levine, *The Enneagram Intelligences: Understanding Personality for Effective Teaching and Learning*, 윤운성 외역, 《에니어그램 지능: 효과적인 수업과 학습을 위한 성격의 이해》(서울: 교육과학사, 2003) 참조.
최근의 흥미 있는 성격 이론들을 간략히 살펴보자. 알레산드라(Tony Alessandra) 등은 사람을 감독형, 사교형, 관계형, 사고형 등 네 가지로 분류한다. 감독형은 단호하고 정력적이며 결단력이 있어 위험을 감수한다. 사교형은 외향적이고 낙천적이며 열정적 이어서 모든 일의 중심에 서고 싶어한다. 관계형은 모험보다 안전을 선호하며 차분하고 신중하다. 사고형은 자기 통제력이 강하며 매사를 치밀하게 처리하는 특징을 지닌다. 네 성격의 유형을 알려주는 신호는 사람들이 사용하는 언어, 음성, 몸짓의 세 가지다. 예를 들면 외향적인 사람들은 대체로 말이 많다. 감독형과 사교형은 외향적이며 성격 또한 급하다. 둘은 서로 다른 방식으로 외향적이다. 하나는 명령하는 사람이고 하나는 타고난 광대다. 어느 쪽도 수줍음을 타지 않고 말을 많이 하는 경향이 있다. 따라서 어떤 사람을 만났을 때 강렬하게 말을 붙여온다면 그는 감독형이 아니면 사교형임에 틀림없다. 반대로 조용하고 부드럽게 말한다면 그는 관계형이거나 사고형이다. Tony Alessandra and Michael J. O'Connor, *The Platinum Rule: Discover the Four Basic Business Personalities and How They Can Lead You to Success*, 유강문 역, 《백금률》(서울: 참솔, 2002). 한편, 빙클러(Werner Winkler)는 사람의 성격 유형을 네 범주의 조합으로 본다. [사물형(이해심이 깊고 경제적이며 의심이 많다), 행동형(정력적이며 질서지향적이다), 관계형(의사소통이 원만하며 너그럽고 다정하다)], [사색가형(모든 것을 머리로 해결한다), 실행가형(손, 발을 움직여 삶의 한가운데로), 감성가형(감각을 총동원해서 세상을 느껴라)], [나-위주형(세상의 중심은 나), 우리-위주형(너와 나보다 우리가 먼저), 너-위주형(네가 없다면 나도 없어)], [과거지향형(평생의 기억을 어깨에 짊어지고), 미래지향형(남보다 먼저 내일을 본다), 현재지향형(언제나 지금 이 순간을 산다)]. 사람의 성격은 이 네 범주의 조합(3×3×3×3)으로 81가지 유형이 있다고 본다. Werner Winkler, *Warum Sind Wir So Verschieden?*, 김시형 역, 《사이코그래피: 내가 오랑우탄?》(서울: 들녘, 2007).
20) John D. Carter, "Maturity," H. Newton Malony, ed., *Wholeness and Holiness* (Grand Rapids, MI: Baker Book House, 1983), 184-188.
21) 성숙한 사람에 대한 알포트의 의견은, E. Jerry Phares, *Introduction to Personality*, 홍숙기 역, 《성격심리학》중판 (서울: 박영사, 1998), 228.

알포트에게[22] 많은 영향을 준 것으로 알려져 있는 제임스(William James)는 바람직한 종교의 상태(신앙)를 이기적이고 편협한 관심을 능가하여 존재하는 삶의 상태에 있는 감정으로서, 지적인 확신뿐만 아니라 이상적인 힘의 현존을 확신하는 상태라고 했다. 나아가 성숙한 신앙은 하나님과 친밀한 관계를 유지하면서 자신을 하나님께 기꺼이 드리려는 마음의 상태이다. 또한 이상적 신앙은 인간의 한계로부터 자유롭게 되어 마음이 사랑으로 조화를 이루며 삶을 긍정하는 자세이다.[23]

그런데 이와 같은 성숙한 성격과 신앙과는 어떤 관계가 있을까. 성숙한 인간이 성숙한 신앙을 소유하는 것일까, 아니면 신앙이 성숙한 인간을 만드는 것일까. 아마 이것은 둘 다 맞는 말일 것이다. 성격과 신앙은 서로 영향을 끼치며 변화되어 갈 것이다. 그 변화가 항상 긍정적인 것만은 아닐진대, 요는 그 변화가 성숙한 방향으로 나아가도록 학습자를 잘 인도해야 할 것이다. 그리스도 안에서 성숙한 신앙의 인격을 소유하여야 하지만 한 개인의 경우로 보더라도 성격이 부정적으로 형성되어 있을 경우 개인적 성취를 이루어내기 어렵다. 성격이 습관을 형성하고 습관이 인생을 결정할 것이기 때문이다. 그렇다고 해서 타고난 성격만 탓하고 있을 수는 없다. 신앙 안에서 예수의 성품을 본받으려고 하는 끊임없는 노력이 필요하다.

한편 그리스도인은 공동체적인 면에서도 함께 성숙한 신앙공동체를 이루기 위해 힘써야 할 것이다. 아이슬러(Klaus D. Issler)와 하버마스(Ronald T. Habermas)는 그리스도인의 성숙한 신앙을 개인적이기 보다 공동체적인 것으로 본다.[24] 그들에 의하면, 성숙한 신앙공동체는 하나님과의 교제

---

[22] 알포트는 성숙한 신앙의 개념을 판별력 차원에서 자기성찰과 자기 비평, 동기면에서 자기를 넘어 갈등이나 충동의 조정, 도덕적면에서 행위의 일관성으로 본다. Gordon W. Allport, *The Individual and His Religion: A Psychological Interpretation* (New York: Macmillan co., 1950), 57-73.

[23] William James, *Varieties of Religious Experience: A Study in Human Nature*, 김재영 역, 《종교적 경험의 다양성》한길그레이트북스 40 (서울: 한길사, 2000).

(Communion)를 중심으로 공동체(Community), 인격(Character), 위임(Commission)의 4C로 구성된다. 여기서 공동체는 사랑과 연합의 추구를 말하고, 인격은 올바른 삶의 추구이며, 위임은 하나님의 나라를 위한 봉사이다. 뒤의 세 요소들이 하나님과의 교제를 중심으로 균형을 이루어야 한다는 것이다. 교회에서의 신앙과 인격은 그 교회 전체의 분위기, 즉 공동체의 성격에 의해 많은 영향을 받는다. 교회학교의 경우에는 이와 같은 역할이 더욱 크다 할 것이다. 성장하는 세대를 향해 공식적으로 직접적인 영향을 끼칠 수 있기 때문이다. 특히 교사의 경우 학습자들의 신앙을 직접 다루기 때문에 그들의 성격 형성에 미치는 영향은 매우 크다.

---

24) Klaus D. Issler and Ronald T. Habermas, *How We Learn: A Christian Teacher's Guide to Educational Psychology* (Grand Rapids, MI: Baker Books, 1994), 173-180.

 2장

정서

1. 정서의 정의

    종종 교사의 권위를 내세워 학습자의 기분이나 감정을 무시하는 경향이 있다. 감정은 학습에 큰 영향을 미치기 때문에 교육에 앞서 이에 대한 처리가 우선되어야 한다. 교사는 학습자의 감정을 내 편에서가 아닌 그의 편에서 이해해야 한다. 학습자의 감정 해소 방법 중의 하나는 공감이다. 그러기 위해서는 감정이 무엇이고 그것이 학습자의 발달과 어떻게 연관되어 있는지 알아야 한다.
    정서는 사람의 마음에 일어나는 여러 가지 감정, 또는 감정을 불러일으키는 기분이나 분위기를 말한다. 영어의 정서를 뜻하는 "emotion"은 라틴어

"emovere"에서 나온 말로써 '밖으로' 라는 뜻의 'e'와 '움직이다' 는 뜻의 'movere'가 합쳐진 말이다. 따라서 정서는 '밖으로 움직여 나간다' 는 뜻인데, 그러려면 주위의 자극이 있어야 하며, 이에 대해 어느 정도의 반응이 있어야 한다. 그래서 정서는 밖으로 자기감정을 표현할 수 있을 정도의 외부의 자극에 대한 비교적 강하게 단시간 동안 계속되는 감정이라고 할 수 있다.

그러나 정서를 단지 감정적인 것으로만 보아서는 안 된다. 거기에는 예를 들어 멋지다고 생각하는 사람을 좋아하는 식으로, 주관적이기는 하지만 인지적인 판단이나 평가의 성격도 있으며, 무섭거나 징그러운 내용을 보았을 경우에 소름이 끼치는 반응을 보아 알 수 있듯이 그 표현도 마음에 의해서만 나타나는 것이 아니다. 또한 정서는 어떤 감정을 표현하는 정적인 상태만이 아니라 어떤 기능을 하기도 한다. 예를 들어, 공포라는 정서는 위험을 사전에 피하거나 자기 보호적 행동을 준비시키는 기능이라는 것이다. 이 같은 내용들을 종합적으로 볼 때, 정서는 "인지적, 신체적, 행동적 증상으로 뚜렷하게 표현되는 지속적인 마음의 상태"[25]이며 "표현적, 목표지향적, 적응적인 행동을 유도할 수 있는"[26] 마음의 상태라고 할 수 있다.

2. 정서의 발달

정서의 수는 대단히 많다. 그것들을 기본적인 것과 부수적인 것으로 나눌 수 있다. 기본정서에 대해서도 다양한 의견들이 있다. 그러나 여러 의견들을 종합해보면 기본정서에는 공포(fear), 분노(anger), 슬픔(sadness), 즐거움(enjoyment), 혐오(disgust), 놀람(surprise) 등이 있다. 기본정서는

---

25) W. Gerrod Parrot, *Emotions in Social Psychology* (San Francisco: Taylor & Francis, 2001), 3.
26) R. R. Kleinginna and A. M. Kleinginna, "A Categorized List of Emotion Definitions, with Suggestions for a Consensual Definition," *Motivation and Emotion* 5 (1981), 371.

생래적으로 타고난 것이며, 연령이나 문화권과 상관없이 동일한 상황에서 모든 사람에게 일어나며, 얼굴 표정을 통해 알 수 있다.[27] 그런데 이 같은 정서는 대단히 어린시기부터 나타나는데, 아직 언어 능력이 없는 까닭에 다양한 정서를 사용하여 그들의 욕구를 표현하는 것으로 보인다.

영아기의 정서발달에 관한 고전적 연구로 불리는 브리지스(Bridges)의 연구에 따르면, 신생아는 처음에는 미분화된 흥분상태의 한 가지 정서만을 보이다가 커가면서 정서 분화가 이루어진다. 3개월 쯤 되면 쾌와 불쾌의 두 가지 정서로 분화되고, 6개월이 되면 불쾌정서는 공포, 혐오, 분노로 분화되며, 18개월이 되면 질투까지 할 수 있을 정도가 된다. 한편 쾌정서는 1년 쯤 지나 의기양양과 애정의 두 가지 반응으로 분화된다. 생후 18개월이 되면 애정 반응이 다시 성인에 대한 반응과 아동에 대한 반응으로 분화되고, 24개월이 되면 희열 반응까지도 나타난다.[28]

부연하면, 처음에 영아에게는 기본정서 또는 일차정서라고 할 수 있는 행복, 분노, 놀람, 공포, 혐오, 슬픔, 기쁨, 호기심 등이 나타난다. 첫돌이 지나면서부터는 수치심, 부러움, 죄책감, 자부심 같은 이차정서, 또는 복합정서가 나타나 2세가 끝날 무렵이면 성인에게서 볼 수 있는 거의 모든 정서가 나타난다.

그 후 계속해서 분화하여 5세가 되면 불안, 수치, 실망, 선망 등과 같은 반응이 나타나고, 기대, 희망, 애정 등과 같은 반응도 분화되어 나타나는 것으로 알려졌다. 따라서 만 5세가 되면 유아에게 있어 거의 모든 정서가 분화된다고 할 수 있다.

---

27) Paul Ekman and Richard J. Davidson, "Affective Science: A Research Agenda," Paul Ekman and Richard J. Davidson, eds, *The Nature of Emotion: Fundamental Questions* (New York: Oxford University Press, 1994).

28) K. H. B. Bridges, "Emotional Development in Early Infancy," *Child Development* 3 (1932), 324-341, 송준만, "정서발달", 서울대학교 교육연구소 편, 《교육학 대백과사전》3 (춘천: 하우동설, 1998), 2295-2296 재인용.

코스텔니크(Marjorie J. Kostelnik)는 여러 연구자들의 의견을 종합하여 신생아들에게 나타나는 기본정서를 기쁨, 슬픔, 공포, 그리고 분노라고 했다. 이 네 가지 기본정서는 강렬하고 비교적 순수한 정서로 여기서부터 다음의 〈그림1〉과 같은 여러 가지 다른 정서들이 분화된다고 하였다.[29]

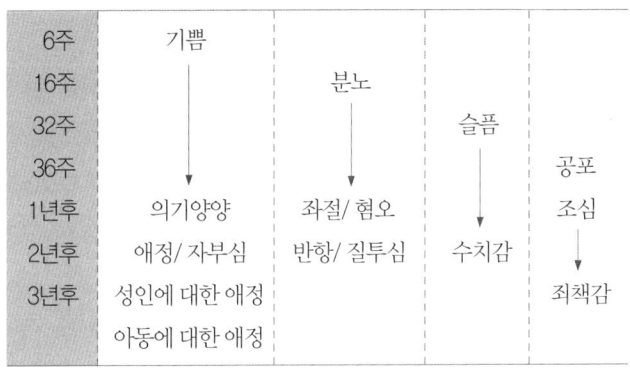

그림1_유아의 정서발달

이 같은 기본정서의 분화는 성인이 되어가면서 보다 세분화되어간다. 가령 분노는 좌절과 질투, 혐오, 고통, 격분, 권태감을 느끼는 바탕정서가 된다. 이들 기본정서가 결합하면 더욱 복잡한 정서가 된다. 예를 들어, 분노와 혐오가 결합되면 모욕감을 느낀다는 것이다. 기본정서들과 그것들의 결합에 의한 정서들은 다음의 〈표1〉과 같다.[30]

기쁨	슬픔	분노	고통
행복	낙담	좌절	조심
기쁨	불행	질투	불안
만족	비탄	혐오	의심
안심	애통	고통	불안
즐거움	낙담	격분	당황
의기양양	수치	권태	번민
자부심	죄책감	반항	고통

표1_기본정서의 정서군

사람은 이성적 동물이라고 하지만 실생활에서는 감정의 영향을 더 많이 받는 듯하다. 이성적으로 판단해서 처신하지 못하고 감정에 치우쳐 일을 그르치는 경우도 드물지 않다. 그래서 감정 처리로 그 사람의 성숙을 판단하기도 한다. 나이가 들었다 해도 감정을 절제하지 못하는 경우 '어른스럽지 못하다'는 말을 듣는다. 어리더라도 감정에 치우치지 않으면 '어른스럽다'는 말을 듣는다. 감정은 절제할 때 아름답다. 그러나 학습자가 어릴수록 감정을 통제하기는 어렵다. 교사는 학습자가 좋은 감정은 표현하고 나쁜 감정은 통제할 수 있도록 도와야 할 것이다. 또한 교사는 학습자들의 감정 표현을 좀 더 객관적으로 살펴 볼 수 있어야 한다. 혹 연령에 맞지 않게 아직도 기본적 감정의 수준에 있지는 않은가 살펴서 감정의 발달을 도와주어야 한다.

---

29) Marjorie J. Kostelnik, Alice P. Whiren, Anne K. Soderman, Laura Stein, Kara Gregory, *Guiding Children's Social Development*, 4th ed., (Clifton Park, NY: Thomson Delmar Learning, 2001). 송준만, "정서발달", 2296 재인용.
30) *Ibid*.

3장

인지

1. 지능

일반교육에서 지능은 효과적인 교육을 위해 매우 중요하게 생각한다. 그래서 이에 대한 관심들도 많아서 검사를 하기도 한다. 지능지수(intelligence quotient: IQ)는 생활연령(나이, chronological age: CA)에 대한 정신연령(mental age: MA)의 비율을 측정한다. 즉 IQ=MA/CA×100이라는 공식에 의한다. 예컨대 10세 아동의 MA가 12년 6개월이라면 그의 IQ는 125가 된다. IQ는 모집단에서의 위치를 말해주기 때문에 그 수치가 바뀔 수 있다. IQ가 학업성적을 보장해 주는 것은 아니다. 전문가들은 IQ 수준대로 학업 성적이 나올 확률을 25-36%로 추정한다.

IQ는 반드시 인지와 관계된 것만은 아니다. 최근의 실험이 그 같은 사실을 말해준다. 우선 부정적인 생각이 IQ를 떨어뜨린다고 한다. 바우마이스터(R. F. Baumeister) 박사는 IQ가 비슷한 학습자들을 두 그룹으로 나누어 심리테스트를 한 후, 한 그룹에게는 "고독한 죽음을 맞거나 교통사고를 당할 수 있다"는 등의 결과를, 다른 그룹에게는 밝은 미래에 대한 말을 해주었다. 그런 후에 실시한 IQ검사에서, 밝은 내용을 들은 그룹의 IQ가 상대적으로 높은 점수를 받았다고 한다. 이런 맥락에서 허텐스타인(H. J. Hertenstein)에 의한 실험은 학습자를 사랑해줄 때 지능이 발달한다고 보고한다. 단지 "예쁘다"거나 "최고야!"라거나 간지럼을 태우고, 안아주고 업어주는 것만으로도 지능 향상에 도움이 된다는 것이다.[31] 이 같은 내용이 사실이라면 하나님의 사랑을 듬뿍 받는 그리스도인들은 지능이 향상될 것으로 보인다. 최근에는 IQ 외에 신체운동·인간친화·자기성찰·자연친화 등 두뇌 각 부분의 조합이 재능 발현에 중요하다는 '다중지능론'이 각광 받고 있다.

2. 다중지능

왜 어떤 학습자는 가만히 앉아서 잘 듣지만, 어떤 학습자는 산만할까. 왜 어떤 학습자는 운동을 좋아하고 다른 학습자는 율동을 좋아할까. 교사는 학습자들의 이 같은 다양한 모습들을 단순히 '성격차'라고 단정해버려서는 안 된다. 학습자들의 이 같은 다양한 모습들은 사실은 그들이 세상을 배우는 하나의 방식이고 그것은 교회에서의 교육과도 관계가 있다.

---

31) *內藤誼人, 人生相談は「不幸な人」にしよう: 心理學に學ぶ意外な日常の法則*, 한은미 역, 《심리학 칵테일: 일상 속에서 배우는 기상천외한 심리 법칙》(서울: 웅진윙스, 2007), 114-115, 122.

다중지능의 종류

비네(Alfred Binet)가 처음 지능검사를 만든 이후 약 80여 년이 지난 1983년에, 하버드대학교의 가드너(Howard Gardner)는 그의 저서 《정신의 구조: 다중지능 이론》(Frames of Mind: The Theory of Multiple Intelligences)[32]이라는 책을 통하여 새로운 접근을 시도하였다.[33] 그는 기존의 문화가 지능을 너무 좁게 해석하고 있다고 전제하고, 책명에서 알 수 있듯이 일반 지능과 같은 단일한 능력이 아니라 다수의 능력이 인간의 지능을 구성하고 있으며, 이러한 능력들도 상대적 중요성은 동일하다고 가정하였다.

전통적 지능이 주로 학교 교육과 연관되어 있는데 비하여, 가드너가 말하는 다중지능은 일상생활에서 무엇을 만들어내거나 문제를 해결하는 능력과 관계가 있다.[34] 그러니까 가드너에게 "지능"(intelligence)이란 말은 "능력"(competence)이란 말과 같다. 즉 "언어적 지능"이라는 말은 "언어적 능력"이란 말과 같다. 가드너는 이 같은 능력과 관계된 지능을 일곱 가지로 말한다. 그것들은 언어적 지능(linguistic intelligence), 공간적 지능(spatial intelligence), 논리-수학적 지능(logical-mathematical intelligence), 신체-운동적 지능(bodily-kinesthetic intelligence), 음악적 지능(musical intelligence), 대인관계적 지능(interpersonal intelligence), 그리고 자기이해적 지능(intrapersonal intelligence 또는 self intelligence)이다.[35] 최

---

32) Howard Gardner, Frames of Mind: The Theory of Multiple Intelligences, 이경희 역, 《마음의 틀》(서울: 문음사, 1996).
33) 이하의 내용은 http://www.kmiea.net; Barbara Bruce, 7 Ways of Teaching the Bible to Children (Nashville: Abingdon Press , 1996), 13-14, 96 참조.
34) 지능은 "문화 속에서 가치가 부여된 문제를 해결하거나 결과물을 창출하는 능력이다"(An intelligence is the ability to solve problems, or to create products, that are a valued within one or more cultural settings). Gardner, Frames of Mind, 60-61.
35) Gardner, Frames of Mind, 270.

근에는 여덟 번째 지능인 자연탐구적 지능(naturalist intelligence)을 새롭게 목록에 첨가하였고, 아홉 번째인 실존적 지능(existential intelligence)을 제시하기도 했지만, 아직 널리 인정되지는 않았다.[36]

이 아홉 가지 다중지능을 간략하게 살펴보면 다음과 같다.

- 언어적 지능: 구두나 글을 통해 단어를 효과적으로 사용하는 능력, 언어를 이해하고 실용적 영역을 조작하는 능력.
- 논리-수학적 지능: 숫자를 효과적으로 사용하는 능력, 사물 사이의 논리적 계열성을 이해하고 유사성과 차이점을 측정하고 사정하는 능력.
- 공간적 지능: 방향감각, 시각, 대상을 시각화하는 능력, 색, 줄, 형태, 구조에 관련된 지능으로 사물을 인지하는 능력, 내적인 이미지와 사진과 영상을 창출하는 능력.
- 신체-운동적 지능: 신체의 운동을 손쉽게 조절하는 능력, 손을 사용하여 사물을 만들어 내고 변형시키는 능력.
- 음악적 지능: 음악에 대한 전반적인 직관적 이해와 분석적이고 기능적인 능력, 음에 대한 지각력, 변별력, 변형능력, 표현능력.
- 대인관계적 지능: 다른 사람의 기분, 의도, 동기, 느낌을 분별하고 지각하는 능력, 타인에게 동기를 부여하고 변화에 대해 유추하는 능력, 감각과 대인관계의 암시를 구별해내는 능력, 실용적 방식으로 암시에 반응하는 능력.
- 자기이해적 지능: 자아를 이해하는데 관련된 지식과 그 지식을 기초로 적응하는 능력, 메타인지, 영혼의 실체성 지각 등 고도로 분화된 감정들을 알아내어 상징화하는 능력.
- 자연탐구적 지능: 사물을 구별하고 분류하는 능력과 환경의 특징을 사용하

---

36) 이 다중지능의 후보군에는 영적 지능(spiritual intelligence)도 들어간다. Howard Gardner, *Intelligence Reframed: Multiple Intelligences for the 21st Century*, 문용린 역, 《다중지능: 인간 지능의 새로운 이해》(서울: 김영사, 2001), 47.

는 능력, 사물을 분별하고 그 사물과 인간과의 관계를 설정하는 대처기능.
- 실존적 지능: 인간의 존재 이유, 생과 사의 문제, 희노애락, 인간의 본성, 가치 등 철학적이고 종교적인 사고를 할 수 있는 능력.

가드너는 위에서 제시한 아홉 가지 지능 외에도 많은 지능이 있을 수 있다고 하였다. 새롭게 제안되는 지능들을 살펴보면, 영성(spirituality), 도덕적 감수성(moral sensibility), 성적 관심(sexuality), 유머(humor), 직관(intuition), 창의성(creativity), 요리능력(culinary [cooking] ability), 후각능력(olfactory perception [sense of smell]), 타 지능을 종합하는 능력(an ability to synthesize the other intelligences) 등이다.[37]

다중지능 확인

가드너가 말한 다중지능은 어떻게 확인할 수 있을까. 하버드대학교 인지과학연구팀(Harvard Project Zero)에 의해 개발된 다중지능 척도(Multiple Intelligence Indicator)가 그 중의 하나의 예로 그 내용은 다음과 같다.

1) 사람들은 나에게 운동을 잘한다고 한다.
2) 나는 친구이든 선생님이든 누구와도 잘 지낸다.
3) 나는 우울한 기분이 들 때 즐거워지기 위한 나만의 방법을 사용한다.
4) 나는 어떤 문제가 생기면 여러 가지 방법으로 그 원인을 밝히고 해결하려고 한다.
5) 나는 내 생각이나 감정을 효과적으로 표현하기 위해 글을 짜임새 있게 구성할 수 있다.
6) 나는 다른 사람들로부터 그림 그리기나 만들기를 잘한다고 칭찬 받는 적

---

37) Thomas Armstrong, *Multiple Intelligences in the Classroom* (Alexandria, VA: Association for Supervision and Curriculum Development, 1994), 13.

이 있다.
7) 나는 악기를 처음 배울 때 그 연주법을 비교적 쉽게 배운다.
8) 나는 내 주위의 동식물 혹은 사물 등에 대한 관찰력이 뛰어나다.
9) 나는 평소에 신체를 많이 움직이는 활동을 좋아한다.
10) 나는 사람들의 계층, 권리, 의무에 관심이 많다.
11) 나는 왜 화가 나는지 곰곰이 생각해 보곤 한다.
12) 나는 무엇이든 실험하고 검증하는 것을 좋아한다.
13) 나는 속담이나 격언, 비유를 사용하여 이야기하는 것을 즐긴다.
14) 나는 방 꾸미기나 조립 모형 만들기를 좋아한다.
15) 나는 다른 사람과 화음을 이루어 노래하거나 악기를 연주하는 것을 좋아한다.
16) 나는 동물이나 식물 기르는 것을 좋아한다.

이들 내용은 1과 9는 신체-운동, 2와 10은 대인관계, 3과 11은 자기, 4와 12는 논리-수학, 5와 13은 언어, 6과 14는 공간, 7과 15는 음악, 8과 16은 자연탐구적 지능과 관련된다. 이와 같은 질문에 대해 전혀 그렇지 않다, 별로 그렇지 않다, 보통이다, 대체로 그렇다, 매우 그렇다 중에서 표기하고 그 점수를 합산하여 피검자가 어느 지능의 경향이 있는지 판별한다.

다중지능 학습자

다중지능 이론을 교수-학습에 적용할 경우, 여덟 가지 지능에 의한 여덟 가지 형태의 학습자들이 형성될 수 있다.
언어적 학습자들은 읽기, 쓰기, 말하기를 좋아한다. 이름이나 장소, 날짜, 기타 하찮은 것이라도 잘 기억한다. 언어적 학습자는 말하기, 듣기, 그리고 단어를 보면서 많이 배운다. 언어 자극이나 개념을 요구하지 않을 경우에 혼란스러워진다.

논리-수학적 학습자들은 실험하기를 좋아하고, 뭔가 항상 밝혀내려는 노력이 보이며, 수와 관련된 내용에는 귀와 눈이 번뜩인다. 질문을 많이 하며, 어떤 유형과 관계를 밝혀내는 데는 일가견이 있다. 수학에 흥미를 갖고 있으며, 논리적으로 생각하고, 문제 해결에 있어서도 근거와 원리를 찾아 해결하려 한다. 분류를 한다든지, 그룹을 짓는다든지 추상적인 유형이나 관계를 통해 가장 많이 배운다. 반복이나 구체적이지 않은 목표에 당황한다.

공간적 학습자들은 그림 그리기, 모형 만들기, 디자인, 뭔가 만드는 데는 남에게 뒤지지 않는다. 다른 학습자들에 비해 한 번 보면 비슷하게 그려내거나, 한 번 본 물체도 쉽게 모형을 만들어 낸다. 그림 감상, 영화 보기, 기계 다루기 등을 좋아한다. 뭔가 상상해내기를 잘 하고, 변화를 쉽게 찾아내고, 미로 찾기와 낱말 맞추기, 지도나 도표 등을 잘 읽어 낸다. 시각화 또는 상상을 통하여 잘 배우고, 색깔이나 그림을 활용했을 때 많이 배운다. 유인물이나 글이 많은 경우 혼란스러워한다.

신체-운동적 학습자들은 여기저기 잘 돌아다니며, 만져보면서 이야기하고, 신체 언어를 많이 활용한다. 이런 학습자들은 스포츠, 댄스, 연극, 그리고 손재주를 이용한 신체적 활동을 잘 한다. 신체 감각을 통한 지식 탐구, 공간과의 교류, 만지기, 움직이기 등을 통해 잘 배운다. 너무 많이 앉아있거나 장시간 활동을 하지 않는 것에 맞추지 못한다.

음악적 학습자들은 노래를 좋아하며, 흥얼거리기를 잘하고, 음악 감상과 악기 연주를 좋아한다. 한 번 노래를 들으면 쉽게 멜로디를 익히며, 음높이나 리듬 등을 쉽게 구별한다. 리듬, 멜로디, 음악 등을 통하여 잘 배운다. 오래 읽기나 쓰기 과제, 긴 강의, 오래 앉아서 하는 일 등을 지루해 한다.

대인관계적 학습자들은 많은 친구들을 거느리고 있으며, 사람들에게 말을 잘하고, 그룹 활동에 잘 참여한다. 남을 잘 이해하고, 그들을 잘 이끌어 가며, 그룹을 조직하거나, 그룹 간에 발생한 문제에 대해 중재, 조정 등을 잘 한다. 다른 학습자들과 함께 공유하면서 잘 배우고, 비교 또는 연계시키거나, 협동과 대화를 통해 잘 배운다. 내성(introspection)이나 장시간 말없는 공부에 질식한다.

자기이해 학습자들은 혼자서 조용히 공부하기를 좋아하고 자신의 관심사 추구를 즐긴다. 자기 자신을 누구보다도 잘 알고, 자신의 감정이나 꿈에 초점을 맞추어 생활한다. 본능적인 감각에 잘 따르고, 자신의 목표와 관심사를 끝까지 밀고 나가려 하며, 남을 모방하기보다는 자기 자신의 생각을 많이 따른다. 이런 학습자들은 혼자서 공부를 잘 하며, 개별화된 프로젝트나 자기 학습 속도에 맞는 수업, 그 학습자만이 즐길 수 있는 공간을 갖도록 했을 때 잘 배운다. 이유가 없는 교사의 지시적 활동, 직접적인 교수, 일반화를 불편해 한다.

자연탐구적 학습자들은 지구 환경에 관심을 갖고 있으며, 주어진 환경을 잘 변별하거나 특성을 분류 또는 활용하기를 좋아한다. 주어진 자료를 통해 결론을 지으면서 많이 배운다. 기독교교육은 학습자를 그리스도의 제자로 형성하는 데 그 목적이 있다. 그런데 그리스도의 제자가 되어야 할 학습자들의 성향은 제각기 다르기 때문에 효과적인 가르침을 위해서는 학습자의 색깔에 맞추어야 한다. 앞에서 보았듯이 학습자에게는 그가 가장 잘 할 수 있는 것들이 있다. 교사는 우선 그것이 무엇인지 파악하고 가능하면 그에 맞추어 교육하는 노력이 필요하다.

이제까지 학습자의 정체에 대해 살펴 본 내용들이 삶의 현장에서 전체적

4장

학습자의 행위 유형

으로 어떤 모습으로 드러날 수 있는 지 알아보자. 학습자의 행위 유형은 일반적으로 정서성(emotionality), 활성(activity), 그리고 사회성(sociability)의 조합으로 알려져 있다.[38] 메릴(David W. Merrill)과 레이드(Roger H. Reid), 그리고 필립스(Bob Phillips) 등은 사람의 성격에 따른 행동 유형을 네 가지로 분류하였다. 그것들은 방법에 관심이 많은 분석형(Analytical style), 내용에 관심이 많은 추진형(Driver style), 이유에 관심이 많은 상냥형(Amiable style), 그리고 사람에 관심이 많은 표현형(Expressive style)이다.[39] 이들의 행위 유형들은 다음의 〈표2〉와 같다.

	과제 중심 – 감정 통제				
	분석형: 어떻게?		추진형: 무엇을?		
	강점	약점	강점	약점	
"묻는다"	• 근면하다 • 끈기가 있다 • 심각하다 • 꼼꼼하다 • 정연하다	• 비판적이다 • 결단력이 없다 • 답답하다 • 까다롭다 • 도덕적이다	• 의지가 강하다 • 독립적이다 • 실제적이다 • 과단성 있다 • 유능하다	• 억지가 있다 • 엄하다 • 억세다 • 지배적이다 • 거칠다	"말한다"
	상냥형: 왜?		표현형: 누구?		
	강점	약점	강점	약점	
느림	• 협력적이다 • 공손하다 • 기꺼이 한다 • 믿음이 간다 • 상냥하다	• 순응적이다 • 자신이 없다 • 유순하다 • 의존적이다 • 어색하다	• 야심적이다 • 활기를 준다 • 열정적이다 • 극적이다 • 정답다	• 교묘하다 • 흥분하기 쉽다 • 규율이 없다 • 반발한다 • 자기중심적이다	급함
	관계 중심 – 과장된 표현				

표2_ 성격에 따른 행위 유형

　이해를 돕기 위해 이와 같은 성격 유형들이 구체적으로 생활 가운데서 어떻게 나타나는 지 보자.[40] 성격이 분석적인 사람은 승강기를 탔을 때, 만원이어서 '삐' 소리가 나면, 사람 수를 세어보고 사람을 내리게 한다. 슈퍼마켓에 갈 때 쿠폰을 들고 가고 제대로 계산이 됐는지 확인하기 위해 계산기를 갖고 가는 사람이다. 신문을 보다가 잘못을 발견하면 신문사에 전화를 하고 광고에서 입장료를 깎아주는 운동경기를 찾아내고, 어디서 세일을 하

---

38) Arnold H. Buss and Robert Plomin, *Temperament: Early Developing Personality Traits* (Hilladale, NJ: Erlbaum, 1984), 52-65.
39) David W. Merrill and Roger H. Reid, *Personal Styles & Effective Performance* (Radnor, PA: Chilton, 1981); Bob Phillips, *The Delicate Art of Dancing With Porcupines: Learning to Appreciate the Finer Points of Others* (Ventura, CA: Regal, 1989).
40) Issler and Habermas, *How We Learn*, 157-158.

는지 말할 수 있는 사람이다.

추진적 성격의 사람은 승강기를 타서 문이 닫히기 전에 단추를 눌러 문을 닫는 사람이다. 이런 사람은 슈퍼에 가서 충동적으로 물건을 구매한다. 깜박하고 사지 못한 물건을 사기 위해 다시 와서 계산대에 서 있는 사람이다. 신문을 읽을 때는 주로 제목만 보고, 보고 나서는 아무 데나 두기 때문에 다른 사람이 보려고 할 경우 신문을 찾아야 하고 찾았어도 보고자하는 기사 면이 없어지는 경우가 많다.

붙임성 있는 성격의 사람은 줄을 서서 승강기를 기다리지만, 늦을 경우에는 계단을 이용한다. 슈퍼에 갈 때는 구매 목록을 가지고 가서 가능한 한 신속하게 장을 본다. 신문은 전체를 훑어본다. 흥미 있는 기사가 있으면 오려 둔다. 그러다 보면 어느 때는 신문 전체를 오리는 경우도 있다.

표현을 잘하는 성격의 사람은 다른 사람이 먼저 승강기를 타도록 양보하고, 다른 층에서 타는 사람들에게 "어서 오세요"라고 인사를 건네고, 지체하는 사람에게는 "괜찮아요, 기다릴께요"라고 말하는 사람이다. 슈퍼에서도 누가 묻지 않아도 어떤 물건이 어디에 있고 어떤 지를 말하는 사람이다. 신문을 볼 때 아는 사람인가 하고 제일 먼저 부고 기사를 본다. 그런 다름에 앤 랜더스 같은 상담칼럼(Dear Ann Landers), 사람들이 살아가는 흥미 있는 이야기를 본다.

참고문헌

Baab, Lynne M. *Personality Type in Congregations: How to Work with Others More Effectively*. 문희경 역. 《MBTI로 보는 교회 공동체》. 서울: 솔로몬, 2005.

Gardner, Howard. *Frames of Mind: The Theory of Multiple Intelligences*. 이경희 역. 《마음의 틀》. 서울: 문음사, 1996.

_____, *Intelligence Reframed: Multiple Intelligences for the 21st Century*. 문용린 역.《다중지능: 인간 지능의 새로운 이해》. 서울: 김영사, 2001.

Harris, Judith R. *No Two Alike: Human Nature and Human Individuality*. 곽미경 역.《개성의 탄생: 나는 왜 다른 사람과 다른 유일한 나인가》. 서울: 동녘사이언스, 2007.

Janet Levine, *The Enneagram Intelligences: Understanding Personality for Effective Teaching and Learning*, 윤운성 외역,《에니어그램 지능: 효과적인 수업과 학습을 위한 성격의 이해》. 서울: 교육과학사, 2003.

Rohr, Richard, and Andreas Ebert. *Discovering the Enneagram: An Ancient Tool for a New Spiritual Journey*. 이화숙 역.《내 안에 접혀진 날개》. 서울: 성바오로출판사, 1993.

_____, *Enneagram II*. 윤운성 역.《에니어그램 2: 내 안에 접혀진 날개 후편》. 서울: 열린, 2003.

Wagner, Jerome P. *The Enneagram Spectrum of Personality Styles: An Introductory Guide*. 김태홍 역.《성격의 심리학: 에니어그램으로 본 9가지 성격유형》. 서울: 파라북스, 2006.

Winkler, Werner. *Warum Sind Wir So Verschieden?*. 김시형 역.《사이코그래피: 내가 오랑우탄?》. 서울: 들녘, 2007.

內藤誼人. 人生相談は「不幸な人」にしよう: 心理學に學ぶ意外な日常の法則. 한은미 역.《심리학 칵테일: 일상 속에서 배우는 기상천외한 심리 법칙》. 서울: 웅진윙스, 2007.

✤ 학습 문제

1. 성격에 대한 이론들에는 어떤 것들이 있으며, 그 같은 내용들에 대한 나의 입장은 무엇인가?

2. 나의 성격과 나와 관계된 학습자의 성격은 어떤가? 기질, 가치관, 체격, 성향, 특성 등에 따라 다음의 표를 따라 구체적으로 기록하시오.

3. 성격과 신앙은 어떤 관계가 있는가? 그리고 교회는 신앙 인격 형성에 어떤 역할을 하는가?

4. 나는 학습자의 감정 표현에 어떻게 대응해 왔고 앞으로는 어떻게 대응하겠는가?

5. 나와 관계된 학습자의 다중지능의 종류는 어느 것인가?

| 제3부 |

신앙은 어떻게 발달되는가?

 1장

발달의 원리

1. 발달의 과정

발달은 전체적인 인간 본성에서부터 인간을 구성하는 부분적인 요소들을 포함하는 폭넓은 개념이다. 그래서 발달을 생물학적으로만 이해해서는 안 되고, 성장(growth), 성숙(maturation), 학습(learning), 발달(development) 등의 의미를 모두 포함하는 폭넓은 개념으로 받아들여야 한다. 발달에 영향을 미치는 요소들에는 성, 가족 내의 위치, 부모와의 관계, 인종, 지역, 기후, 계절, 영양, 운동, 질병, 정신요인, 정서요인 등이 있다.

발달은 어떤 법칙을 따르는 인간의 변화라고 할 수 있는데, 그 같은 변화는 어떻게 일어나는가.[1] 첫째, 발달은 개체, 즉 유전과 환경과의 상호작용을 통해서 이루어진다. 이것을 달리 표현하면 발달은 성숙과 학습의 상호 작용의 결과라고 볼 수 있다. 둘째, 발달은 분화와 통합의 과정이다. 발달은 자극에 대해 관계된 영역 전체가 움직이는 전체적 반응으로부터 필요한 부분만 움직이게 되는 특수한 부분반응으로 분화·발달한다. 셋째, 발달에는 일정한 방향과 순서가 있다. 인간발달은 두부(頭部)→ 미부(尾部), 중심부→말초부, 전체적 운동→특수운동, 미분화적 운동→분화적 운동으로 나아간다.[2] 발달에 개인차는 있을지 몰라도 발달의 서열은 일정하다. 넷째, 발달에는 개인차가 있다. 생물학적인 유전적 특성과 후천적인 환경요인과의 상호작용은 개인에 따라 다르기 때문에 발달에 차이가 날 수 밖에 없다. 다섯째, 발달에는 연속과 연관성이 있다. 발달에 순서가 있다는 것은 연속성이 있음을 말한다. 그리고 연속성은 상호연관성을 갖고 있다. 즉 발달에 있어서 신체적, 지적, 사회적, 정서적 발달 등은 독자적으로 발달하는 것이 아니라 상호밀접한 유기적 관계 속에서 발달한다는 것이다.

2. 단계의 성격

한편 발달이론들은 대부분 단계(stages)로 구성되어 있다. 이들 이론에서 "단계"란 말은 일반적으로 '구별'과 '위계적'이라는 의미로 사용된다. '구별'이라 함은 특정 단계의 사람이 다른 유형을 배제하고 특정 유형을 사용하는 경향을 가리킨다. 단계의 특성을 '위계적'이라고 하는 데는 두 가지 이유가 있다. 첫째, 발달이 순서적으로 발전하기 때문이다. 사람은 한 번에 한 단계씩 동일한 순서를 밟는다. 둘째, 단계가 "위계적"이라 함은 앞의 단

---

1) Arthur T. Jersild, *Child Psychology* (New York: Prentice-Hall, 1950, 3rd ed.), 50-53.
2) Arthur I. Gates et. al., *Psychology for Studies of Education* (New York: Macmillan Co., 1966), 21-22.

계보다 뒤의 단계가 더 향상된 것이기 때문이다. 전단계에서는 풀 수 없었던 갈등이나 긴장들이 다음단계에서는 해결될 수 있다. 그래서 위계적이란 말은 보다 높은 보다 적절한 유형으로의 진보라 할 수 있다.[3]

3. 발달이론

일반 심리학에서 논의되는 발달에 관한 이론들에는 프로이트(Sigmund Freud)의 심리성적 이론,[4] 에릭슨(Erik H. Erickson)의 심리사회적 이론,[5] 게젤(Arnold Gesell)의 성숙이론,[6] 피아제(Jean Piaget)의 구성론적 인지발달이론,[7] 비고츠키(Lev S. Vygotsky)의 역사사회적 인지발달이론[8] 등이 있다. 또한 인간의 특정시기를 집중적으로 연구한 이들도 있다. 이들에는

---

3) Craig R. Dykstra, "Transformation in Faith and Morals," *Theology Today* 39:1 (April 1982), 56-64.
4) 프로이트는 무의식의 개념과 함께 정신을 구성하는 세 가지 구조적 요소를 이드(id, 자아), 에고(ego, 현실적 자아), 슈퍼에고(superego, 초자아)를 들었다. 이러한 세 가지 요소가 발달하는 단계를 프로이트는 5단계로 구분을 하였고, 이 같은 단계들을 이루어가는 힘을 리비도(Libido)라고 하였다. 리비도는 인간의 생명력이고 욕구라고 할 수 있는데, 프로이트는 이를 특히 성적 차원에서 보았다. 첫째, 구강기(Oral stage, 출생-1.5세): 리비도가 혀, 입술 등 입을 중심으로 작용하기 때문에 구순기라고도 하며, 빨기, 물기, 핥기 등의 구강 활동을 함으로써 긴장을 감소시키고, 욕구를 충족시키고 만족과 쾌감을 얻는다. 수유가 충분치 못하거나 수유 시간이 엄격할 때 손가락 빨기, 깨물기, 과식, 과음 등의 고착 행동이 나타날 수 있다. 둘째, 항문기(Anal stage, 1.5-3세): 배변 훈련이 시작되는 시기로, 리비도는 항문 근처로 집중되어, 배설물을 참거나 배출시에 항문 근육의 수축과 이완을 통하여 쾌감을 느낀다. 배변 훈련이 잘 이루어 지지 않는 경우 방종 등의 성격 유형으로 발전 가능성이 있으며, 엄격한 배변 훈련으로 인해 고집이 세거나, 소유욕이 강한 성향을 보일 수 있다. 셋째, 남근기(Phallic stage, 3-5,6세): 성기가 성감대가 되어가는 시기로 손으로 성기를 만지작거리거나 관심을 갖는다. 이 단계에서 동성 부모에게 경쟁심을 느끼고 이성 부모에게 애정을 느끼는 오이디푸스 콤플렉스(Oedipus complex, 그리스 신화 오이디푸스에서 따온 말이다. 오이디푸스는 테베[Thebes]의 왕 라이오스[Laius]와 이오카스테[Iocaste, 에피카스테]의 아들인데 숙명적으로 아버지를 살해하고 스핑크스의 수수께끼를 풀어 테베의 왕이 되었다. 어머니인 줄 모르고 결혼한 그들은 그 사실을 알자 이오카스테는 자살하고 오이디푸스는 자기 눈을 뺀다. 여아의 경우 엘렉트라 콤플렉스[Elektra complex], 그리스 신화에서 아가멤논[Agamemnon]의 딸 엘렉트라가 보여 준 아버

레빈슨(Daniel J. Levinson),[9] 화이트헤드(Evelyn E. Whitehead, James

지에 대한 집념과 어머니에 대한 증오에서 유래하였다. 미케네[Mycenae]왕 아가멤논은 10년 동안의 트로이전쟁[Trojan war]을 마치고 귀국한 날 밤에 아내인 클리타임네스트라[Klytaimnestra]와 그녀의 정부 아이기스토스[Aegisthus]에게 살해당하였다. 엘렉트라는 동생인 오레스테스[Orestes]와 힘을 합쳐 어머니와 간부를 죽이고 복수하였다. 프로이트가 이론을 세우고 융이 이름을 붙였다. 프로이트에 따르면 이 시기 여아는 자신에게는 남동생이나 아버지가 갖고 있는 성기가 없다는 사실을 알고 남성을 부러워하는 한편 자신에게 남성 성기를 주지 않은 어머니를 원망한다고 한다. 남아의 경우 아버지에 의한 거세 불안을 경험하게 된다. 이 단계를 올바로 극복하지 못하면, 변태성욕이나 성 범죄자가 될 수도 있다. 동성 부모와의 관계가 회복 되면서, 자신의 욕망을 통제할 수 있는 초자아(superego)가 발달된다. 넷째, 잠재기(Latent period, 초등학교 시기): 성에 대한 관심을 억제하게 되고, 또래 관계가 활발해지면서 동성 친구와의 유대가 돈독해지며, 사회적 기술을 발달시키고, 학업에 열중하여 지적으로 유능해진다. 다섯째, 성기기(Genital stage, 사춘기 이후): 사춘기가 시작되고, 신체적, 성적인 발달로 이성에 관심을 갖고 성숙한 사랑을 할 수 있는 시기다. 청년기에 부모와 해결되지 않은 갈등이 다시 나타나고, 성인으로서 독립적이 된다.
5) 에릭슨은 사람이 평생에 걸쳐 발달한다는 생의 주기이론인 심리사회성 발달이론을 말한다. 그것은 8단계로 진행된다. 그 내용은 유아기(생후 1년): 기본적 신뢰 대 기본적 불신(희망:물러남), 아동 초기(2-3세): 자율성 대 수치심 및 의심(의지:강제), 놀이기(4-5세): 주도성 대 죄책감(목표지향적:억제), 학령기(6-11세): 근면성 대 열등감(성취 능력:나태), 청소년기(12-18세): 정체성 대 정체성 혼돈(신실함:거절), 성인 초기(19-24세): 친밀감 대 소외(사랑:배타성), 성인기(25-54세): 생산성 대 침체성(배려:기피), 노년기(55세 이상): 통합성 대 절망/ 권태(지혜:멸시)이다. 각 단계의 두 가지 대조적인 내용들은 선택사항이 아니라 그 양 극단 사이에서 발달이 이루어지며, 발달의 목표는 그 양극 사이에서 역동적 균형을 잡아나가는 것이다. 그러나 어느 한 편으로 치우칠 경우 그 결과가 ( ) 안의 내용처럼 대조적으로 나타난다. Erik H. Erikson, *Childhood and Society*, 윤진·김인경 공역, 《아동기와 사회: 인간발달 8단계 이론》(서울: 중앙적성출판사, 1988); Erik H. Erikson, *The Life Cycle Completed: A Review* (New York: W. W. Norton & Company, 1982).
파울러는 초기에 에릭슨에 의존하나(예를 들어, 파울러는 초기에 신앙의 단계를 에릭슨의 경우와 같이 두 가지의 반대적인 덕목들로 구성하고 있다(James W. Fowler, "Gifting the Imagination: Awakening and Informing Children's Faith," *Review and Expositor*, 1980). 후기로 들어가면서 콜버그(Lawrence Kohlberg)와 피아제에게 더욱 의지한다. 에릭슨은 버림받지 않고 그의 이론의 배경에 머문다. 박원호, 《신앙의 발달과 기독교교육》(서울: 장로회신학대학교 출판부, 1996), 135.
6) 성숙이론이란 아동의 타고난 유전적 요인에 의해 인간의 성장과 발달이 결정된다고 보는 이론이다. 아동발달은 유전적으로 규정되어 있어서 성숙이라는 특별한 프로그램에 의해 내적인 생물학적 시간표에 따라 이루어진다고 하였다. 성숙이론에 기초한 아동 양육의 원리는 다음과 같다. 첫째, 모든 아동양육은 아동 내부의 성숙적 요구에서부터 시작되어야 한다. 둘째, 어떤 행동의 학습은 문화적 관습보다 아동 내부의 요구와 필요에 따라 시도 되어야 한다. 셋째, 부모는 아동의 요구와 필요에 대한 예민한 판단력을 가져야 한다.
7) 이에 대해서는 본부의 2장 피아제의 인지발달)을 참조하시오.

D. Whitehead)[10] 등이 있다. 한편 기독교교육과 관련된 발달에는 실존, 종교적 사고, 하나님 개념, 기도 개념, 종교적 정체성, 신앙, 신학적 개념, 영성, 종교적 판단 발달 등이 있다. 이에 대해 하나씩 살펴보도록 하자. 그전에 기독교에서 신앙의 발달, 또는 신앙의 성장에 대해 어떻게 말하는지 먼저 알아보자.

---

8) 그의 주요 주장은 유아들은 지식을 구성하며, 발달은 사회적 맥락과 분리될 수 없으며, 학습이 발달을 주도하며, 언어가 정신발달에 핵심적인 역할을 한다는 것이다. 그의 '근접발달영역'(zone of proximal development: ZPD)이라는 유명한 개념은 아동이 혼자서 해결할 수 없지만 성인이나 뛰어난 동료와 함께 학습하면 성공할 수 있는 영역을 의미한다. 근접발달영역에 위치한 아동에게는 구조화를 형성할 수 있는 단서의 제공, 세부사항과 단계를 기억할 수 있는 조력, 격려, 도움이 필요하다. 어른과 능력 있는 동료는 아동이 지적으로 성장하는데 필요한 요소를 지원하는 안내자 혹은 교사의 역할을 할 수 있다. 이 개념은 인지발달이 사회적 상호작용의 결과로 발전한다는 사실을 강조하고 있다. 또한 아동의 인지발달에 교사나 성인이 적극적으로 도움을 줄 수 있는 이론적 근거를 마련했다는 점에서 중요한 의미를 갖는다. Lev S. Vygotsky, Michael Cole, ed., *Mind in Society: The Development of Higher Psychological Processes*, 조희숙 외 3인역, 『사회 속의 정신: 고등 심리 과정의 발달』(서울: 성원사, 1994) 참조.

9) Daniel J. Levinson, *The Seasons of a Man's Life*, 김애순 역, 『남자가 겪는 인생의 사계절』(서울: 이화여자대학교출판부, 1996). 레빈슨은 인생주기의 진행을 자연의 사계절의 진행에 비유한다. 변화와 안정이 순환되는 과정이 유사하다고 보기 때문이다. 그는 인간의 전 생애를 성인기를 중심으로 이전, 초기, 중기, 그리고 후기로 나눈다. 사람은 그 기간들 동안에 보통 4-5년 정도 지속되는 변화와 안정의 과정을 겪는다. 즉 혼돈과 갈등, 변화가 수반되는 전환기(transition)와 새로운 삶의 구조를 형성하는 안정기(setting down period)를 번갈아 경험한다. 발달은 주로 전환기에 이루어진다. Daniel J. Levinson and Judy D. Levinson, *The Seasons of a Woman's Life*, 김애순 역, 『여자가 겪는 인생의 사계절』(서울: 이화여자대학교출판부, 2004)도 참조.

10) 이들은 에릭슨의 이론을 바탕으로 인간 성장을 신앙 성장과 연결시킨다. Evelyn E. Whitehead and James D. Whitehead, *Christian Life Patterns: The Psychological Challenges and Religious Invitations of Adult Life* (New York: Crossroad, 1979) 참조.

2장

종교적 발달

1. 신앙발달의 전통

"신앙발달"이란 말은 뒤에서 보게 될 파울러의 신앙발달론 때문에 유명하게 된 개념이다. '신앙발달' 이란 말이 심리학적 용어임에도 불구하고 그것이 다루는 내용 때문에 신학적으로도 논의가 되고 있다. 신학적이라고 해도 그 내용은 심리학적이라 볼 수도 있을 것이다.

기독교에서 '신앙 성장' 이라는 주제는 바울에게까지 거슬러 올라간다. 예를 들어, 바울은 에베소서 4장 15절에서 초기교회의 신자들에게 "우리는 사랑으로 진리를 말하고 살면서, 모든 면에서 자라나서, 머리가 되시는 그리스도에게까지 다다라야 합니다"고 훈계하였다. 신약 전체에 걸쳐서 신앙 성장에 대한 이 같은 강조는 '거룩' 또는 '성화'의 사상과 관련되어 있다. 베드로전서 1장 16절은 레위기 11장 44-45절를 인용하여서 이 주제의 핵심이 무엇인지를 말해준다. "내가 거룩하니 너희도 거룩하여라." 교회와 그 신자들의 거룩은 하나님의 거룩에 의존한다는 신약의 사상은 모든 교회들 사이의 공통적인 의견이었다.

교회들 사이에 차이점이 있다고 한다면, 하나님이 그리스도 안에서 화해시키는 행위(칭의)와 신자들의 거룩(성화)이 어떻게 관련되느냐하는 방식이다. 루터(Martin Luther)와 칼빈(John Calvin)에게서, 칭의는 그리스도의 사역에 의해 값없이 주어지는 은혜이다. 이 칭의로 인해 죄를 용서 받으며 죄로 인해 하나님과 멀어졌던 관계가 가까워진다. 이제 우리에게는 용서받은 자로서 인정받고 그에 맞는 삶을 이루어야 할 일이 남아있다.

이것은 거룩을 이루어 가는 과정이라 볼 수 있는데, 루터와 칼빈에 의하면, 이 거룩은 하나님의 사역이다. 하나님께서는 우리의 죄를 용서하시고 우리를 당신의 자녀로 삼으신다. 그리고 우리를 당신의 보호 아래 두시며, 우리가 세상에서 당신의 사역을 행할 수 있는 은사를 공급하신다. 그러므로 성화는 전적인 하나님의 일이다. 우리가 어떤 의로운 일을 한다고 해서 거룩을 이룰 수 있는 것이 아니라. 거룩은 전적으로 하나님께 의존해야 하는 것이다. 다만 우리는 하나님을 의지하며 나아갈 뿐이다. 그러므로 우리가 신앙이 성장한다는 것은 매순간 하나님을 의지하며 그 분을 향해 나아가는 과정이라고 할 수 있다.

로마 가톨릭에서는 신앙발달에 대해 아주 다른 방식으로 말한다. 로마 가톨릭은 개신교와는 달리 인간은 창조 때부터 어떤 선한 능력을 갖고 있는데, 그것은 타락 후에라도 마찬가지라는 것이다. 인간은 그 본성의 한계 내에서 선을 행할 수 있고 자연적 이성을 통해 하나님을 알 수 있다. 그리스도 안에서의 하나님의 구원의 행위는 이 자연적 능력 위에 기반을 두면서, 동시에 이 자연적 능력을 온전케 한다고 한다. 그래서 인간의 신앙이 성장하는 것은 하나님의 은혜이기도 하지만 인간의 협조도 필요하다는 것이다. 어떤 의미에서, 칭의는 사람이 세례를 받고 교회 안에 들어올 때 부어지는 초자연적 은혜에 의해 일어나는 것으로, 그것에 의해 하나님과의 바른 관계가 회복된다. 성화는 사람이 하나님의 은혜와 협동하여 자신의 삶의 과정에서 이루어 가는 것이다. 이 같은 신앙발달은 교회의 성례전에 참여함으로 지탱될 수 있다. 그러나 가톨릭에서는 칭의를 더욱 넓게 확대 해석해서 교회 안에 받아들여지는 이상으로 본다. 즉 칭의는 교회 안에서 자신의 구원을 이루어 가는 전체 과정이며 하나님 앞에서 은혜를 얻는 것이다. 이런 입장과 개혁주의적 입장의 차이는 분명하다. 가톨릭에서 신앙발달은 종교생활에 내재되어 있다. 그래서 칭의와 성화는 분명하게 분리할 수 없다. 기독교인은 교회를 통해 중재된 은혜와 협동하고 하나님과의 온전한 교제관계에 들어갈 때만 충분히 의롭게 여겨진다. 게다가 로마 가톨릭 전통은 이 과정에서 인간이 하는 기여를 크게 강조한다. 창조 시에 주어진 능력이 사람으로 하여금 신적 활동에 협동할 수 있게 한다는 것이다. 신앙의 성장은 신적인 것만이 아니라 자연적인 것이며, 인간발달에 근거한다.

감리교회의 경우에는 로마 가톨릭과 개혁주의 관점의 중간 입장을 취한다. 감리교회를 창시한 웨슬리(John Wesley)는 칭의는 오직 하나님의 선물인 신앙에 근거한다는 루터와 칼빈의 주장에 동의하지만, 성화의 이해에 있어서는 로마 가톨릭과 가까운 입장을 취한다.

웨슬리는 원죄의 교리를 말하지만, 동일하게 선재은총에 대해서도 말한다. 그에 따르면, 인간의 타락은 전적인 것이 아니라는 것이다. 인간은 타락했음에도 불구하고 하나님의 은총은 그들의 죄를 깨닫게 하고 회개하게 하시며 그래서 의롭다함을 받으며 죄의 용서를 받는다. 이것이 성화의 시작이다. 그러므로 선재은총, 회개, 칭의, 그리고 성화는 뒤의 것이 앞의 것을 바탕으로 발전한다. 웨슬리에게는 신앙과 선행도 서로 다투지 않는다. 온전한 신앙이라고 할 수 있는 성화는 하나님과 이웃에 대한 온전한 사랑과 같은 것이기 때문이다.

2. 실존적 생의 주기론

아마 학문적 의미에서 기독교교육과 관련된 첫 발달론자는 쉐릴(Lewis J. Sherrill)일 것이다. 쉐릴은 신생아기부터 노년기에 이르는 인간의 발달 주기에서 보이는 그 주된 특성에 대해 인간의 자아가 어떻게 반응하는가(또는 어떻게 반응해야 하는가)를, 심층심리학적 성격의 설명을 하고 있다.[11] 그러나 프로이트 류의 정치한 정신분석 방식이 아닌 인간의 실존, 즉 인간이 살아가는 생생한 현실의 삶을 내적인 측면에서 언급하고 있다.

쉐릴은 인간의 이상적 삶을 종교적 삶으로 보고 그것이 무엇인가를 말하기 위해 먼저 인간의 삶의 양태에 대해 언급한다. 인간 삶의 양태에는 첫째, 디딤수레 같은 삶이 있다. 그저 무의미하게 지내며 권태와 절망 속에서 살아가는 삶이다. 둘째, 영웅 무용담과 같은 삶이다. 자신에게 다가오는 불공평, 모순, 고난에 대항하여 싸우며 자신에게 충실하려는 삶이다. 셋째, 순례자와 같은 삶이다. 자신의 삶을 신적인 것과 연관 지어 사는 삶이다. 이것이 기독교적 삶이다.

인간의 삶 속에는 항상 위기가 존재하는데, 이 위기에 어떻게 대응하느냐에 따라 현재의 차원을 넘어서거나, 현재의 차원에 머물거나, 현재의 차원보다 더 후퇴하게 된다. 마찬 가지로 인간은 하나님과의 만남을 통해 새로운 삶의 단계로 접어들 수 있다. 하나님과의 만남은 인생 주기의 매 단계에 일어날 수 있으며, 각 단계에서의 응답은 그 후의 단계에 영향을 미치게 된다. 인간의 삶에는 종교와 밀접한 관계를 맺을 수 있는 내용들이 있다. 그것

---

11) Lewis J. Sherrill, *The Struggle of the Soul*, 정웅섭 역,《만남의 종교심리: 인간 영혼의 고투》(서울: 전망사, 1981).

들은 불안, 지각, 관계, 양면 감정, 동일화이다.

아동기는 유년기(0-3세), 전기 아동기(3-6세), 후기 아동기(6-11세)로 나뉜다. 이 기간 동안에 이루어야 할 발달 과업은 하나의 인간이 되는 개인화(individuation)이다. 유아는 태어나면서 사람과 물건과 관계를 맺는다. 이 때 부모의 유아에 대한 정서적 태도가 중요하다. 아동기는 전기와 후기로 나눌 수 있는데, 전기 아동기는 부모와의 잠정적인 분리가 일어나고, 양심이 성립되고 성역할을 배우는 시기이다. 후기 아동기에는 가족이외의 사람들과 만나게 되면서 불안정을 경험하게 된다. 아동기의 신앙 발달은 부모의 사랑과 인생관, 일반 교육과 교회를 통하여 이루어진다.

청소년기(1기 12-14세, 2기 15-17세, 3기 18세 이상-)의 중심 과제는 양친으로부터의 심리적 이유(psychological weaning)이다. 부모로부터의 분리는 이성과 현실 세계(역사)와의 만남을 계기로 이루어진다. 청소년은 부모의 사랑과 이성에 대한 애정 사이에서 갈등과 불안을 겪는다. 청소년이 처하는 주요 현실세계는 가정과 학교이다. 가족은 청소년에게 이미 지속적으로 영향을 끼쳐왔다. 여기에 학교가 가세하게 되는데, 그 영향의 내용은 크게 가치, 교육, 권위, 종교의 네 가지이다. 이 같은 상황에서 청소년이 하나님과 만나기 위해서는 하나님께서 예수 그리스도와 만나도록 부르신다는 사실과 그에 따른 약속들을 확신 있게 제시해야 한다. 이와 같은 초청에 대해 청소년의 반응은 크게 네 가지로 나타난다. 하나님의 권위를 우선적으로 인정하게 되는 주권의 변화, 그래야 하는 것이기 때문에 끌려가는 외면적 복종, 배척하는 거부, 별다른 반응을 보이지 않는 것 등이다.

청년기의 중심과제는 동일화(identification)를 달성하는 일이다. 청년기를 특징짓는 결정적 요인은 아동기와 청소년기에 획득한 개성과 자유를 어떻게 유지할 수 있는가하는 물음이다. 그렇게 할 수 있는 방식에는 하나는 구속으로부터의 단절, 즉 고립을 통해서, 다른 하나는 구속을 스스로 만나는, 즉 유혹의 길이 있다. 이런 과정에는 책임이 따른다. 책임에는 성숙한 사랑을 주고받는 정서적 책임, 결혼 등으로 인한 경제적 책임, 사회적 책임, (자신의 의견을 낼 수 있는) 지적 책임, 그리고 종교적 책임이 있다. 이 책임을 제대로 수행하기 위해서는 관계된 것들과의 동일화가 필요하다. 이것은 자신의 분명한 입장에서 대상과 정당한 관계를 형성하는 것이라고 할 수 있다. 청년기에 대해서 교회는 그리스도인이 세상에서 다른 사람들과 공존하기 위해 필요한 도덕의 필요성과 준수 의무를 알려야 한다. 그 뿐 아니라 인간의 삶이 종교에 의해 완성되는 것이며, 인생이란 그것을 향한 순례의 길임을 알려야 한다. 물론 순례의 길이 반드시 종교인의 길을 걷는다는 뜻은 아니고 하나의 가치관으로서 무엇을 하든 신앙적 가치관을 바탕으로 해야 한다는 뜻이다.

중년기(3-50세)의 중심 과제는 성숙한 인생관(mutual view of life)의 수립이다. 인생관은 삶 속에서의 의미 발견을 말한다. 이에는 삶과 만나는 자기 나름의 원칙인 자발적인 인생관과 가르쳐진 부여된 인생관이 있다. 중년기의 성숙한 인생관을 결정하는 세 가지 요인이 있다. 첫째, 자발적 입장이다. 이 자발적 입장은 아동기부터 지금까지 발달에 영향을 끼쳐온 자아, 양심, 부모, 성 등의 내적 요소와 권위, 이성, 책임 등 외적 요소와의 다양한 결합에 의하여 생겨난다. 둘째, 자발적 입장과 부여된 입장 사이의 통합 정도이다. 자발적 입장과 부여된 입장이 일치를 이룰 때 성숙한 인생관이 형성된다. 성숙한 인생관은 현실적으로 자기 자신을 주는 아가페(agape)적 사랑에 근거한 행위로 나타난다. 셋째, 예기치 않은 현실에 대한 처리 능력이다. 모세의 가시덤불 설화가 그 좋은 예이다. 여기서 불붙는 가시덤불은 이미 형성된 인생관과는 맞지 않는, 처리하기 어려운 것들, 예컨대 허무, 가까운 이의 죽음, 불행 등이다. 이와 같은 것들을 극복하는 방안 중의 하나는 현실을 있는 그대로 수용하려는 자세이다.

노년기(50세 이상)의 중심적 과제는 단순화(simplication)이다. 단순화는 보다 중요한 일에 초점을 맞추는 행위이다. 재언하면 그것은 이제껏 중요하다고 생각했던 것들을 정리하는 것이다. 그것은 이제껏 부여했던 의미와는 다른 새로운 의미를 부여하는 것으로 그럼으로써 새롭게 행동하게 되는 것이다. 예를 들어 지위와 육체와 재산에 매여 살았다면 그것을 보다 차원 높은 다른 관점에서 보고 그에 대해 다른 태도를 취하는 것이다. 교회는 노년의 사람들에게 영생의 소망을 갖도록 이끌어야 한다.

자아의 변화는 일상의 대화나 죽음 등과 같은 우연한 사건들을 통해서 올 수 있다. 그러나 변화를 교육적으로 계획할 수도 있다. 교회에서 할 수 있는 의도적 교육의 경우는 성서교육이 대표적일 것이다. 성서는 모든 연령층의 사람들에게 다 적용되므로 성서 주제의 의미가 발달에 맞추어 해석되어서 만남이 이루어지도록 이끌어야 한다.

성서교육은 주로 언어에 크게 의존되어 왔다. 하지만 하나님과의 만남을 위해서는 다른 방식도 필요하다. 말을 사용하지 않는 정서를 고려한 분위기와 같은 의사소통의 원리, 사건 속으로 들어가는 참여의 원리, 참여했을 때 일어나는 동일의 원리, 만남의 의미를 알거나 느끼는 감지력의 원리, 상징적인 의사소통의 원칙, 불신앙의 여지도 남겨놓는 양면 가치의 원리, 성례전에서 이루어지는 궁극성의 원리 등을 사용하여 접근 하는 것이 도움이 될 것이다.[12]

쉐릴은 인간의 발달을 사람이 자라가는 '성장'으로 보기보다는 태어나서 죽을 때까지 인생의 행로에서 셀 수 없이 일어나는 '대결'(confrontation)과 '응답'(encounter)으로 보았다. 인간은 그 생애의 각 단계마다 다양한 성격의 여러 위기에 처할 수 있다. 그럴 때 "진리(하나님)는 우리를 직면하여 우리에게 자신을 제시하여 우리가 자신을 필요로 하는 지 필요로 하지 않는지, 우리가 진리의 필요성을 느끼는지 느끼지 않는지를 묻는다." 그때 우리는 신앙에로 전진하거나 불신앙에로 후퇴하거나 한다.[13] 우리는 앞으

---

12) Lewis J. Sherrill, *The Gift of Power*, 김재은·장기옥 공역, 《만남의 기독교교육》(서울: 대한기독교출판부, 1981), 186-190.

로 전진해서, "신앙의 어떤 새로운 책임과 보상의 단계로 들어가"거나, 아니면 보다 충실한 종교생활의 가능성을 상실하고 "뒤로 움츠러들 수 있다"[14]

3. 종교적 사고의 발달

피아제의 인지발달론

종교적 사고는 종교와 관련된 내용, 즉 성경의 이야기, 예배, 기도 등의 신앙 행위에 대해 하는 생각이다. 종교적 사고에 대한 초기의 연구는 골드만(Ronald Goldman)에 의해 행해졌다. 골드만의 연구는 피아제의 이론을 따른 것이다. 그래서 골드만을 이해하기 위해서는 먼저 피아제를 이해할 필요가 있다.

피아제는 아동을 스스로 세계를 구조화하고 이해하는 존재라고 본다. 그에 따르면 아동의 인지 발달은 동화(assimilation), 조절(accomodation), 평형(equilibrium)의 과정을 거치는 인지구조의 변화를 통해 일어난다. 인지의 발달은 어느 면에서 도식(schema)의 변화 과정이라고 볼 수 있다. '도식'은 아동이 환경과 상호작용하는 과정에서 구성한 조직화된 패턴이다. 즉 아동은 어떤 내용이나 경험을 어떤 형식에 따라 정리 또는 체계화시키는 틀을 갖고 있다. 도식이란 외부로부터 유입되는 자극을 처리하고 파악하고 분류하는데 활용되는 개념이나 범주들이라고 할 수 있다. 피아제는 우리가 세계를 이해하고 반응하기 위해 사용하는 지식, 절차, 관계 등을 도식이라

---

13) *Ibid.*, 175.
14) 그는 이 책에서 매 심리사회적 단계 초에 맞는 위기를 인성이 하나님의 인도에 개방되는 때로 해석했다. C. E. Ellis Nelson, "Lewis Sherrill" Iris V. Cully and Kendig B. Cully, eds., *Harper's Encyclopedia of Religious Education* (San Francisco: Harper & Row Publishers, 1990), 585.

하였다. 동화는 새로운 정보나 경험을 이미 형성되어 있는 도식에 통합시키는 것이며, 조절은 기존의 도식으로는 이해하거나 해석할 수 없는 환경적 자극에 직면했을 때 기존의 인지구조를 이에 맞게 수정하는 과정이다. 예를 들어 아동이 처음으로 연필을 깎게 되었을 경우, 글을 쓸 때 잡는 식으로 연필을 잡아서는 안 된다는 것을 알게 되는 과정과 같다. 아동의 인지구조는 동화와 조절의 평형을 이루고자 한다. 그러나 이 평형 상태는 일시적이다. 새로운 환경적 자극에 의해 다시 동화와 조절이 반복되며 질적 인지구조의 변화가 일어난다.

피아제는 인지발달을 크게 4단계로 나눈다. 첫 번째 단계는 감각-운동기(sensorimotor stage, 0-2세)이다. 이 시기 아동은 감각을 통해 직접 경험한 것을 인지한다. 그렇기 때문에 감각할 수 없는 것은 없는 것이나 마찬가지이다. 보는 데서 물건을 감추어도 없다고 여기는 것은 그 때문이다. 갓난 아이는 배고프면 운다. "네 젖병을 데우고 있으니 잠깐 기다려라"와 같은 말은 어떤 눈에 보이는 실체가 아니기 때문에 감각을 통해서만 대상을 인식하는, 그리고 아직 추상적 언어가 형성되지 않은 어린 아이에게는 아무 의미가 없다. 이 시기의 어린아이들의 인지발달을 위해서는 모래놀이나 물놀이 같은 감각을 사용할 수 있는 기회를 제공하는 것이 좋다.

두 번째 단계는 전조작기(preoperation stage, 2-7세)이다. 이 시기에 언어가 출현하며, 이 언어가 내면화되어 비로소 사고가 가능하게 된다. 즉 사물과 사건이라는 외적 대상뿐만 아니라 행동까지도 마음으로 그릴 수 있게 된다. 이 시기의 특징 중에 두드러진 내용은 자기중심성(egocentricism), 중심화(centration), 보존성(conservation) 등이다. 자기중심성은 일종의 독백이라 할 수 있다. 이 시기의 아동에게 다른 사람의 생각은 없다. 둘이 이야기를 한다고 해도 한 어린이는 강아지 얘기를 하고, 다른 어린이는 비행기 얘기를 하는 식이다. 정보의 교환을 통한 대화는 없으며 서로 자기 말만 할 뿐이다. 그러나 이 단계의 후기에 들어서면서 자기중심적 대화는 생각을 서로 교환하게 되는 상호소통적 대화로 점진적인 전환을 하게 된다.

중심성은 대상에 대한 단일한 시각을 말한다. 예를 들어, 5세 아동은 나무로 만든 흰색 구슬 20개와 갈색 구슬 7개 중에서 흰색 구슬이 많은 것은 지각할 수 있으나 흰구슬과 나무구슬 중 어느 것이 많은 지에 대해서는 대답하지 못한다. 구슬의 색깔에 집중하기 때문이다. 보존성은 어떤 대상의 순서나 형태를 바꾸어 제시해도 그 대상은 변하지 않는다는 것을 아는 것을 말한다. 예를 들어, 4세 아동에게 같은 모양의 병에 같은 양의 물을 부어 보여준 후 그 중 하나를 더 긴병에 넣어 보여줄 경우 그 병의 물의 양이 많다고 생각한다. 한 상태에서 다른 상태로의 변형보다는 현재의 상태에 집중하기 때문에 사물의 나타난 모양을 보고 직관적으로 사고하는 성향 때문이다. 전조작기의 아동에 대한 가르침은 그들의 지식과 이해를 바탕으로 해야 한다. 예를 들어, "구름은 왜 하얀가?"라는 물음에 대해서 하얀 것에 대한 아동의 지식을 알기 위해 아동이 아는 '하얀 것에 대해 말해보라'고 한다. 그런 다음 '구름과 비슷한 것을 들어보라'고 한다. 그럴 경우 '구름은 솜덩이 같다'고 할 수 있다. 그러면서 '구름이 하얀 까닭은 빛이 비추고 먼지가 없고 비가 내리지 않기 때문'이라고 답할 수 있다.[15]

세 번째 단계는 구체적 조작기(concrete operation stage, 7-11세)이다. '구체적'이라는 말은 실제 대상이나 사건을 말한다. 이 시기의 아동은 논리적으로 사고하기 시작하지만 그 대상은 구체적인 것에 한정된다. 예를 들어, 길이가 각각 다른 세 개의 막대(X〉Y〉Z)를 사용하여 X와 Y를 보여주고 Y와 Z를 보여주었을 경우 X가 가장 길다는 것을 안다. 그러나 이 경우를 말로 할 경우, 즉 "X는 Y보다 길고, Y는 Z보다 길어. 그럼 제일 긴 것은 어느 것이니?"하고 물으면 막대들을 눈으로 볼 수 없기 때문에 대답을 하지 못한다. 그러므로 이 시기의 아동을 가르치는 데는 시청각 자료와 교구가 필수

---

15) A. Glover and Roger H. Bruning, *Educational Psychology: Principles and Applications*, 3rd. ed. (Glenview, Ⅲ.: Scott, Foresman/ Little, Brown Higher Education, 1990), 124.

적이라 할 수 있다. 자신들이 배우는 내용을 손으로 할 수 있는 작업을 통해 시험토록 한다. 말은 간결하고 조직적으로 해야 한다. 새로운 내용은 아동이 이미 아는 것과 연결시킨다. 논리적 문제들에 접하도록 할 때는 배우고 있는 정보를 사용한다.[16]

  네 번째 단계는 형식적 조작기(formal operation, 11-15세)이다. 이 시기에는 마음속에 있는 추상적인 사물들에 대해서도 논리적으로 사고할 수 있다. 즉 직접적인 경험이 없어도 그에 대해 체계적으로 검토하고 그 결과를 일반화할 수 있다. 형식적 조작기의 특징은 조합적 사고에서 찾을 수 있다. 이것은 형식적 논리, 즉 가설을 세우고 그것을 시험하는 조작적 사고라 할 수 있다. 예를 들어, 무색 액체가 들어 있는 다섯 개의 병중 세 개를 섞어 노란색 액체가 되는 것을 보여준 후 아동들에게 해보라고 한다. 구체적 조작기의 아동은 대부분 두 가지를 섞어 놓는데 그치지만, 형식적 조작기의 아동은 노란색이 될 때까지 여러 가지 방식으로 섞는다. 형식적 사고는 구체적 사고의 기반이 없이는 그저 개념으로 남기 쉽다. 예를 들어, '세상의 소금과 빛이 되어야 한다' 는 말은 그리스도인이 세상에서 덕을 끼치고 살아 하나님께 영광을 돌릴 수 있어야 한다는 말이지만 '소금' 과 '빛' 이라는 구체적 사물의 성격을 모르고서는, 그 내용을 제대로 이해할 수 없다. 형식적 사고가 필요한 내용을 구체적 사고를 통해 가르친 예는 예수에게서 찾아볼 수 있다. 예수는 현실의 문제에 답을 주는 영적 진리를 구체적 사고를 통해 가르치셨다. 예를 들어, "하늘나라는 밭에 감추인 보화와 같다"(마 13:44)라는 청중에게 익숙한 구체적 현실을 이용해서 형식적 사고의 내용인 하나님 나라에 관한 진리를 표현하고 있다.

---

16) Anita Woolfolk, *Educational Psychology*, 5th ed. (Boston: Allyn and Bacon, Inc., 1993), 36.

종교적 사고의 발달

골드만은 종교적 사고가 형태나 방법에서 앞에서 살펴 본 피아제가 말하는 비종교적 사고와 하등 다를 것이 없기 때문에 동일한 발달 단계를 거친다고 주장한다.[17] 골드만은 피아제의 사고발달 단계에 근거하여 종교적 사고의 양태와 발달과정을 구분하였다. 중요한 사실은 아동이 종교적 사고의 발달에 있어서 일정한 단계를 통하여 성장하며, 종교적 사고와 논리적 사고 사이에는 밀접한 관계가 있다는 것이다. 골드만은 종교적 언어와 표현은 논리와 개념 등을 갖고 하는 조작적 사고가 필요하다고 보았다. 그러니까 개념과 논리를 사용하지 못하거나 서툰 어린이들에게 종교적 내용은 이해하기 어렵다고 본 것이다.

골드만은 아동의 종교적 사고의 변화를 알아보기 위해 아동에게 세 개의 선으로 된 그림과 세 가지 성경 이야기를 사용하였다. 세 개의 선화는 한 어린이가 침대에서 무릎을 꿇고 기도하는 그림, 한 아이가 두 명의 어른과 함께 고딕풍의 문 앞에 서 있는데, 마치 그들과 함께 교회로 들어가는 것처럼 보이는 그림, 그리고 한 아이가 "성서"라고 적혀 있는 조금 찢어진 책을 보고 있는 그림이었다. 세 가지 이야기는 불타는 가시덤불 이야기, 이스라엘 백성이 홍해를 건너는 이야기, 광야에서의 예수의 시험에 대한 것이었다. 골드만은 성경의 이야기를 들려주고 답변을 통해 단계를 나누었다. 아동에게 다섯 가지 질문을 던졌는데 그 중에 세 가지는 불타는 가시떨기 나무에 대한 것이고 나머지 두 가지는 홍해가 갈라진 사건과 예수의 시험이다. 던진 질문들은 다음과 같다. 첫째, "왜 모세는 하나님 보는 것을 무서워했을까?" 둘째, "왜 모세가 서 있는 땅이 거룩하다고 생각하니?" 셋째, "불타는 떨기나무에 대해 어떻게 생각하니? 불타는 떨기나무는 정말 타고 있었을

---

17) Ronald Goldman, *Religious Thinking from Childhood to Adolescence* (London: Routledge and K. Paul, 1964), 3.

까?" 넷째, "홍해의 물이 어떻게 갈라질 수 있었을까?" 다섯째, "왜 예수님은 돌로 빵을 만들지 않으셨을까?"[18]

골드만은 종교적 사고를 세 단계로 구분한다.[19] 하지만 직관적, 구체적 단계 사이에 이행기Ⅰ(transition stageⅠ), 구체적 종교기와 추상적 단계 사이에 이행기Ⅱ(transition stageⅡ)라는 중간기(intermediate period)를 두어 실상은 다섯 단계로 되어 있다.

전종교적 사고기(Pre-religious stage, 직관적 종교 사고[Intuitive religious Thinking], 5-7세)

앞에서 말한 것과 같은 질문들을 던진 결과 이 시기 아동들의 답변에서는 피아제의 연구들과 일치를 보이는 직관적 사고의 특성이 나타났다. 앞의 질문들에 대하여 첫째, '하나님 얼굴이 무서워서', 둘째, '그곳은 잔디였기 때문에', 셋째, '물을 뿌려 불을 껐기 때문', 넷째, '모세가 손을 뻗어서', 다섯째, '예수님은 빵을 안 좋아해서' 등으로 대답했다. "성경이 어떤 책이냐?"는 물음에 대해서는 '작은 글씨가 있는 검고 큰 책'이라고 대답했다.

성경 이야기의 해석은 비체계적이고, 파편적이고, 때로 모순적이다. 문제의 사실이나 의미보다는 눈에 보이는 외부적인 형태에 주의를 돌린다. 언어나 개념의 도움 없이 직관적·즉각적으로 하는 직관적 사고가 작용하

---

18) 이 질문들은 E. A. Peel, "Experimental Examination of Some of Piaget's Schema Concerning Children's Perception and Thinking, and a Discussion of Their Educational Signification," *British Journal of Educational Psychology* 29 (1995), 89-103으로부터 나온 것이다.

19) 골드만은 자신이 수립한 단계들을 전종교적 단계, 반종교적 단계, 종교적 단계로 부른다. 이 단계들은 각각 아동 초기, 아동 중기, 그리고 사춘기 초기와 상응한다. Ronald Goldman, *Readiness for Religion: A Basis for Developmental Religious Education* (New York: The Seabury Press, 1965), 46-48. 이에 대해 하이드(Kenneth E. Hyde)는 이 단계들이 개념적 사고의 차원에서 정의된 것이기 때문에 차라리 전신학적, 반신학적, 신학적 단계라고 부르는 게 낫겠다고 한다. Kenneth E. Hyde, "A Critique of Goldman's Research," *Religious Education* 63 (1968): 432.

고 있음을 알 수 있다. 이 시기 아동의 이해 방식은 논리적이기보다는 환상적이고 감각적인 것이 특징이다.

초기 아동기에는 종교에 관해 흥미를 느끼기는 하지만, 어떤 종교적 감각을 갖고 생각한다는 표시는 없다. 이와 같은 이유 때문에 골드만은 초기아동기의 특징을 아직은 종교적이지 않다는 종교 이전의 전종교적인 것으로 본다.[20] 골드만은 5-7세 아동의 반응에서 내용과는 아무 상관없는 세세한 것 때문에 산만하고 문자적이고 곡해하고 오해하는 직관적 사고의 특징을 발견했다.[21]

준종교적 사고기(Sub-religious stage, 구체적 종교사고[Concrete religious Thinking], 8-14세)

마찬가지로 앞에서와 같은 질문들에 대해 이 시기의 아동들은 첫째, '모세가 신발을 벗지 않아서', 둘째, '하나님의 거룩함이 땅에 스며 있어서', 셋째, '하나님이 날개를 펴서 덮고 있어서', 넷째, '하나님이 영을 사용해 갈라지게 해서', 다섯째, '예수님은 바쁘기 때문에' 등으로 대답했다.

이 시기 아동의 종교적 사고는 물질적이고 신체적이며, 애니미즘적 특성을 띤다.[22] 후기 아동기와 사춘기 이전기에는 구체적 제한들이 지속된다. 아동은 자신을 보다 현실적 신학에 맞추고자한다. 예를 들어, 아동은 하나님이 모든 곳에 있으면서 한 번에 한 곳에 있다고 인식하기 시작한다. 이 문제를 극복하기 위해서 하나님은 물리적 제한을 받지 않는 영이어야 한다. 아동은 그들의 자연적 구체적 사고 형태 때문에 이 개념을 파악하기는 어렵다.[23]

---

20) *Ibid.*, 80.
21) *Ibid.*, 81.
22) *Ibid.*, 103.
23) *Ibid.*, 132.

인격적 종교적 사고기(Personal religious stage, 추상적 종교사고 [Abstract religious Thinking], 14세 이상)

이 시기의 아동은 앞의 질문들에 대해 첫째, '지은 죄 때문에', 둘째, '두려운 마음 때문에', 셋째, '모세의 눈에 그렇게 보였을 뿐이다', 넷째, '자연적 현상을 초자연적인 것으로 생각한 것', 다섯째, '하나님이 예수의 능력을 시험하기 위한 것'이라고 답했다. 이 시기의 아동들은 더 이상 성경 이야기의 구체적 요소들 때문에 혼란스러워 하지 않으며, 그것들을 도덕적 교훈과 견해를 전하는 것으로 추상적이고 체계적으로 해석한다.

이 시기는 종교적 사고가 가능한 시기이다. 이때는 구체적 종교기에서 발전하여 연역적, 상징적 사고가 가능할 뿐 아니라 변화하는 상황에 대한 이해가 가능하여 진리의 의미탐구와 추상적 가설도 세울 수 있다. 특히 추상적 종교기에서는 자신의 주장이 일관성 있게 나타날 수 있다.

종교적 발달은 대부분 10세 경에 끝나는데, 이 시기는 세상에는 두 세계가 존재한다는 사실을 아는 시기이기도 하다. 즉 하나님이 존재하는, 특히 성경 시대에 활동하신 신앙적, 신학적 세계와 하나님이 존재하지 않는 세속적, 과학적 세계이다. 13세라는 나이는 종교적 사고의 전환기라 할 수 있다. 보통은 이 나이를 기점으로 성인처럼 종교적 사고를 하게 된다.[24] 골드만에 따르면, 13세 경에는 일반 학교의 교과에서처럼 종교적 사고에도 변화가 일어난다. 전제, 생각, 관계와 같은 추상적 사고에 필요한 내용들을 잘 이해하게 됨으로써 추상적 어휘로 사고할 수 있게도 되고 종교적 내용들에 대해서도 보다 더 잘 이해하게 된다.[25] 위에서 언급한 종교적 사고는 일반적 사고 보다 2-3년 늦다. 그 이유는 종교적 사고가 일반적 사고에 기초하고 있기 때문이다. 즉 종교적 사고는 이전에 형성된 지각 및 사고 구조에 영향을 받고 있다는 것이다.[26] 골드만의 연구가 보여주는 바, 종교적 사고

---

24) Goldman, *Readiness for Religion*, 132-133.
25) *Ibid.*, 162.

에서 큰 비중을 차지하는 것은 어떤 종교적 변인보다 지능검사에 나타난 정신적 능력과 연령이다.[27]

골드만의 연구 결과, 우리가 교회의 교육에서 고려해야 할 점에는 첫째, 비록 기독교교육이라 하더라도 학습자의 지적 수준이나 정신적 발달을 고려해야 한다는 것이다. 둘째, 신학적 주제와 관련된 교육 내용은 청소년 시기부터 적절하다는 것이다. 셋째, 교육의 내용이 학습자가 이해하지도 못하는 데, 너무 성경내용 중심이었다면 삶의 경험 내용을 병행해야 한다는 것이다.

4. 하나님 개념

종교가 종교인 것은 거기에 '신'이 있기 때문이다. 그리스도인의 경우도 마찬가지다. 신앙을 갖는다는 것을 하나님을 믿는다는 것이라고 할 수 있다. 사람들이 그 하나님을 어떻게 생각하느냐는 바른 신앙교육을 위해서 알아보아야 할 내용이다.

하나님에 대한 개념은 '하나님을 어떻다고 생각하느냐?'에 대한 답변으로 구성된다. 그런데 아동들의 경우 '하나님'이라는 말 자체가 어려울 수 있다. 사실 어린이들은 이따금씩 하나님과 예수를 혼동한다. 그래서 차라리 먼저 '하나님'이 무엇과 같은지, 즉 이미지를 묻는 것이 부담이 없다. 쉬바이처(Friedrich Schweitzer)가 하나님 이미지의 발달에 대해 말한다.[28]

---

26) Goldman, *Religious Thinking from Childhood to Adolescence*, 3, 63-64.
27) Donald Ratcliff, "The Development of Children's Religious Concepts: Research Review," *Journal of Psychology and Christianity* 4 (1985), 36; Kenneth E. Hyde, *Religion in Childhood and Adolescence: A Comprehensive Review of Research*, 김국환 역, 《아동기와 청소년기의 종교교육》(서울: 한국장로교출판사, 2004), 34.

아동기 초기: 부모 같은 하나님

어린 시절의 하나님 이미지는 부모와의 관계에서 큰 영향을 받는다. 그 관계라는 것은 기본적으로 정서적 아늑함과 신뢰이다. 그렇지만 이 경우는 긍정적인 경우일 터인데, 어린 시절에 부모와의 관계에서 겪는 경험이 모두 그런 것만은 아닐 것이다. 정서적 아늑함과는 반대로 버림 받음을, 근본적 신뢰 대신에 근본적 불신의 가능성이 병존하는 것이다. 따라서 어린 시절은 정신분석적 용어로 "혼융"(Verschmelzung)의 시기라고 해야 할 것이다.

어린 시절의 이 같은 긍정적 경험과 부정적 경험의 긴장 사이에서 하나님에 대한 이미지가 형성된다. 따라서 어린이의 하나님 이미지에는 부모의 이미지가 반영되지만 그 내용에서는 긍정과 부정이 섞인 이미지일 수 있다는 것이다. 이것이 프로이트의 오이디푸스 콤플렉스와 같은 고전적 정신분석의 내용과 동일한 것인지는 알 수 없지만 이 시기의 아동에게 하나님은 아버지에 대한 감정처럼 한편으로는 관심과 존경, 다른 한 편으로는 두려움과 거부감의 대상이 된다. 이 시기에 하나님은 신인동형론적으로 이해된다. 그래서 오저/그뮌더(Fritz K. Oser/ Paul Gmünder)의 종교적 판단 발달이론에 따르면, 사람 같은 하나님이 사람의 영향을 받기 때문에 벌을 예방하는 차원에서 하나님께 잘 해 드리려 한다.

아동 후기에 들어서면서 하나님에 대한 이미지는 영적인 것으로 변화되어 간다. 이 같은 변화의 계기는 교회 등에서의 하나님에 대한 가르침이다. 이제 아동은 지금까지 소중하게 가슴에 품어왔던 하나님과 교회에서 만나는 하나님(Kirchengott) 사이에서 혼란을 겪는다. 그러면서 차츰 하나님을 교회의 가르침대로 영적 존재로 이해하게 되는 것이다.

---

28) Friedrich Schweitzer, *Lebensgeschichte und Religion: religiöse Entwicklung und Erziehung im Kindes- und Jugendalter*, 송순재 역, 《삶의 이야기와 종교: 아동기와 청소년기의 종교적 발달과 교육》(서울: 한국신학연구소, 2001), 249-273.

아동기 중기와 후기: 하나님 이미지와 부모 이미지의 구분

이 시기는 부모와 자신을 구별하지 못하고 하나로 아는 상태(Einssein)로부터 벗어나는 시기이다. 이제는 하나님을 부모와는 다른 분리된 존재, 즉 상대자(Gegenüber)로 이해하고 그렇게 경험한다. 이 상대자인 하나님은 아동에게 사려 깊고 사랑이 많은 분일 수도 있고 위협적이고 벌을 내리는 존재일 수도 있다. 하나님은 아동에게 이 상반되는 두 이미지 중에 어느 한 이미지가 아니라 둘 다의 이미지로 보여진다. 한 아이가 그와 같은 사실을 보여준다. "하나님은 때로는 정말 친절한 분처럼 느껴져요. 그런데 어떤 때는 화난 분 같기도 해요."[29]

청소년기: 하나님 이미지의 내면화·인격화·추상화

청소년기의 하나님 이미지는 아동기의 하나님 이미지에 대한 개념적 손질에 불과하다는 주장이 있음에도 불구하고,[30] 청소년기의 하나님 이미지는 변화를 겪는다. 디콘치(J.-P. Deconchy)나 바뱅(Pierre Babin) 등에 따르면,[31] 청소년기의 하나님 이미지는 내면화, 인격화, 그리고 추상화의 특성을 띤다. 먼저 청소년기의 하나님 이미지는 내면화의 특성을 띤다. 아동기의 하나님에 대한 신인동형론적-신화적 표상이 개인적 하나님 이미지로 변하게 된다. 이 때 영향을 끼치는 것은 교회에서 배운 하나님에 관한 가르침이다. 청소년기의 하나님 이미지는 인격화 된다.

---

29) David Heller, *The Children's God* (Chicago/ London: University of Chicago Press, 1986), 43.
30) Ana-Marie Rizzuto, *The Birth of the Living God: A Psychoanalytic Study* (Chicago/ London: University of Chicago Press, 1979), 200.
31) J.-P. Deconchy, "The Idea of God: Its Emergence between 7 and 16 Years," *Lumen Vitae* 19, (1964), 285-296; Pierre Babin, "The Idea of God: Its Evolution between the Ages of 11 and 19," A. Godin, ed., *From Religious Experience to a Religious Attitude* (Chicago: Loyola University Press, 1965), 183-198.

페르고테(Antoine Vergote)[32]는 청소년기에 하나님 이미지의 발달과 관련된 세 가지의 원천에 대해 말한다. 첫째, 외로움의 경험과 이것과 결부된 우정의 경험이다. 그런데 이 우정이 외로움을 물리친다. 둘째, 하나님은 모범이며, 놀라운 속성을 지닌 존재라는 이상화이다. 청소년은 도덕적 이상에 비추어 실패한 자신의 모습에 대해 죄책감을 느낀다. 셋째, 종교적 의심이다. 이것은 자유 추구의 표현이며 일반적으로 닥쳐오는 신뢰성의 위기에서 나온다. 그런데 쉬바이처에 따르면, 이와 같은 정서적 내용이 인지적 성향에도 영향을 미쳐 하나님 이미지의 추상화에 기여한다는 것이다.[33] 예를 들어, 아동의 경우 하나님을 지구를 안고 있는 사람의 모습으로 그리지만, 청소년의 경우 하나님은 자연과 사람 안에 내재해 있기 때문에 사실적으로 형상화하기 어렵다.[34]

청소년기의 하나님 이미지에 대한 추상화는 현실에 대해 눈을 뜨면서 비판적 질문으로 나타난다. "하나님을 믿는데 왜 그런 슬픈 일이 일어났느냐?"하는 신정론(Theodicy)의 문제를 제기하거나 교회의 행태에 대한 비판을 하기도 한다. 단순하게 말하면 청소년기는 이런저런 차원에서 하나님의 이미지를 이성적으로 그려내려는 욕구가 강한 시기라고 할 수 있다.[35]

성차에 따른 하나님 이미지

하나님 이미지는 남성과 여성 사이에 차이가 있다고 알려져 있다. 남성에 비해 여성은 하나님과의 관계 및 하나님과의 개인적인 친밀감을 중시한다.

---

32) Antoine Vergote, *Religionspsychologie* (Olten/ Freiburt I. B., 1970), 376 이하.
33) Schweitzer, *Lebensgeschichte und Religion*, 257.
34) D. Boβmann and G. Sauer, ed., *Wann wird der Teufel in Ketten gelegt?: Kinder und Jugendiche stellen Fragen an Gott* (Lahr/ München, 1984), 210-211 참조.
35) Benedict J. Groeschel, *Spiritual Passages: The Psychology of Spiritual Development*, 김동철 역, 《심리학과 영성》(서울: 성바오로, 1999), 127.

그런 가운데서 하나님에게서 안전함을 찾는다. 성별에 따른 하나님 이미지의 차이는 가정에서는 부모 이미지, 그리고 사회에서는 남녀에 따라 각기 다른 역할을 부여하는 영향 때문인 것으로 보인다.[36] 그러나 하나님 이미지는 실제로 경험하는 부모의 이미지와 마음으로 바라는 이상적인 이미지가 함께 섞여서 형성된다. 또한 남자 아이의 하나님 이미지가 남성적이고 여자 아이의 하나님 이미지가 항시 여성적인 것은 아니다. 이성에 대한 이미지, 즉 양성적 이미지 역시 발견된다.[37] 이는 부모 양쪽의 이미지가 모두 반영된 까닭으로 보인다.[38]

헬러(David Heller)에 따르면, 남자 아이의 경우 남성인 아버지의 이미지를 하나님에게 대입해서 하나님을 대단히 합리적이고 실용적인 존재로 생각한다. 따라서 하나님은 감정적이지 않으며 활동적이다. 감정적이고 수동적인 여성적 이미지와는 거리가 있다.[39] 역으로 여자 아이의 경우, 하나님은 예술이나 미학에 가깝다. 음악, 춤, 그리고 예술은 하나님의 성격과 유사하다. 하나님은 여성처럼 감정적이며 수동적이다. 하나님은 함께 동행하는 파트너 관계이다.[40]

결국 성별에 따른 하나님 이미지는 가정에서의 부모에 대한 현실적 경험

---

36) 이에 대해서는 Christina Lambert, "Relationship of Gender Role Identity and Attitudes with Images of God," Richard Dayringer and David Oler, eds., *The Image of God and the Psychology of Religion* (Haworth Pastoral Press, 2005), 55-76 참조.
37) A. Godin and M. Hallen, "Parental Images and Divine Paternity," Godin, From *Religious Experience to a Religious Attitude*, 65-96; J.-P. Deconchy, "God and the Parental Images: The Masculine and the Feminine in Religious Free Association," A. Godin, ed., From *Cry to Word: Contributions towards a Psychology of Prayer* (Brussel, 1968), 85-94.
38) Antoine Vergote and Alvaro Tamayo, *The Parental Figures and the Representation of God: A Psychological and Cross-Cultural Study* (New York: Mouton, 1981); Rizzuto, The Birth of the Living God.
39) Heller, *The Children's God*, 65.
40) Ibid., 66 이하; 그 밖의 성차에 따른 하나님 이미지에 대해서는, Augustine Meier and Molisa Meier, "The Formation of Adolescents' Image of God: Prectors and Age and Gender Differences," Dayringer and Oler, *The Image of God and the Psychology of Religion*, 91-112 참조.

과 이상적 표상, 여기에 종교적 전통 등이 모두 영향을 끼치는[41] 것으로 보인다. 그러나 청소년에게 중요한 것은 하나님을 남성으로 생각하느냐, 아니면 여성으로 생각하느냐가 아니다. 그보다 중요한 것은 '하나님이 어떤 분이냐' 하는 것이다. 그리고 청소년에게 하나님은 이제 더 이상 '수염을 기른 산신령과 같은 할아버지'가 아니라는 것이다.[42]

학습자의 하나님 이미지는 분명 인간발달과 관련이 있다. 특히 아동 초기에 사람에 대한 신뢰의 형성은 어떤 하나님의 이미지를 형성하느냐에 결정적인 영향을 미친다. 그럼에도 불구하고 인간발달 과정에서 나타나는 하나님 이미지는 기독교적 하나님 이미지와 일치하지 않는다. 예를 들어, 발달 과정에서 나타나는 하나님 이해에는 기독교적 하나님 이해에서 결정적으로 중요한 하나님의 인간성이라든가, 인간 구원에 대한 관심 등의 내용이 들어 있지 않다.[43] 기독교교육은 이 발달과 기독교의 하나님 이미지를 연결시키며 통합시켜야 하는 과제가 있다. 예를 들어, 청소년기에 보이는 하나님 존재와 정의에 대한 회의, 즉 '하나님이 계시는데 왜 세상은 불의한가?' 등의 내용에 대해서는 기독교적 하나님 이해가 고난을 포함한다는 가르침, 즉 하나님은 세상을 통치하실 뿐만 아니라, 그 세상을 위해 "십자가에 달리신 하나님"[44]이라는 표상이 유용할 수 있다.

---

41) 페르고테 등에 따르면, 하나님 이미지는 종교적 전통의 영향도 받는다고 한다. Vergote and Tamayo, *The Parental Figures and the Representation of God*, 210.
42) Friedrich Schweitzer, Karl E. Nipkow, and B. Fauss-Krupka, *Religionsunterricht und Entwicklungspsychologie: Elementarisierung in der Praxis* (Güersloh, 1995), 138-139.
43) Schweitzer, *Lebensgeschichte und Religion*, 270.
44) Jürgen Moltmann, *Der gekreuzigte Gott*, 김균진 역, 《십자가에 달리신 하나님》(서울: 한국신학연구소, 1982).

5. 기도개념

성경은 그리스도인에게 "끊임없이 기도하십시오"(살전 5:17)라고 권한다. 그리스도인으로서 살아가느냐 아니냐는 기도에 달려 있기 때문이다. 이와 같은 기도를 어떻게 생각하느냐를 알아보는 일은 중요하다. 기도에 대한 생각이 기도 행위에 영향을 미칠 것이기 때문이다. 교회학교의 경우, 대부분의 활동에는 처음과 끝에 기도가 따른다. 무슨 일이 있으면 그 일이 하나님의 뜻대로 이루어지길 위해 기도한다. 교사들은 학습자들이 신앙 안에서 바르게 성장해 나가도록 기도한다. 그런데 우리가 위해서 기도해주고 기도 생활을 잘 해주기 바라는 학습자들은 과연 기도를 어떻게 생각하고 있는 것일까.

아동의 기도에 대한 대표적인 연구는 롱(David Long)과 그의 동료들에 의한 것이다.[45] 그들은 아동의 기도에 관한 개념의 발달에 대해 알아보기 위해 다음의 여섯 가지 질문을 던졌다. 첫째, 기도의 보편성을 알아보기 위해, '모든 어린이가 기도하는가?', 둘째, 기도의 공유성을 알아보기 위해, '개와 고양이도 기도할 수 있나?', 셋째, 기도의 개념을 알기 위해, '기도를 무엇이라고 생각하나?', 넷째, 기도의 집중성을 알아보기 위해, '한 가지 이상 기도할 수 있나?', 다섯째, 기도의 실천을 살펴보기 위해, '기도가 응답되면 어떻게 하나?', 여섯째, 기도의 대처를 알아보기 위해, '기도가 응답되지 않으면 어떻게 하나?'를 물었다.

---

45) David Long, David Elkind, and Bernard Spilka, "The Child's Conception of Prayer," *Journal for the Scientific Study of Religion* 6 (1967): 101–109; David Elkind, Bernard Spilka, and David Long, "The Child's Concep of Prayer,"A. Godin, ed., *From Cry to Word* (Brussels: Lumen Vitae, 1968).

전체적·비분화적 단계(Global, undifferentiated stage, 5-7세)

이 시기의 어린이들에게 기도는 하나의 형식이다. 예를 들어, 자기 위해서는 눕는 것과 같은 의례로 여긴다. '기도가 무엇이냐?'고 물었을 때, 대부분의 어린 아이는 "기도는 하나님, 토끼, 개 … 그리고 예수님과 마리아에 관한 것이에요"라고 대답한다.

이 시기의 아동은 합리적이지 않고 공상적이기 때문에 개나 고양이도 기도한다고 본다. 또한 기도를 개인적 욕망을 채우기 위한 처방으로 생각한다. 기도는 형식적인 것으로 취침시, 식사시간, 교회에서 하는 것들로 국한시켜 생각한다. 기도를 개인적인 자발적 행위로 보지 않고 하나님이나 천국 또는 동화의 나라로부터 주어지는 것으로 본다. 기도가 응답되지 않으면 '하나님에게 화를 내고 소리를 지른다'고 대답했다. 기도 자체를 날아다니고 떠다니고 하늘나라로 튀어 올라가는 실재로 본다.

7세경이 되면 기도를 하나의 특별한 사적 행위로 보기 시작한다. 기도는 "하나님께 물, 비, 그리고 눈을 달라고 하는 거에요"라고 말한다. "기도가 어떻게 하나님께 도달하느냐?"고 물으면 어린이들은 '기도가 로켓엔진 같다' 거나 '보이지 않는 전화선이 하나님께 연결되어 있다' 거나 '천사가 전달한다' 는 식으로 대답한다. 이 시기의 아이들은 교사가 가르쳐 주는 대로 기도를 하기는 하지만 그렇다고 이해하고 하는 것으로 생각해서는 안 된다. 이 시기 아이들의 기도는 기도 내용과 동일시된다. 즉 기도가 하나님께 소원을 말씀 드리는 것이라든가 하는 정의와 기도의 내용을 구별하지 못한다.

구체적·분화적 단계(Concrete, differentiated stage, 7-9세)

이 시기의 아동들은 여전히 기도를 자신의 필요를 충족시키는 수단으로 생각하지만, 개인적 욕구로부터 물, 음식, 비, 눈 등으로 다른 사람에게도 필요한 요구로 그 내용이 확장된다. '개나 고양이는 말을 하지 못하기 때문에 기도를 할 수 없다'고 봄으로써 기도의 내용과 형식을 동일시한다. 기도의 응답에 대해서는 '감사한 마음을 갖는다'고 하지만, 기도가 응답 받지 못하는 것에 대해서는 '하나님은 기도하는 것들을 모두 해 줄 수 없기 때문에 기도가 모두 응답 받는 것은 아니다'라고 생각한다. 이 시기의 아동들은 기도를 모세(Moses)나 링컨(Abraham Lincoln)같은 옛날 사람들이나 순례자들이 만든 것으로 생각한다. 이들의 기도는 점점 더 이타적이 되며 공적으로 정해진 기도문 같은 것을 암송하기보다는 개인적인 내용의 기도를 드리고 싶어 한다.

추상적·분화적 단계(Abstract, differentiated stage, 10–12세)

이 시기의 아동들은 기도를 어떤 특별한 의식화된 표현 형식이 필요 없는 하나님과의 사적 대화로 이해한다. 즉 다른 사람들과 공동으로 나누어야 하는 종교적 행위로서보다는 종교적 신념과 연관된 정신적 행위로서 자신으로부터 나와 하나님에게로 가는 직접적인 의사소통으로 본다. 사춘기 초기에 하나님은 마치 다른 사람에게 이야기하고 싶지 않은 비밀, 특히 연애 문제 등을 이야기할 수 있는 절친한 믿을 만한 여자 친구와 같이 생각하기도 한다. 기도는 주어지는 것이나 정해진 형식에 의한 것이 아니라 걱정이 있거나 화가 날 때, 외로울 때, 고통을 겪을 때 자연스럽게 하는 것으로 본다. 또한 감정이입을 통해 다른 친구도 같은 이유로 기도한다고 생각하기 때문에 중보의 기도가 가능하다.

12세쯤이 되면 기도를 구체적인 말로 지금 여기에서의 행동으로 이해한다. 12세부터 아동들은 기도를 추상적으로 보는데, 하나님에 관한 믿음에서 나온 정신적인 것으로 어떤 동작을 가진 언어적 활동으로 생각한다. 기도 내용 역시 나이에 따라 변한다. 어린 아이는 원하는 것을 달라고 기도하며 받은 것에 대해 감사를 드린다. 이때쯤 되면 평화나 가난한 이웃들을 돕는 것과 같은 이타적 내용의 기도가 가능하다.

6. 종교적 정체성 발달

엘킨드(David Elkind)는 미국의 개신교, 가톨릭, 유대교의 어린이들을 대상으로 종교적 정체성에 대해 조사하였다.[46] 그는 다른 교파와 유사하게 유대 어린이들에게 '본인, 가족이 유대인인지', '개나 고양이 같은 동물도 유대인일 수 있는지', '왜 유대인이라고 하는지' 등의 종파적 정체성에 관한 물음을 던졌다. 엘킨드의 종교적 발달에 대한 관심은 위에서 언급한 아동의 기도에 대한 개념 연구로 이어졌다. 이와 같은 종교적 정체성과 기도의 개념을 통해 엘킨드는 아동의 종교사고 발달을 세 단계로 나누었다.

포괄적 단계(Global stage, 5-7세)

위와 같은 질문들에 대해 이 시기의 아동들은 여러 종파가 존재하는 이유, 즉 개신교, 가톨릭, 유대교 등이 있는 이유는 '사람들의 머리색깔이나 국가나 다르기 때문'이라고 보았다. '고양이는 다리가 넷이라 가톨릭 신자가 될 수 없다'고 본다. '왜 개신교라고 하는가?'란 질문에 대해서 개신교를 가리키는 '프로테스탄트'(protestant)라는 말의 뜻만을 생각해서 '싸우기 때문'이라 대답하기도 한다. 또한 사물을 물리적으로 생각하기 때문에

---

46) David Elkind, "The Child's Conception of His Religious Domination: (1) The Jewish Child," *Journal of Genetic Psychology* 99 (1961): 649-659; 같은 저자, "The Child's Conception of His Religious Domination: (2) The Catholic Child," *Journal of Genetic Psychology* 101(1962): 185-193; 같은 저자, "The Child's Conception of His Religious Domination: (3) The Protestant Child," *Journal of Genetic Psychology* 103 (1963): 291-304.

'미국인이면서 동시에 유대인이 되는 것은 불가능하다'고 본다. 누가 유대교인이거나 개신교인인 것은 그 종교에 대한 본인의 선택이 아니라 그의 어머니나 하나님 때문이라고 본다. 이 단계에서는 어떤 종교를 갖느냐하는 종교적 정체성을 하나님이나 부모에 의해 부과된 것으로서 본다. 이 시기의 사고는 포괄적, 획일적 특징을 띤다. 대부분의 아동은 추상적 관념을 이해할 수 없기 때문에 종파 간에 존재하는 차이를 이해할 수 없다. 신앙을 하나님과 나와의 내적인 관계로 보기보다는 십자가와 같은 종교적 상징과 예배, 성만찬, 그리고 세례 예식과 같은 의식의 행위로 본다. 그리고 그와 같은 종교적 상징들을 하나님과 연관시키지 못한다. "대체로 이 단계의 아동은 개신교, 가톨릭, 유대교에 대해 아무 개념이 없다."[47]

구체적 단계(Concrete stage, 7-9세)

7세 경 아동의 종교적 정체성에 대한 사고는 구체적 단계로 들어선다. 그 기간에 아동은 종교적 정체성과 종교 관련 내용들을 연관시킨다. 종교를 가졌기 때문에 십자가와 같은 종교적 상징물을 몸에 지닌다거나, 예배를 드리는 것으로, 그리고 유대인 가정에 태어났기 때문에 유대교를 믿는다는 식으로 생각한다. 즉 종교적 정체성을 개인적 경험과 종교적 실천을 바탕으로 발전시킨다. 예를 들어, 교회에 가거나 회당에 간다고 하는 것이 자신이 누구이고 가족이 무엇인지와 연관된다는 것이다. 이 단계의 아동은 종교적 정체성 개념에서 두드러진 진보를 보인다. 이 두 번째 단계의 아동은 어떤 구체적 대상물, 타교파의 특징인 행동들을 추상화시킨다. 이것은 대상물의 속성을 교파의 용어로 추상화하는 것이다.[48]

---

47) David Elkind, *The Child's Reality: Three Developmental Themes* (Hillsdale, NJ: Lawrence Erlbaum, 1978), 14.
48) *Ibid.*, 18.

교회의 촛불에 불을 켜거나 회당의 토라를 넣어둔 궤를 개봉하는 것은 이 시기의 아동이 종교적 주제를 이해하는 데 매우 효과적이다.

개인적 연관 단계(Personal connection stage, 10-12세)

10세에서 14세 사이에 아동의 종교적 사고는 추상적 단계로 들어선다. 이 시기의 아동들은 종교적 교파에 관해 새로운 수준의 사고를 보여준다. 이제까지 종파의 구별을 보이는 행동이나 상징물 등을 통해 했었다면 이 시기의 아동은 보다 일반적 특성을 따라 한다. 즉 유대인은 '유일신을 믿고 신약성서를 믿지 않는 사람들'이라는 식으로 구별한다. 이 단계에서 아동은 종파의 차이를 그들이 갖고 있는 외견상 차이보다는 신념의 차이로 구별하는 것이다. 이 단계는 "반성의 단계"로 특징지어진다. 이제 아동은 종교적 정체성을 자신의 깊은 내면의 신념과 확신을 통해 표현하고자 한다.[49] 아동은 3단계가 될 때까지는 나타나지 않는 '종교'란 말을 자연스럽게 사용한다. '종교'라는 말 아래 개신교, 가톨릭, 유대교를 포함시키거나 미국 사람과 종교인은 그 성격이 다르다고 보는 범주적 사고를 할 수 있다.

어린 아이는 문자적 사고자이다. 만약에 네 살짜리 아이가 "할머니가 지금 하늘에 하나님과 함께 있다"고 말하면, 그 아이는 할머니를 만나기를 바라며 하늘나라에 가기를 바랄 것이다. 하나님이 추상적 개념이라고 해서 아동이 신앙에 대해 배우기에는 어리다는 뜻은 아니다. 친절과 나눔 역시 아동이 눈으로 보거나 손으로 잡을 수 없는 추상적 개념이다. 하지만 아동은 다른 사람의 친절한 행위나 장난감을 같이 갖고 노는 것을 보면서 신앙을 배운다. 이와 유사하게 아동은 사람들이 기도하는 것을 보면서 신앙에 관해 배우고, 착한 행동을 종교적 신념과 연결시킬 것이다. 영적인 문제에

---

49) *Ibid.*, 22.

관한 질문들, 예를 들어, "하나님이 당신에게 말해요?"라거나 "왜 교회에 가야 해요?"와 같은 어린이의 질문에 대해서도 진지하게 대답해주어야 한다. 신앙에 관한 문제에 대해서는 정답을 주기보다는 판단을 보류한 채, 아동들이 생각을 표현하고 종교적 원칙에 대해 묻도록 격려하는 것이 좋다.

"네가 하나님에 관해 방금 말한 것 정말 재미있다. 더 말해 줄래"하는 식으로 말해서 어린이가 자신의 생각을 표현하도록 한다. "우리는 그렇게 안 하는데" 같은 말은 역효과를 낼 것이다. 어린이가 거의 모든 시간을 머무는 가정에서의 종교 관련 행위는 중요하다. 동일한 사안에 대해서 어린이가 가정과 교회에서 다른 행태를 보게 된다면 마음에 갈등이 일어날 것이다. 가정에서의 신앙교육 중에서 가장 중요한 것은 부모가 자녀를 교회에 데리고 가는 일이다. 또한 가정에서의 실천들, 예를 들어, 잠잘 때의 기도, 금요일 밤의 촛불 점화, 성탄절 아기 예수의 구유는 아동의 신앙발달에 큰 영향을 미친다고 한다.

7. 신앙발달

구조적 신앙발달론

신앙발달론은 크게 구조적 신앙발달론과 변형적 신앙발달론으로 나눌 수 있다. 구조적 신앙발달론은 넓게는 구조주의의 영향을 받았다고 할 수 있다. 구조주의의 전통은 칸트(I. Kant)에게까지 거슬러 올라간다. 칸트는 당시 사람의 인식이 이성에 의한다는 합리주의나 감성에 의한다는 경험주의의 입장을 거부하면서 인간이 인식을 구성한다고 주장하였다. "구조적 발달"이란 말은 사람이 경험을 구조화하는 방식에서 다양한 단계를 거치는 것을 말한다. 인생의 주기이론가들과는 달리, 구조발달론자들은 사람이 이

동할 수도 그렇지 않을 수도 있는 일련의 단계들을 기술한다. 단계는 인생의 예측 가능한 틀이라기보다는 경험을 조직하는 구별적 양식이다. 여기서는 이 같은 구조적 발달론의 입장에 서있는 파울러(James W. Fowler)의 신앙발달론에 대해 살펴본다.

신앙의 의미

피아제에 근거하여서,[50] 파울러는 신앙발달의 여섯 단계에 더하여 일곱 번 째의 "전단계"를 말한다. 이 단계들을 설명하기 전에, 우리는 먼저 파울러가 "신앙"이라고 한 말의 의미를 파악해야 한다. 그러면서 우리는 그의 사상에 영향을 준 피아제 외에 에릭슨(Erik H. Erikson)과 니버(H. Richard Niebuhr)에게 주의를 돌린다. 파울러는 에릭슨의 자아심리학으로부터 발달이란 주제에 대한 광범위한 이해를 얻었다. 그것이 인지(지적 발달)에 대한 피아제의 좁은 초점을 자아에 대한 보다 복잡한 이해로 확대시켰다. 파울러는 신앙을 일종의 의미 만들기로 보았는데, 그것은 구체적으로 인간이 어떤 사람이나 사물을 신뢰하는 것과 연관된다.

그러나 파울러의 이론에 가장 큰 영향을 끼친 사람은 니버였다. 그는 니버에 대해서 학위논문을 썼고, 제일 먼저 쓴 책도 그에 대한 것이었다. 그리고 근본적으로 세 가지 면에서 그에게 깊은 영향을 받았다. 첫째, 그는 신앙을 인간의 보편적인 것으로 보는 니버의 이해를 빌려온다. 두 사람은 신앙을 우리의 종교적 믿음이나 하나님에 대한 신뢰보다 더 넓은 어떤 것으로 본다. 모든 사람은 그가 조직된 종교에 참여하건 안 하건 신앙을 가진 것으

---

50) Jean Piaget, *La Psychologie de L'énfant*, 성옥련 역, 《아동 심리학》(서울: 탐구당, 1996).
51) 니버는 이렇게 말한다. "신앙은 가치의 근원과 충성의 대상으로서의 어떤 실체에 대한 신뢰와 충성의 태도와 행위이다. 이 인격적 태도 또는 행동은 양면적이다; 이는 자아에 집착하는 가치에 대한 언급과 그리고 자아가 향하는 가치에 대한 언급을 포함한다; 반면에 이는 자아가 가치 있게 여기는 것에 대한 충성이다."H. Richard Niebuhr, *The Radical Monotheism and Western Culture* (New York: Harper and Brothers, 1960), 16.

52) 이것은 피아제의 내용을 말한다. 피아제의 인지발달이론은 단계로 표시하면 아래와 같다(우사체는 파울러의 신앙발달단계); 감각운동기(0-2세): 대상에 대한 외현적 행동을 통해 세계를 이해함. 감각운동적 도식의 상호통합에 의해 점진적 발달이 이루어짐. 대상영속성 개념이 획득됨. 전조작기(2-6세): 표상이 형성되며, 이를 통해 문제해결 가능. 내재적 사고가 가능하나 자기중심성, 비가역성 등의 한계 지님. 1단계. 구체적 조작기(6-12세): 가역적 조작의 획득과 더불어 논리적으로 문제해결이 가능하게 됨. 2단계. 형식적 조작기(12세-성인): 여러 형태의 보존 개념이 형성되며, 분류와 관계적 추론 능력이 획득됨. 가설연역적 사고가 가능함. 가능성과 실재 간의 체계적이며 논리적인 통합이 가능하게 됨. 3-6단계.

53) 이것은 셀만(Robert L. Selman)의 취득된 전망에 대한 내용이다. 셀만은 콜버그의 도덕발달단계에서 사회적 역할 수행 능력이 중요한 기능을 한다는 것을 강조하였다. 셀만에 의한 사회적 역할 수행 발달단계는 콜버그의 세 수준의 5단계까지의 각 단계와 대응하여 5단계를 가정하고 있다. 단계 1: 자기중심적 역할 수행(3-6세). 아동이 자신과 다른 사람을 구별하기는 하나 자신과 다른 사람이 갖는 생각이나 감정의 차이는 구별하지 못한다. 또한 다른 사람의 감정 표현에 대한 명명을 할 수 있지만 그 행동에 대한 이유를 들어서 인과관계를 이해하지 못한다. 단계2: 사회적·정보적 역할 수행(6-8세). 아동은 다른 사람의 견해가 아동 자신의 것과 비슷할 수도, 또는 유사하지 않을 수도 있다는 것을 인식한다. 그러나 아동은 여러 견해나 생각을 통합하기보다는 하나의 생각이나 견해에만 치중하는 경향이 있다. 단계3: 자아숙고의 역할 수행(8-10세). 아동은 각 개인이 다른 사람의 관점을 알고 있으며, 이러한 인식이 자신과 상대방의 견해에 서로 영향을 준다는 것을 의식한다. 이제 아동은 여러 견해를 통합할 수 있으나 아직 이 단계에서는 동시적인 상호관계에까지는 도달하지 못한다. 단계4: 상호역할 수행(10-12세). 아동은 자신과 다른 사람이 둘 다 서로를 동시에 대상으로 볼 수 있다는 것을 인식한다. 아동은 또한 두 사람의 관계를 한 발 떨어져서 제3자의 입장에서 상호관계로 볼 수 있게 된다. 단계5: 사회적·관습적 체계의 역할 수행(12-15세). 아동이 상대방의 입장을 이해한다하여 항상 완전한 이해에 도달하는 것은 아니라는 것을 인식한다. 사회적 관습은 필요한 것으로 생각하는데 이것은 지위나 역할 또는 경험에 관계없이 그 집단의 모든 성원에 의해 이해되어질 수 있기 때문이다. Robert L. Selman, *The Growth of Interpersonal Understanding: Developmental and Clinical Analyses* (London;New York: Academic Press, 1980).

54) 이것은 콜버그의 도덕발달이론을 말한다. 콜버그는 도덕성 발달에 대해 알아보기 위해 하나의 딜레마를 제시한다. 부인이 죽을병에 걸린 한 남자가 치료약을 갖고 있는 약사에게 사정을 해보았으나 거절당하자 그 집에 들어가 약을 훔쳤다. 그는 옳은가? 어째서 그런가? 이에 대한 답변들은 긍정적, 부정적인 것으로 대별될 것이다. 그러나 파울러는 답변 내용이 긍정적이냐 부정적이냐를 떠나서 그 근거가 무엇이냐를 따라 단계를 구분한다. 그는 근거 제시의 형식을 세 가지 수준(level)으로, 그리고 각각의 수준은 다시 두 개의 단계(stage)로 구분해서 도덕성 발달의 여섯 단계를 제안했다. 첫째, 옳고 그름의 의미가 주관적인 감정의 측면에서 규정되는 인습이전(preconventional) 수준으로, 벌과 복종 중심의 1단계와 도구적 상대주의 지향의 2단계가 여기에 속한다. 둘째, 부모나 사회의 기대, 법 등과 같은 권위에 의해 인정되는 것을 옳은 것으로 생각하는 인습(conventional) 수준은 인간관계의 유지라는 3단계와 권위, 사회체제와 규범의 존중을 보이는 4단계로 이루어진다. 셋째, 옳고 그름의 판단이 객관적인 원리에 의해 이루어지는 인습이후(postconventional) 수준은 다수를 위한 최대의 선을 강조하는 5단계와 일반적인 윤리적 원리를 기본으로 하는 6단계로 이루어진다.

로 본다. 모든 사람은 자신의 신뢰와 충성을 바치는 중심적 가치와 의미를 형성한다.[51] 둘째, 파울러는 니버로부터 신앙의 개념뿐만 아니라 신앙의 구조를 이루는 일곱 요소, 즉 논리의 형태,[52] 취득된 전망,[53] 도덕판단의 형태,[54] 사회적 자각의 경계들, 권위의 초점, 세계관의 형태, 그리고 상징의 기능에 대해서도 영향을 입었다.[55] 셋째, 신앙발달의 종점에 대한 설명은 니버의 혁신적 유일신적 신앙의 개념에 깊이 영향을 받았다. 두 사람은 이 개념을 징벌하는 이에 대한 협소한 충성심이나 부족신에 대한 좁은 충성심 이상으로 본다. 그리고 그 정체성은 하나님의 사랑에 근거한 보편적 공동체 안에서 발견한다. 파울러 이론의 마지막 단계인 보편적 신앙은 존재의 포괄적인 공화국의 가능성을 이해하는 사람, 그리고 이 보편적인 이해를 실현시키기 위해 애쓰는 사람을 설명한다.

이와 같은 파울러의 신앙 이해를 다음과 같이 정리할 수 있을 것이다.[56][57]

콜버그의 이론은 피아제의 이론을 기초로 한 것으로 피아제와 마찬가지로 주된 관심은 도덕적인 판단이나 생각에 있어서 외부로 드러난 행동보다는 그렇게 행동하게 된 사고의 구조를 밝히는 데 있었다. 이러한 연구에서 콜버그는 '도덕교육은 단순히 겉으로 드러난 행동을 가르칠 것이 아니라 그 배후에 작용하고 있는 도덕적 생각의 인지구조를 변경하도록 힘써야 한다'고 주장한다. 맹용길, 《기독교 도덕교육 서설》(서울: 성광문화사, 1984), 140.

55) 물론 파울러가 그것이 어디서부터 나왔는지에 대해서는 언급하지 않고 있다. 신앙의 7요소가 심리적인 것이라고 볼 수 있지만, 그러나 적어도 신학뿐만 아니라 니버가 파울러에게 끼친 영향을 생각해 볼 때, 그의 신앙의 7요소의 근원을 니버로부터 찾을 수 있을 것이다. 그렇게 볼 때 파울러는 니버의 《책임적 자아》(The Responsible Self, 정진홍 역, [서울: 이화여자대학교 출판부, 1991])에 의존하고 있다. 이에 대해서는 박원호, 《신앙의 발달과 기독교교육》, 92-107을 참조하라.

한편, 신앙에는 여기서 말한 7가지 범주 이상이 있다고 보아야 한다. 그런 것들의 예에는 인간과 하나님의 역사, 그리고 하나님에 대한 인간의 복종, 경외, 종속 등이 포함될 것이다. 이런 차원들은 과학적으로 쉽게 파악하기 어렵겠지만 교육을 하는 입장에서는 이 같은 신앙의 신비와 위대성을 인식해야할 것이다.

56) Craig R. Dykstra and Sharon Parks, *Faith Development and Fowler* (Birmingham, AL: Religious Education Press, 1986), 25-26.

57) 그 밖의 주요 신앙 개념에는 웨스터호프(John H. Westerhoff III)와 오스머(Richard R. Osmer)의 것이 있다. 웨스터호프가 말하는 신앙은 타인과의 행동에서 네 가지 양식으로 발전한다. 그것들은 경험적 신앙(experienced faith), 귀속적 신앙(affiliated faith), 탐구적 신앙(searching faith), 그리고 소유적 신앙(owned faith)이다. 경험적 신앙은 취학 전의 어린이들과 초기의 신앙인들이 경험하게 되는 신앙으로서, 그 특징은 탐험과 검증, 상상과 창작, 관찰과 모방, 경험과 반응 등의 행

첫째, 개인의 삶에 의미를 주는 전자아의 역동적 성향, 둘째, 전존재의 조건들에 대한 종합적인 이미지, 셋째, 개인의 가치 중심에 대한 신뢰와 충성, 넷째, 관계적이며 공동체 안에서 형성, 유지됨, 다섯째, 상상력, 가치 부여 또는 감정을 동반한 인식의 방식, 여섯째, 다른 사람과의 관계와 변하는 사건 내지는 환경과의 관계에서의 형성과 변형.[57]

그런데 파울러가 말하는 이와 같은 신앙의 의미는 기독교에서 말하는 신앙과는 그 의미가 다르다. 파울러는 기독교공동체의 문맥에서 살아계셔서 활동하시는 하나님과 인간의 관계 대신에 정신적 구조에 관심을 기울였다. 그는 주로 신앙이 어떤 조건에서 어떻게 형성되는지에 관한 인간적 과정에 주의를 기울였다면, 기독교에서 신앙은 주로 그 내용과 그것의 신적인 초월적 근거를 중시한다. 파울러의 신앙 이해는 어쩌면 이미 형성된 신앙에 대한 인간적 설명이라고 볼수도 있다. 여기서 교사로서 우리가 학습자에게 해야 할 일은 파울러의 신앙 발달 단계에 대한 충분한 이해와 더불어 그러한 조건을 구비하는 노력이 필요하지만 궁극적으로는 신앙의 형성은 하나

동으로 나타난다. 귀속적 신앙은 어린이와 청소년기에 경험되는 신앙이 관여하는 형태로 작용함으로써 시작된다. 이 시기에 사람들은 다른 사람들과 더불어 명백한 정체감을 가지고 공동체의 구성원으로 행동하기를 원한다. 탐구적 신앙은 사춘기 또는 그 이후 시기에서 볼 수 있는 신앙 양식이다. 이 신앙은 자신의 신앙이 진실하고 확실하다는 것을 확인하기 위한 회의와 비판적 판단(action of doubt and critical judgment), 그로부터 나온 임시적인 결론에 의한 실험(experimentation), 회의와 비판적 사고, 그리고 실험 뒤에 따르는 위임(commitment) 등의 특징이 있다. 마지막으로, 소유적 신앙은 성인 초기에 나타날 수 있는데, 지·정·의, 즉 인간 전체의 변화를 말한다. 웨스터호프에게 신앙은 나무처럼 자라나는 것이다. John H. Westerhoff III, *Will Our Children Have Faith?*, 정웅섭 역, 《교회의 신앙교육》(서울: 대한기독교교육협회, 1983), 89-90. 오스머는 "신앙은 예수 그리스도 안에서 사랑과 신실함을 보여 주신 하나님 안에서 맺는 신뢰의 관계"라고 말한다. 그는 신앙의 측면을 신념(belief), 관계(relationship), 헌신(commitment), 그리고 신비(mystery)로 보고 있다. 신념은 신앙의 대상에 대한 지식으로서 신앙 정체성 형성에 중심이라고 할 수 있으며 대상에 대한 신뢰 관계의 중요성과 신앙인의 삶에서 지속적으로 요청되는 헌신, 그리고 인간의 한계에 대한 깊은 인식에서 오는 신비의 측면을 신앙의 범위 속에 넣어 신앙을 통전적으로 보고 있다. 그에게 신앙은 입방체와 같은 것이다. Richard R. Osmer, *Teaching for Faith: A Guide for Teachers of Adult Classes*, 사미자 역, 《신앙교육을 위한 교수방법: 성인교육 교사를 위한 안내서》(서울: 한국장로교출판사, 1995), 24.

님께 있다는 믿음을 가져야 할 것이다.

신앙발달의 단계

피아제, 에릭슨, 그리고 니버에 의존하면서, 파울러는 가치와 의미의 중심들로 구성되는 자아에 대해 말하는 종합적 단계이론을 형성했다. 파울러는 신앙을 단계적으로 발달하는 것으로 보았다. 그의 신앙발달단계의 처음 네 단계는 피아제의 인지발달의 네 단계와 병행한다. 이것들은 다음과 같이 간략하게 설명할 수 있을 것이다:[58]

- 0단계 미분화된 신앙(Undifferentiated, Primal Faith, 0-4세): 이 단계는 파울러식의 경험적 연구로는 접근할 수 없는, 언어 이전의 시기로, 부모와 다른 사람들과의 관계 가운데 있는 가장 초기의 신앙으로, '전단계'라고 불리는데, 그것은 이후의 단계들에 영향을 끼치는 신앙의 기초가 되는 덕목들이 형성되는 시기이기 때문이다. 유아의 가장 초기 동안에, 아동은 자아와 주위 세계 사이를 구별하지 못한다. 생물학적 인지적 발달의 근거에서, 점차적으로만 유아는 다른 사람들을 분리된 것으로서 알게 된다. 이것이 일어나기 시작할 때, 인생에 대해 기본적으로 신뢰할만하다거나 선하다거나 두려운 것이라는 태도를 형성시킬 수 있는 중요한 타인들(그 중 하나가 어머니)을 접하게 된다.
- 1단계 직관적-투사적 신앙(Intuitive-Projective Faith, 4-7세): "직관"이란 사물에 대한 평가를 판단, 추리 등의 기능을 통해서 하는 것이 아니라 감성을 통하여 파악하는 것을 말한다. "투사"는 어떤 상황이나 자극에 대한 해석, 판단, 표현 따위에 심리 상태나 성격이 반영되는 것을 말한

---

58) James W. Fowler, *Stages of Faith*: *The Psychology of Human Development and the Quest for Meaning*, 사미자 역, 《신앙의 발달단계》(서울: 한국장로교출판사, 1987), 195-338. 신앙의 단계들에 대한 파울러 자신의 요약은 James W. Fowler, ed. with Karl E. Nipkow, Friedrich Schweitzer, *Stages of Faith and Religious Development* (NewYork: Crossroad, 1991), 24-25를 참조하라.

다. 또한 "투사"는 자신의 성격, 감정, 행동 따위를 스스로 납득할 수 없거나 만족할 수 없는 욕구를 가지고 있을 경우에 그것을 다른 것의 탓으로 돌림으로써 자신은 그렇지 않다고 생각하는 일이나, 그런 방어 기제로서 자신을 정당화하는 무의식적인 마음의 작용을 이른다. 그렇기 때문에 아동은 자신이 경험한 것과 지각한 것을 사실로 받아들인다. 그러니까 "직관적-투사적"이라는 표현은 정신분석적 개념과 인지심리학적 개념의 결합이다. 이 신앙은 외부 현실을 있는 그대로 인식하기보다는 즉 아직 논리에 접촉하지 않은 자기만의 환상을 추구하는 사고, 피아제의 용어를 빌면 전조작적 사고를 뜻한다.[59] 이 단계에서 아동들은 이성보다는 직관을 사용하며 거기에 상상이라는 투사를 활용하는 까닭에 사실과 공상을 구별하지 못한다. 그럼에도 불구하고 그들은 이미지 차원에서 가치와 의미의 중심들, 모호한, 내적 표상들(representations)을 구성하고 있다. 예를 들어, 하나님은 편재하신다는 사실을 공상을 발휘해서 "하나님은 어디나 계셔요. 그런데 우리 손에는 안 계셔요" 식으로 말한다.[60] 공상으로 채워진 이 심상들이 후기 단계들에서 계속해서 매우 큰 영향을 발휘하고, 유신론적(theistic) 환경에서 양육된다면, 그는 이미 이 단계 동안에 하나님에 대한 대부분의 이미지를 형성하게 되는 것이다.

이 단계의 장점은 논리의 규칙에 구애받지 않는 상상력이다. 그러나 이러한 상상력이 불러일으킬 수 있는 두려움은 약점이라 할 수 있다.

- 2단계 신화적-문자적 신앙(Mythic-Literal Faith, 초등학교시기): 이 단계를 "신화적"이라고 하는 이유는 그가 속한 공동체의 사람들이 제공하는 신화, 이야기 및 상징 등이 아동의 삶의 방향 설정에 중요한 기능을 하기 때문이다. 이 단계는 피아제의 구체적 조작기에 해당한다. 그래서

---

59) Schweitzer, *Lebensgeschichte und Religion*, 168.
60) James W. Fowler, "Life/ Faith Patterns: Structures of Trust and Loyalty," Jerome W. Berryman, ed., *Life Maps: Conversations on the Journey of Faith: Jim Fowler, Sam Keen* (Waco, TX: Word Books, 1978), 46.

신화를 상징으로 이해하지 못하고 문자 그대로 받아들인다. 이 시기의 아동이 하나님을 사람처럼 생각하는 신인동형론적 사고를 보이는 것도 이 때문이다.

예를 들어, 이 단계의 아동은 '하나님은 저 위에 있는 세상에 계시다'는 신화적 형태의 사고를 할 뿐 아니라 그것을 문자 그대로 믿는다. 또한 그 하나님은 우리가 서로 바라보듯 항상 모든 인간을 지켜보고 계신 '사람같은' 분으로 생각한다.

종교공동체의 일원으로 양육 받은 아동들은 그들 자신의 하나님과 관계된 이야기들을 지어내기 위해 그 공동체의 이야기들에 의지할 수 있다. 이 이야기들의 일부인 상징들은 문자적 형태로(그래서 이 단계의 명칭인) 이해된다.

이 단계의 장점은 우리가 하는 의미가 담지된 이야기에 대한 수용성 내지는 개방성이다. 그러나 그 이야기를 비판적으로 반성할 수 없다는 것은 아쉬움이다.[61]

- 3단계 종합적-인습적 신앙(Synthetic-Conventional Faith, 청소년시기): 이 단계는 피아제 이론의 초기 형식적 조작기의 특성인 추상적이고 가정적인 사고와 관계된다. 이 단계의 주요한 특징은 흔히 사춘기 초기 동안에 일어나는 인지적 발전으로 타인과 그룹들의 관점을 취하는 것이다. 그들은 이제 친구, 교회, 학급 동료 등의 의미 있는 타인들과 그들이 동일시하는 그룹의 기준들에 대해 민감해지며 거기에 대해 내적으로 보조를 맞추게 된다. 이 단계는 중요한 타인들과 그룹들이 주장하는 인생의 의미와 목적과 일치하는 특징이 있고, 이와 같은 타인으로부터 전수받은 인습들은 암묵적으로, 즉 명시적, 비평적 검토 없이 내면화된다. 그래서 이 단계가 다른 사람들로부터 온 인습적 자료들을 모아놓았다는 의미에

---

61) Schweitzer, *Lebensgeschichte und Religion*, 170.

서 '종합적'이고 '인습적'이라 불리는 것이다. 그러므로 이 단계의 사람은 그들이 동일시하는 인습적 에토스의 가치와 신념들에 고도로 의지하는 신앙 스타일을 채용한다.

예를 들어, 이 시기의 사람은 '부모가 늘 교회에 데리고 다녔기 때문에 교회에 다니게 되었고, 부모의 교육 때문에 하나님을 믿게 되었다'고 말한다. 예를 들어, 성경에 나오는 기적의 사실성을 파티마(Fatima)[62]나 루르드(Lourdes)[63] 같은 성지에서의 기적을 들어 증명하려는 것과 같은 식으로,[64] 독자적 판단처럼 들리는 내용도 다른 사람으로부터 빌려온 것이다. 이 단계에서는 다른 사람에 대한 신뢰는 의심의 여지가 없는 것처럼 보인다.

이 단계에서 보이는 다른 사람에 대한 전적인 신뢰는 장점이지만, 한편으로 이것은 개인적 자율성의 결여와 의존성을 뜻하기도 한다. 그 결과 신앙에 관한 독자적 판단이 결여될 수밖에 없다는 아쉬운 점이 있다.

- 4단계 개별적-반성적 신앙(Individuative-Reflective Faith, 청년기): 개별적-반성적 신앙은 이전 단계에서 보다 더 형식적 조작기의 특징을 띤다. 이 단계에 이르면 독자적 개별성과 자율성의 의식이 증대된다. 비평적으로 자아를 선택하고 다른 가능성들과 비교된 조직적, 명료한 가치와 신념들의 새 틀을 형성한다. 이전 단계에서 암묵적으로 주장된 가치와 신념들은 이제 지시적이 되고 비평적 엄밀함을 거치게 된다. 그래서 이

---

62) 포르투갈 산타렘 주 빌라노바데오렘에 있는 마을. 1917년 5월부터 10월까지 매달 13일이 되면 3명의 어린 목동 앞에 성모 마리아가 나타나 죄의 회개와 로자리오의 기도를 권하였다는 유래 때문에 순례지로서 알려지게 되었다.
63) 프랑스 남서부 프로방스 알프코트다쥐르 주 오트피레네 데파르트망(Department)에 있는 소도시. 1858년 14세의 소녀 베르나데트 수비루가 이곳에 있는 마사비엘의 동굴에서 18회에 걸쳐 성모마리아를 보고, 기도와 보속행위, 생활의 회개를 촉구하는 메시지를 들었다고 전해진 후 해마다 세계 각지로부터 300만이 넘는 순례자가 찾아오는 유수의 순례지가 되었다. 또한 동굴 속에 있는 샘물은 성수(聖水)로서 병 치료에 신통한 효험이 있어 이를 찾는 신도와 환자들이 많으며, 그 입구에는 완치된 사람들이 두고 간 수많은 목발들이 걸려 있다.
64) R. Schuster, ed., *Was sie glauben: Text von Jugendlichen* (Stuttgart, 1984), 27.

단계의 사람들은 자신이 누구이며, 그리고 이제까지 사실이라고 믿어 온 내용들의 본성을 규정하려고 하는 독자적 개인성(individuality)의 과정에 참여하게 된다. 추론 양식에 있어서는 '이것이냐, 저것이냐' 하는 식의 전형적인 이분법적인 사고를 한다. 그러므로 그들은 이제까지 중요하다고 여겨온 타인이나 그룹에 대항해서 자기 자신을 규정한다.

예를 들어, 고등학교를 졸업하면서 교회를 떠나는 청년들 중에는 "전에는 교회의 가르침을 받았지만 이제는 기성 종교의 가치를 거부하면서 자신이 옳다고 생각하는 가치관을 따를 뿐"이라고 한다.[65] "하나님은 하늘에 계시고 악마는 지하에 있다는 식으로 말하면서 자신이 할 일은 안하고 무조건 하나님을 의지하는 것은 무책임하다. 하나님은 마음속에 있으며 사람들 사이에 있다. 하나님은 마술사가 아니다. 하나님은 우리의 위로와 버팀목이기 때문에 우리가 할 일은 우리 손으로 해야 한다"는 말 속에도 과거의 전통을 그릇되었다고 비판하면서 나름대로의 가치관을 형성하는 이 단계의 비판적 개별적 특성이 잘 나타나 있다.[66]

이 단계의 장점은 독립성과 독자적 판단 능력이다. 반면에 약점은 개인주의와 극단적 상징 비판을 들 수 있다. 또한 다른 사람과 자신의 연관성이나 전통의 틀에서 이해하려 하지 않는 점도 있다. 교회의 많은 사람들은 이 단계나 그 이후의 단계에 도달하지 못한다.

- 5단계 결합적 신앙(Conjunctive Faith, 30대 중반이후): "결합적"이라는 말은 4단계에서 나타나는 흑백논리와 양자택일과 같은 극단적인 태도가 대화적 이해(dialogic understanding)로 모아진다는 것을 의미한다. 이 단계의 신앙은 이전 단계의 개인화를 취하면서, 이제 자신이 가진 가치와 신념의 체계가 가진 제한성을 인식한다. 타인과 대립하여 자신을 규정하는 대신에, 이제는 새로 발견한 개방성, 특히 이전 단계에서 자신의 가치

---

65) Fowler, "Life/ Faith Patterns," 74.
66) Schuster, *Was sie glauben*, 20.

와 갈등을 빚었던 다른 사람과 그룹들에 대해 개방성을 갖는다. 이 단계의 명칭이 보여주듯이 이 단계의 사람은 복합적 관점들을 함께 고려하는 경향을 지닌다. 심지어 역설적 관점들까지도 포용하려고 한다. 예를 들어, 이 단계의 사람은 불합리한 것과 현실적인 것 사이에 이분법이 존재한다는 것을 의식하게 된다. 그리고 이 세상은 나 혼자 독불 장군으로 살아가는 세계가 아니라 나와는 여러 면에서 다른 많은 사람과 함께 살아간다는 것, 그리고 인간은 무한한 우주 안에서 아주 유한하다는 사실을 인식한다.[67]

이 신앙의 단계에서는 상징들을 그 개념적 의미로 축소시키고 비판했던 경향이 있었던 4단계를 넘어서서 전통이나 상징의 유효성과 진실성을 상대적인 것으로 간주해서 수용한다. 전통을 한 인간이나 민족의 독특한 경험과 불가분의 관계 속에 있다고 보기 때문이다. 그것은 종교에 대한 결합적 태도라고 할 수 있다. 예를 들어, 우주의 원천을 하나님이든 예수든 우주적 흐름이든 실재든 사랑이든 어떻게 부르느냐가 중요한 것이 아니라 그것이 존재한다는 것, 그리고 그것은 우리와 이웃을 하나로 묶어준다는 사실이 중요하다고 생각하는 경우이다.[68]

이 단계의 장점을 "아이러니적 표상 능력"이라 할 수 있다. 이는 자신의 입장이나 자신이 속한 전통의 가치가 제한적이라는 사실을 의식하는 것을 말한다. 이것의 위험성은 진리와 현실의 역설적 성격에 대해 냉소적으로 대할 수 있다는 것이다.[69]

---

67) Fowler, "Life/ Faith Patterns," 85.
68) Fowler, *Stages of Faith*, 195-338.
69) Schweitzer, *Lebensgeschichte und Religion*, 177.
70) 절대적 사랑을 바탕으로 한 희생과 관련해서 "마더 테레사 효과"(Mother Teresa effect)는 흥미롭다. 이것은 남을 돕는 활동을 통하여 일어나는 정신적, 신체적, 사회적 변화를 말하는데, 1998년 미국 하버드대학교 의과대학에서 시행한 연구로서 테레사 수녀처럼 남을 위한 봉사활동을 하거나 선한 일을 보기만 해도 인체의 면역기능이 크게 향상되는 것을 말한다. '슈바이처효과'(Schweitzer effect)라고도 한다.

- 6단계 보편적 신앙(Universalizing Faith): 보편적 신앙은 이전 단계의 역설적인 복합적 관점들이 근거한 초월적 자원을 이해한다. 그것은 모든 것 위에 있는 그 무엇을 의식한다. 그래서 예를 들어, 절대적 사랑과 절대적 정의와 같은 초월적 근거를 바탕으로 전 단계의 역설을 극복하고자 한다. 그들은 특히 보편적 가치를 부정하며 보편공동체의 구성원들을 배타하거나 억압하는 사회구조에 민감하게 반응한다. 그래서 이 단계의 사람들은 존재에 대한 지고한 경외심으로 무장하고 보편공동체를 위하여 비폭력적 고난 등의 방식으로 기꺼이 자신을 바치려고 한다.[70] 이 단계의 사람들은 현실에 존재하지 않는 보편 공동체의 비전을 말하고 그것의 실현을 위해서 일하기 때문에 권력자들과의 사이는 나쁘다.

이 단계에 도달하는 사람은 극히 드물다. 그래서 이 단계는 다른 단계들의 인터뷰를 통한 조사보다는 주로 종교 역사상의 위인들(예컨대, 간디[Mohands Karamchand Gāndhī], 킹[Martin Luther King Jr.], 테레사[Teresa of Calcutta], 본회퍼[Dietrich Bonhoeffer], 헤셸[Abraham Heschel] 등)에 의존한다.

이 같은 신앙발달은 어떻게 일어나고 한 단계에서 다른 단계로의 전환은 어떻게 일어나는 것일까. 파울러는 신앙의 발달을 일으킬 수 있는 세 가지 종류의 변화를 말한다.[71] 첫째는 발달적 변화이다. 이는 구조주의의 전통을 따라서 평형상태와 불평형상태 간의 관계에서 야기되는 변화이다. 즉 유기체가 환경과의 관계에 있어서 기존의 평형상태를 잃게 되는

---

71) 이 부분에 대한 설명은 그의 *Faith Development and Pastoral Care* (Philadelphia: Fortress, 1987)에 잘 나타나 있다.
72) 파울러에 대한 신학적 비판의 상당한 비중은 이 죄에 대한 것이다. 로더(James E. Loder)와 다익스트라(Craig R. Dykstra)에 의해 대표되는 이 문제에 대해 파울러는 죄를 인간의 발달과 인간의 미래에 대한 하나님의 계획을 방해하는 것이라고 말하는데, 이것은 역시 구조적 차원에서의 응답이다. 죄에 대한 그의 이해는 *Faith Development and Pastoral Care*, 43 이하와 *Becoming Adult, Becoming Christian: Adult Development and Christian Faith* (San Francisco: Harper & Row Pub., 1984), 15 이하 참조.

경우 다시 이를 회복하는 과정에서 다가오는 변화이다. 다음으로는 재구성적 변화이다. 이는 변형과 재구성, 붕괴와 재건설, 회복과 치유, 또는 회개와 삶의 재방향과 같은 개인적인 변화를 의미한다. 세 번째로는 침입하는 사건에 대한 응답으로서의 변화이다. 우리의 삶이 결코 이전과 동일하게 될 수 없는 사건으로 인한 변화를 말한다. 파울러가 비록 발달심리학의 영향을 받아서 평형과 불평형의 과정을 중요시 여기지만 여기에 자아의 상실, 새로운 방향설정과 같은 과정도 언급함으로써, 여러 사람들로부터 비판을 받아왔던 인간의 부정적인 차원(죄)에 대한 문제에 대답하려는 노력을 볼 수 있다.[72]

변형적 신앙논리

인간의 차원

파울러의 신앙발달론과 대조적 주장을 하는 이가 로더이다. 로더는 인간에게는 심리적 차원만이 아니라 영적 차원도 있기 때문에 심리학자들이 말하는 단계에 매이지 않는다고 말한다. 그렇다고 해서 영이 인간 심리와 무관한 것은 아니다. 영은 인간을 통합시키고 있는 한 부분이라는 것이다.

또한 로더는 신적 영은 나름대로의 논리와 인간이 분류한 심리학적 도식을 초월하는 방식으로 작용할 수 있다고 주장한다. 로더는 인간 치유과정에서 영의 논리가 심리적 발달과 교차한다는 것을 주장한다. 인간의 영은 "친밀감 대 소외" 같은 심리적 긴장의 해소 이상의 것, 즉 마음의, 영적인 평화, 그리고 예수에 대한 갱신된 믿음을 필요로 한다는 것이다.[73]

로더 역시 파울러처럼 인간 신앙의 발달에 관심을 갖는다. 하지만 파울러처럼 모든 사람이 일련의 단계, 즉 새로운 형태의 신앙으로 변형되어 가는

---

73) James E. Loder, *The Logic of the Spirit: Human Development in Theological Perspective*, 유명복 역, 《신학적 관점에서 본 인간 발달: 영의 논리》(서울: 기독교문서선교회, 2006).

단계에 관심을 가진 것이 아니고, 그리스도와의 만남이 어떤 변형과정을 거치는 지, 변형 자체에 관심을 갖는다. 로더는 "인생의 중요한 문제는 우리가 어느 단계에 있느냐가 아니라 인생을 변형시키는 그 힘이 우리 인생에서 어디냐?"라고 묻는다. 그래서 파울러는 모든 사람에게 일반적인, 즉 누구나 신앙의 단계를 거친다고 보았지만 로더의 경우에는 그것이 그리스도와 관계된 사람에게만 해당된다. 로더의 이 같은 변형론은 파울러의 신앙 발달이 일반 종교라는 문맥에서의 논의인데 비하여 기독교적이며 구체적으로 성령을 통해 그리스도가 어떻게 인간의 영을 변형시키는 지에 대한 언급이라고 할 수 있다.

로더는 삶을 변형시키는 사건이라 할 수 있는 "회심적 경험"(convictional experiences)에 대해 말한다. "회심적 경험"은 "회심적 변형"(convictional transformation)으로 이어질 수 있는데, 이는 자아의 활동인 인간적 변형(human transformation)과는 달리 성령이 변형시키는 활동의 결과이다. 회심적 경험은 급작스런 성격을 띠기도 한다. 이 역동적 성격의 변형 사건을 통해 사람은 알고 믿고 느끼고 행동하는 방식에 근본적인 변화를 겪는다.

로더의 주된 관심사는 변화의 과정과 그 역동성에 있다.[74] 그의 이론을 이해하기 위해서는 먼저 그의 인간 이해에서 출발해야 한다. 로더는 인간에게는 사회과학이 말하는 이차원적 인간 이해("자아"[the self])와 "환경"[the lived world])를 넘어서서 "공허"(the Void)의 차원이 있으며 이는 성서적으로, 신학적으로 말하는 죽음, 죄, 외로움, 삶의 무의미와 같은 실존적 차원이 있다고 보았다. 이 "공허"는 존재를 거부하는 멸절의 가능성이다. 그러

---

74) 그의 책, *Transforming Moment: Understanding Convictional Experiences*, 이기춘·김성민 공역, 《삶이 변형되는 순간: 확신 체험에 관한 이해》(서울: 한국신학연구소, 1988)은 바로 이에 대한 설명으로 일관되어 있다.
75) *Ibid.*, 84, 88.

기에 참 인간 이해는 세 번째 차원에 대한 질문과 해답이 있어야 한다.

'공허' 라는 구렁텅이에 빠진 절망적인 인간이지만 그럼에도 불구하고 무의미의 심연으로부터 출현하는 것이 있으니 그것이 네 번째 차원인 "거룩"(the Holy)이다. 불안과 염려 속에서 평정을 누리고, 슬픔 속에서도 기뻐하며, 절망 가운데서 희망을 잃지 않으며, 선으로 악을 갚으며, 복수 대신 용서를 택하고, 용기를 내어 두려움을 이길 때, 거기 인간적이고 정신적인 것 이상의 어떤 움직임을 깨달을 수 있는데, 로더는 그와 같은 상태를 인간 상황의 네 번째 차원인 "거룩"과의 대면으로 본다.[75]

로더는 인간의 네 차원 가운데서 특히 세 번째 차원, 즉, 신학이 말하는 죄의 차원에 주된 관심을 두고 어떻게 이 차원을 극복하여 "거룩"의 네 번째 차원으로 나아가는가를 기술하고 있다. 따라서 이 문제에 관한한 그는 변화의 초월성과 존재의 도약(leap)을 설명하지 않을 수 없다. 즉, 3차원에서 4차원에로의 전이는 인간적 노력의 산물이 아니라 외부로부터의 초월적 은총의 역사라는 것이다.

변형의 논리

로더는 인간이 '공허' 의 차원으로부터 '거룩' 의 차원으로 나아가는 과정을 "변형의 논리"라고 했다. 이것은 다섯 가지의 과정으로 구성된다.

- 갈등 과정(Conflict Process): 로더는 변형이 갈등에서 시작된다고 본다. 사람은 환경과의 관계에서 또는 자신과의 관계에서 전개되는 다양한 상황 속에서 갈등을 겪을 수 있고 이것이 자아의 영적 혼란을 초래하게 된다. 이 갈등이 심화될수록 변화의 요구가 거세진다. 갈등이 부정적인 것만은 아니다. 의미 있는 영적 변형으로 나가는 동인이 되고 근본적인 신앙의 확신을 가져올 수 있기 때문이다.

---

76) *Ibid.*, 32.
77) *Ibid.*, 32.

- 중간 탐색 과정(Interlude for Scanning Process): 이 과정은 의식적으로나 무의식적으로 문제에 대한 가능한 해결책과 보다 깊은 이해를 위한 탐색을 하는 시기이다. "기다리고, 의아해하고, 예감을 따르며 가능성을 철저히 찾는 발걸음이다."[76] 이 기간은 길수도 있지만, 조만간, 거의 중간쯤에 다음 과정이 따른다.

- 상상력 구성 행위 과정(Constructive Act of Imagination Process): 이 과정에서는 해결의 핵심이 되는 통찰력이나 직관 내지는 비전이 의식과 무의식 사이의 경계에서 보통은 확신을 갖고 나타나서, 의식이 채택하여 이용할 수 있는 어떤 형태로 해결의 핵심을 전달한다.[77] 이 같은 상상력의 행위는 전체 과정의 열쇠이다. 이 상상력이 새롭게 보는 방식과 새로운 앎의 방식을 제공한다. 상상력에 의해 인식자와 인식자의 세계 둘 다가 변형된다.

- 이완과 개방의 과정(Release and Opening Process): 상상력에 의한 문제의 해결은 당장 두 가지 효과를 가져 온다. 첫째, 팽팽한 갈등 속에 눌려 있던 에너지가 방출(release)된다. 이때 인식자는 자유를 느끼며 짐을 벗어버린 것을 느낀다. 둘째, 인식자는 '자아'와 '세계'라는 관계 상황에 개방된다. 인식자는 자아와 환경을 더 깊이, 더 친밀하게, 더 분명하게 접촉하고 있음을 느낀다.

- 재해석 과정(Interpretation/ Verification Process): 변형의 연속선상에서 마지막 장면은 해석이다. 갈등을 상상력에 의해서 도출해 낸 해결 방안의 관점에서, 이제는 역으로 해결 방안을 갈등의 관점에서 해석한다. 그리고 다른 사람들에게 전체적 발견을 어떤 공적인 형태로 해석한다. 갈등과의 관계에서의 일관성(coherence), 즉 갈등 상황을 설명해줄 수 있는 논리를 세우는 것이라 볼 수 있으며, 한편으로는 이 같은 나름대로의 해석이 일반적으로도 타당성을 띨 수 있는 공적인 상황에서의 적합성(correspondence)에 대한 해석이라 할 수 있다.

이와 같은 변형의 과정을 일련의 순서로 생각하거나 단계로 생각해서는 안 된다. 변형의 과정은 반드시 이러한 순서로 나타나는 것이 아니기 때문이다. 그러나 어느 과정에서 시작하든 모든 과정을 밟게 된다. 즉 어떤 경우는 문제나 갈등 없이 어떤 현실에 대한 통찰력으로부터 시작된다. 이 통찰력은 현실에 대한 새로운 관점을 제공하기에 갈등을 불러일으킨다. 다시 이 갈등은 긴 탐구와 기다림의 과정을 통해서 통찰력과 연결되고, 그리고 나머지의 방출과 해석의 과정을 겪는다.

교회에서 로더의 내용을 활용하는 방법 중의 하나는 "끊겨진 서사"(Broken narrative)이다. 크리취(Margaret Krych)에 의한 이 방법은 이신득의의 교리를 이행득의를 배우는 아동의 사고와 통합시키는 하나의 방식이다. 그녀는 먼저 삭개오 이야기와 같은 성경 이야기를 아동에게 들려준다. 그런 다음 그 이야기를 어떻게 끝냈으면 좋을지를 묻는다. 거의 아이들은 예수께서 삭개오에게 벌을 주어야 한다고 대답한다. 그런 다음에 예수께서 삭개오를 변화시키셨다는 이야기의 나머지 부분을 읽는다.[78] 이 같은 방법은 아이들에게 그리스도께서 어떻게 사람들을 변형시키는 지에 대해 예를 들어 설명하는 것이다. 이것은 교사가 변형을 촉진시키기 위해 어떻게 아이들과 작업을 해야 하는지를 보여주는 한 예가 될 것이다.

8. 종교적 판단 발달

종교적 판단의 내용

오저(Fritz K. Oser)의 종교적 판단 발달은 삶 속의 사건에서 종교적 의식

---

78) Margaret Krych, *Teaching the Gospel Today: A Guide for Education in the Congregation* (Minneapolis: Augsburg Fortress, 1988).

구조와 관련된 종교적 판단을 통하여 하나님과 개인의 종교적 상태를 인지적 차원에서 단계적으로 규명한 내용이다. 부언하면, 현실 상황에 대한 하나님과의 관계에서의 판단이 개인의 삶의 방식이나 종교성에 일으키는 변화를 살피고자 한 것이다. 이를 위해 오저는 피아제의 발생론적 인식론(the Genetic epistemology)과 콜버그의 도덕 발달론(Moral Development)과, 골드만의 종교적 사고 발달론에 기초하여 하나님과 개인의 신앙적 관련성을 중심으로 종교적 상황에 대한 대응을 파악하여 신앙의 상태를 단계화하고 있다.

오저는 딜레마들을 제시하고 이에 대해 개인이 내리는 판단을 통하여 개인이 어떻게 절대자를 경험하고, 그를 통하여 종교적 의미를 생성하고, 아울러 삶의 목적이나 방향성 등을 찾기 위해 어떤 자세를 취하는지를 알고자 하였다.[79] 특히 오저는 종교적 사고를 알기 위해 '판단' 이라는 기제를 사용하는데, 이는 하나님과 개인의 관계에서 나타나는 주관성의 한계를 극복하기 위한 방편이었다.

오저는 종교적 판단은 다음의 아홉 가지 요소와 관련된 것으로 보았다: 의미부여의 형태, 부정적 상황에 대한 수습(대처 능력), 자유에 대한 이해, 인과관계의 해석, 초월에 대한 인식, 신의 실재에 관한 지각, 종교의 제도화, 카타르시스, 변화, 회심, 그리고 예배나 종교의식에 관한 인지. 오저는

---

[79] 오저가 종교적 판단 발달과 관련해 제기한 물음들은 다음과 같다.: 인간은 어떠한 해석적 특성에 의해 실재를 인식하고 있는가?, 실재의 해석은 연령의 증가에 따라 어떠한 변화를 보이는가?, 삶의 현장에서 겪는 다양한 경험을 어떠한 방식으로 궁극적 존재자에게 연결시키는가?, 자신의 경험을 궁극적 존재에 연결시키는 방식은 연령의 차이에 따라 어떻게 다르며 그 변화의 과정은 무엇인가?, 변화의 과정은 어떤 구조에 의해서 진행되는가?, 하나님과 인간의 관계는 실생활에서 어떻게 나타나고 있는가?, 다양한 연령층의 사람들은 자신들의 행위에 대해 하나님이 어떻게 관여한다고 생각하는가?, 사람들은 그들의 현실문제 혹은 가상의 문제에 부딪혔을 때 어떤 방식으로 종교적 판단을 내리는가?, 종교적 판단에 있어 무신론자들과 유신론자들 간의 차이점은 무엇인가?, 종교교육을 통해 단순히 지식을 전달하기보다는 내면적 신뢰성을 형성하는 것이 더 중요하다고 생각한다면 그것은 어떤 형태로 이루어져야 하는가?, 종교적 판단의 상위단계로 단계의 변화가 발생된다는 것은 무엇을 의미하는가?

이것을 다시 거룩-세속, 초월성-내재성, 자유-의존성, 희망-어리석음, 신뢰-불안, 영원성-일시성, 기능적 투명성-불투명성이라는 일곱 가지 양극적 요소들로 개념화한다.

오저는 이 일곱 가지 양극적 요소들을 토대로 개인에게 종교적 갈등을 유발시킬 수 있는 폴(Paul), 욥(Job), 고통, 구원, 죄의식, 사랑, 자살, 혼인 등에 관한 딜레마들을 구성한다.

- 하나님과의 관계에 대한 자의식을 알아보기 위한 폴 딜레마: 혼인을 앞둔 한 의사가 비행기 추락사고를 당해 죽게 될 처지에 놓이자 하나님께서 자기를 살려주시면 제3세계 사람들을 위해 생애를 바칠 것이고 약혼자가 이를 반대할 경우, 결혼까지 포기하겠다고 약속한다. 그런데 그는 구사일생으로 살게 되었고 그 앞에 종합병원의 좋은 자리가 주어졌다. 그는 어떻게 해야 할까?
- 신정론(theodicy)[80]에 대한 해석 형태를 알아보기 위한 욥 딜레마: 현재의 상황에 감사하며 가난한 이웃을 돕는 선한 판사가 있었다. 그러나 그는 모함을 받아 판사직에서 물러나게 되고, 딸까지 난치병에 걸려 그 치료에 전 재산을 다 쓰게 되었다. 이런 상황에서 그는 하나님에 대해서 어떻게 해야 할까?
- 마찬가지로 신정론 주제를 다룬 이유를 알 수 없는 불공평한 고통에 관한 딜레마: 신실하게 목회를 해온 한 성직자가 치유 불가능한 눈병에 걸렸다. 간곡한 기도에도 불구하고 그는 시력을 완전히 상실했다. 이 일로 그는 신앙적으로 깊은 회의에 빠지고 하나님의 의도를 의심하게 되었다. 여기에 한 친구가 찾아와 신앙을 제고하라는 말을 한다. 그는 어떻게 해야 할까?

---

80) 신은 악이나 화를 좋은 목적을 위한 수단으로 인정하고 있으므로 신은 바르고 의로운 것이라는 이론. 이 세상에 악이나 화가 존재한다는 이유를 들어 신의 존재를 부인하려는 이론에 대응하여 생긴 것이다.

- 타인의 죽음에 직면한 상태에서 취할 수 있는 종교적 행동의 가능성을 알아보기 위한 영원한 구원에 관한 딜레마: 어느 집안의 가장과 세 자녀를 살해한 범인이 종신형 언도를 받았다. 범인은 막무가내로 사형을 시켜달라고 한다. 성직자와의 면회도 거절했지만 피살자들의 어머니이자 아내가 설득하면 살인자의 마음을 변화시킬 수 있을 것 같다. 그녀는 어떻게 해야 할까?

- 마찬가지로 죽음에 처한 상태에서의 종교적 행동을 알아보기 위한 죄의식에 관한 딜레마: 성실한 독일 제빵사가 있었다. 그런데 그는 2차세계대전 당시 수천 명의 유대인 학살과 관련이 있다는 소문이 퍼졌다. 그 소문은 사실이었다. 어느 날 그 제빵사가 교통사고를 당해 죽을 고비에 처하게 되었을 때, 그 제빵사가 근무하던 유대인 포로수용소에 있었던 사람이 그 곳에 있게 되었다. 그는 그 제빵사를 구해주어야 하는가?

- 곤궁에 빠져 있는 상태에서 시도해보는 종교적 의미 부여의 형태를 알아보기 위한 사랑에 관한 딜레마: 전도가 양양한 정치인과 사랑에 빠진 불치의 혈액병에 걸린 여성이 있었다. 그는 애인에게 자신의 병을 알릴 경우 자신을 버리거나 아니면 결혼하자고 할 것 같아서 사실을 밝히지 않기로 했다. 그녀의 결정에 대해 어떻게 생각하는가?

- 마찬가지로 곤궁에 빠져 있는 상태에서 종교의 의미를 알아보기 위한 자살에 관한 딜레마: 저렴하고 환경보전에도 도움이 되는 신종 에너지의 개발을 눈앞에 둔 화학자의 연구실에 화재가 발생했다. 그가 30여 년간 쏟은 노력이 물거품이 되는 순간이었다. 그가 관련 연구물들을 건지기 위해 불타는 연구실로 뛰어들려하였다. 소방관은 어떻게 해야 할까?

- 종교집단에 대한 소속감을 알아보기 위한 혼인에 관한 딜레마: 한 가톨릭 여성이 개신교 목사와 사랑을 하게 되어 임신을 하게 되었다. 그들은 결혼식을 스위스에서 올리려고 했는데, 그러기 위해 출국하려면 개종을 해야 한다는 것이었다. 그녀는 어떻게 해야 할까?

이와 같은 딜레마들에 대한 질문들은 일곱 가지 양극적 요소를 담고 있기 때문에 일곱 가지 유형으로 되어있다. 예를 들어, 폴의 딜레마에 대해서 던진 질문들과 그 안에 담긴 양극적 요소는 다음과 같다.:

거룩-세속: 폴이 하나님과 약속을 지키는 것과 약혼녀와 결혼 약속을 지키는 것 중 어느 것이 더 중요한가?

초월성-내재성: "폴이 약속을 지키는 것이 하나님의 뜻이다"는 말을 어떻게 생각하는가?

자유-의존성: 폴은 그의 서약을 지켜야 하는가?

희망-어리석음: 폴은 그가 속한 종교사회의 도의와 요구를 따라야 하는가?

신뢰-불안: 폴은 그 후 큰 교통사고를 당했다. 이것은 폴이 하나님과의 약속을 지키지 않은 까닭인가?

영원성-일시성: 폴의 결정이 장래 어떤 결과를 낳으리라고 생각하는가?

기능적 투명성-불투명성: 하나님께 대한 서약은 누구나 지켜야 하는가?

종교적 판단의 단계

종교적 판단의 아홉 가지 기본 요소가 각 면접자에 의해 어떻게 인식되고 있는지, 즉 병행하는지, 아닌지를 규명하기 위해 조사한 일곱 가지 양극적 요소를 토대로 한 딜레마들에 대한 면접자들의 판단 형태는 크게 다섯 가지 유형으로 나타났다. 오저는 이를 다섯 단계로 유형화하였는데, 3단계를 중심으로 하위 단계인 1, 2단계, 상위단계인 4, 5단계로 나뉜다. 하위 단계는 주로 타율적이고 초월적이며, 상위 단계는 자율적이고 이성적인 신앙 성향을 띤다.[81]

---

81) Fritz K. Oser, "Toward a Logic of Religious Development: A Reply to My Critics," *Stages of Faith and Religious Development: Implication for Church, Education, and Society*, eds., James W. Fowler, Karl E. Nipkow, and Friedrich Schweizer (New York: Crossroad, 1991), 39–41.

- 0단계 미분화의 상태(8, 9세 이전): 이 단계의 아동은 그가 외부로부터 모종의 영향을 받고 있음은 느끼지만 그것이 무엇인지는 인식하지 못한다. 재언하면 이 단계의 아동은 자신이 한 일과 외부 힘의 영향 아래서 되어진 것을 구별할 수는 있으나 그 힘이나 영향이 무엇이고 어떻게 오는지 구별하지 못한다.[82]
- 1단계 절대적 타율성의 성향(Deus Ex Machina: Absolute Heteronomy Orientation, 8, 9-11, 12세): 이 단계의 아동은 발생하는 사건들이 외부의 힘에 의해 야기된 것으로 안다. 홍수나 재해의 발생 등이 모두 하나님의 결정에 의한 것이라 생각한다. 하나님은 원인과 결과라는 법칙과는 상관없이[83] 이 세상의 모든 일을 주관하시는 분이기 때문에 사람은 그에게 복종해야 한다고 생각한다.

  1단계에서 2단계로 넘어가는 과정에서 세상의 모든 것들이 하나님이 주관하신다고 생각하는 1단계에서 경험을 통해 반드시 그런 것은 아닌 것 같다는 생각을 하게 되는 전이기를 거친다. 예를 들어, 소풍가는 날, "비가 오지 않게 해달라"라는 기도를 했으나 비가 올 경우 하나님은 비와는 상관이 없는 분이라고 생각할 수 있고, 또 사람이 비구름을 이용해 비를 내릴 수 있다는 사실을 알게 되면서 모든 것을 하나님이 하는 줄 알았던 생각에 혼란이 온다.
- 2단계 받기 위해 주려는 성향("Do Ut Des" Orientation: I give so that you give, 11-12세 이후): 이 단계에서 하나님은 여전히 외적인 존재로 보이지만 선행, 약속, 그리고 서약 등에 의해 영향 받을 수 있는, 즉 인간의 영향을 받을 수 있는 존재로 파악된다.[84] 다시 말해 하나님은 절대적인

---

82) Fritz K. Oser and Paul Gmünder, *Religious Judgment: A Developmental Perspective* (Birmingham, AL: Religious Education Press, 1991), 69.
83) *Ibid.*, 69.
84) Oser, "Toward a Logic of Religious Development," 10.

능력의 소유자임에도 불구하고 인간의 기도, 예배, 헌금과 같은 행위를 통해 기뻐하거나 만족하는 존재로 본다. 그런 까닭에 이 단계의 학습자는 하나님에게 영향을 끼칠 수 있는 기도나 헌금 등과 같은 수단에 관심을 갖는다. 정리하면 이 단계의 어린이들은 기도와 착한 일로 하나님을 제 마음대로 조정할 수 있다고 생각한다. 그와 같은 생각을 하는 배후에는 하나님을 기쁘시게 하려는 마음도 있지만, 징벌을 예방하고자 하는 의도도 곁들여 있다. 착한 일을 해서 하나님을 기쁘시게 하고자하는 욕구는 성인이 된다고 사라지는 것은 아니다. 그 형태가 바뀔 뿐이다. 교회, 학교, 병원을 세우는 일 등이 이에 속한다고 할 수 있다.[85]

한편 하나님께 기도했으나 응답을 받지 못하거나, 기도하지 않았는데도 좋은 일이 일어나는 경우를 보면서, 하나님께 영향을 끼칠 수 있다는 생각을 의심한다. 인간이 하나님에게 영향을 미칠 수 있다는 이제껏 가졌던 생각이 세상일은 사람 탓이라는 생각으로 바뀐다.

- 3단계 절대적 자율성의 성향(Deism: Absolute Autonomy Orientation, 20-25세): 이 단계에서는 2단계의 불확실성이 '하나님의 영역과 인간의 영역은 다르다'고 나름대로 구분함으로써 정리된다. 하나님은 인간 세계로부터 멀리 떨어져 있는 독립된 영역의 존재이고,[86] 사람은 자신의 일을 자신이 계획하고 그에 대해 책임을 져야 하는 존재로 생각한다. 그래서 그들은 효용성 없는 하나님보다 자신의 자율적 판단이나 선택을 중시한다. 행동에 있어서 자율성과 주체성의 비중 때문에 자연스레 자아정체성을 찾게 된다. 3단계에서 4단계로의 전이는 신의 초월성과 인간의 자율성이라는 이분법에서 후자에 두었던 비중을 걷어내면서 시작된다. 학습자는 주체성과 자율성의 한계를 느낀다. 그래서 그는 외면했던 하나님을

---

[85] Benedict J. Groeschel, *Spiritual Passages: The Psychology of Spiritual Development*, 김동철 역, 《심리학과 영성》(서울: 성바오로, 1999), 125.
[86] Oser and Gmunder, *Religious Judgment*, 12.

다시 찾게 된다.

- 4단계 중재된 자율성과 구원-계획의 성향(Mediated Autonomy and Salvation-Plan Orientation): 이 단계는 자신의 한계를 경험한 학습자가 아직도 미련이 있는 인간의 자율성과 의지하고자 하는 신의 초월성을 연결시켜보려는 시도를 하는 단계라고 할 수 있다. 그것은 신의 초월성을 인간 자율성의 내재적 원리로 삼는 방식으로 나타난다. 그는 하나님과의 상호연관 속에서 의사결정을 내리려고 한다.[87] 하나님은 인간 역사에 직접적으로 개입하지는 않지만 사람에게 작용하는 방식으로 역사에 간접적으로 관계하신다는 것이다. 하나님은 이제 저 위에서 역사와 세계를 인간에게 맡겨놓고 있는 분이 아니라 사람 안으로 내려오셔서 인간과 더불어 활동하신다. 인간은 여전히 책임적이고 동시에 자유로운 존재이다. 그러나 그 자유는 하나님과 연결되어 있는 자유이다.[88]

  한계를 가진 인간의 자율성을 하나님의 내재성으로 극복하고자 하는 이 단계의 문제점은 그 관심이 포괄적이고 궁극적인 것의 추구가 아닌 주로 의미의 결핍 혹은 미래에 대한 불투명성과 같은 것에 모아져 있다는 것이다.

- 5단계 상호주관적 종교적 성향(Intersubjective Religious Orientation): 이 단계는 인간의 자아의식과 하나님과의 관계가 상호 주관적(inter-subjective)으로 중재되는 단계이다. 인간의 본질은 자유이다. 하나님은 완전하다는 의미에서 절대 자유라고 할 수 있다. 어떤 면에서 인간 자유의 실현이 하나님의 자유이며 인간의 자유는 하나님의 완전한 자유의 그림자라고 할 수 있다. 즉 하나님의 초월성과 내재성이 서로 허용한다. 그럼으로써 모든 인간의 연대성의 가능성이 열린다.[89] 하나님의 자유가 인간의 자유가 될 때, 합일이 일어난다.

---

87) *Ibid.*, 76.
88) Oser, "Toward a Logic of Religious Development," 12.
89) Oser and Gmünder, *Religious Judgment*, 12-13.

오저는 6단계에 대해서도 조금 언급을 한다. 이것은 종교 의식의 최고의 추론 구조로서[90] 보편적 소통과 연대를 향하는 경향이다.[91] 이 단계는 개념적으로는 정리되었지만 경험적 근거는 없다. 콜버그의 이론의 6단계와 유사하며 소수의 사람만이 이 단계에 이른다.

오저는 이와 같은 단계들이 피아제의 '동화'와 '조절'에서 관찰되는 규칙성처럼 그 성격상 지속적이고 규칙적이며 선천적인 것으로 본다.[92] 즉 아동과 성인 사이에 논리적, 수학적, 존재론적, 도덕적, 사회적 영역에 분명한 차이가 있듯이 인간 실존에 대한 종교적 관점의 해석에도 근본적 차이가 있다는 것이다[93]. 반종교적 심리학의 가설들에 대항해 인간에게는 선천적이며 자연적인 종교적 영역이 있음을 주장하고자 했던 오저에게 이와 같은 주장은 당연하다.

위에서 언급한 발달이론의 대부분은 직·간접적으로 피아제로부터 영향을 받았다. 이들 인지발달에 대한 주장에 따르면, 아동의 사고는 성인의 사고와 질적으로 다르다는 것이다. 그러나 피아제 이후 이론가들은 아동의 사고와 성인의 사고의 차이는 양적인 것이지 질적인 것이 아니라고 한다. 즉 아동은 성인에 비해 지식이나 경험이 부족할 뿐이라는 것이다.[94] 보이어(Pascal Boyer)에 따르면, 6-7세의 아동은 마술적, 종교적, 그리고 허구적 표현들을 분명하게 구분할 수 있다.[95] 그럼에도 불구하고 아동과 성인의 종교적 사고의 불연속성은 아동의 문화적 지식의 구체적 결핍 때문이다. 아

---

90) *Ibid.*, 79.
91) *Ibid.*, 81.
92) *Ibid.*, 17.
93) *Ibid.*, 10.
94) Eli Gottlieb, "Development of Religious Thinking," *Religious Education* 101:2 (Spring 2006), 251.
95) Pascal Boyer and Sheila Walker, "Intuitive Ontology and Cultural Input in the Acquisition of Religious Concepts," Karl S. Rosengren, Carl N. Johnson, and Paul L. Harris, eds., *Imagining the Impossible: Magical, Scientific, and Religious Thinking in Children* (New York: Cambridge University Press, 2000).

동이 보다 많은 지식 기반을 획득할수록 그들의 종교적 개념들은 "신학적으로 정당한" 성인의 개념들에 보다 근접하게 된다. 피아제 이후 이론가들에 따르면 이 같은 종교적 사고는 사춘기 이후에는 차이를 보이나 그 전까지는 종교나 문화의 차이를 가리지 않는다.[96] 즉 종교적 사고는 문화나 종교의 특정한 영역이라기보다는 인간인지 발달의 부산물로 본다.[97] 이 같은 입장은 엄정한 검토가 필요하다.[98] 다만 이들의 주장을 따른다면, 골드만 등이 주장하는 "종교 준비성"(ready for religion)이[99] 사춘기 중기에서 아동 초기로 당겨질 수 있다.[100]

이제까지 보아온 종교적 사고와 관련된 발달이론들은 서로 일치를 보이고 있지 않다. 예를 들어, 하나님과 기도에 관한 아동의 개념은 어떤 연구자들에게는[101] 사춘기에 이르기 전까지는 구체적이고 문자적이며, 신인동형론적이다. 한편 다른 연구자들에게는,[102] 그것이 12세경이면 추상적이고 구별하게 된다. 여전히 다른 연구자들에게,[103] 하나님 개념은 5세, 기도 개념은 8세 아동의 경우 성인의 개념과 그렇게 구별되지 않는다.

---

96) Pascal Boyer and C. Ramble, "Cognitive Templates for Religious Concepts: Cross-Cultural Evidence for Recall of Counter-Intuitive Representations," *Cognitive Science* 25 (2001), 535-564.
97) Pascal Boyer, *Religion Explained: The Evolutionary Origins of Religious Thought* (New York: Basic Books, 2001).
98) Gottlieb, "Development of Religious Thinking,"253.
99) Ronald Goldman, *Readiness for Religion* (Ixmdon: Routledge and Kegan Paul, 1965).
100) Donald Ratcliff, ed., *Children's Spirituality: Christian Perspectives, Research, and Applications* (Eugene, OR: Cascade Books, 2004).
101) Fowler, *Stages of Faith*; Goldman, *Religious Thinking from Childhood to Adolescence*; Oser and Gmünder, *Religions Judgement*.
102) Elkind, "The Child's Conception of His Religious Domination: (1) The Jewish Child." Long, Elkind, and Spilka, "The Child's Conception of Prayer."
103) J. L. Barrett, R. A Richert, and A. Driesenga, "God's Beliefs versus Mother's: The Development of Nonhuman Agent Concepts," *Child Development* 72:1(2001):50-65; J. D. Woolley and K. E. Phelps, "The Development of Children's Beliefs about Prayer," *Journal of Culture and Cognition* 1:2 (2001), 139-166.

골드만은 아동이 성경의 이야기들을 문자적으로 사실로 믿고 기도를 자기중심적 간청을 하기 위한 마술적 형식과 동일시 한다는 사실에 근거해서 사춘기이전의 종교개념들은 구체적이며 신인동형론적이라고 했다. 반면에 엘킨드와 그 동료들은 아동들이 종교적 정체성은 행위보다는 신념에 의존한다고 믿으며 기도를 특별한 의식과 결합될 필요가 없는 하나님과의 사적 대화로서 본다는 증거를 바탕으로 11세 아동이 추상적 종교적 개념들을 획득한다고 주장한다. 8세 아동이 기도에서 중요한 것은 외형적인 것보다 정신적 요소들이며 어떤 기도 내용은 다른 것보다 더 적절하게 생각한다는 증거를 바탕으로 아동이 성인의 것과 같은 종교적 개념들을 매우 이른 시기에 획득한다는 주장도 있다.

종교발달론자들의 이 같은 차이점들은 아동을 직접 지도해야 하는 교육자들에게는 혼란스러우며 실망스러울 수도 있다. 종교적 사고와 그 발달에 대한 이해할만하고 신뢰할 수 있는 전망을 제공하는 대신에 부분적이고 불완전하며 경쟁적인 그림을 보여주고 있기 때문이다. 그럼에도 불구하고 이 그림들은 교육자들에게 도움이 될 수 있다. 첫째, 연구자들 간에 종교적 사고가 발생하는 정확한 연령에 대한 주장에서 차이가 있음에도 불구하고, 종교적 신념과 개념들은 사춘기 이후에 보다 더 추상적이고 차별화된다는 의견으로 모아지는 것 같다. 하지만 그 흐름과 속도는 그것이 개념에 따라, 그리고 공동체에 따라 매우 다양한 형태가 될 것이다. 그러므로 중요한 것은 종교적 사고의 시기가 아니라 그것이 교육에 의해 어느 정도나 형성되느냐이다.

둘째, 연구자들이 제안하는 상이한 종교발달모델들이 종교적 사고를 교육하는 과제를 계획하는 데 도움을 줄 수 있다. 피아제에 따르면 교사에게 기본적이고 명백한 신학적 내용도 어린 아이에게는 극히 난해할 수 있음을 알려준다. 파울러의 경우를 통해서는 종교적 사고는 사춘기 초기 이후에 계속 진행되는 과정임을, 그리고 이 발달과정은 정체성 형성과정과 서로 단단하게 엮여있다는 것을 상기시킨다. 피아제 후기 이론가들은 아동의 마음속에는 가공되지 않은 신학적 자료들이 교사에 의해 채광되고 정련되기를 기다리고 있음을 알려준다. 종교적 사고에 대한 이와 같은 유의점들을 교육 현장에 제한적으로 적용할 것이 아니라 전체적으로 고려할 필요가 있다.[104]

9. 영성 발달

그뢰셀(Benedict J. Groeschel)은 종교적 발달과 영적 발달을 구분한다.[105] 종교적 발달은 개인의 욕구와 그에 따르는 반응에 초점을 두는 개인적인 관점이며, 이에 대한 대표적 이론들은 알포트(Gordon W. Allport)와 바뱅 등이다.[106] 영적 발달은 개인의 삶에 주어진 은총의 영향과 그것에 의한 능력이다. 그러나 여기서는 그 의미를 좀 더 선명하게 하기 위해 '영성 발달'이라는 용어를 쓰기로 한다.[107]

영성의 개념

"영성"이란 개념은 신학적으로, 그리고 학자들에 따라 다양한 의미로 사용된다.[108] '영성'에 대한 의미는 일반적으로 기독교 신앙공동체에서 신체

---

104) Gottlieb, "Development of Religious Thinking," 256-257.
105) Groeschel, *Spiritual Passages*, 123.
106) Gordon W. Allport, *The Individual and His Religion: A Psychological Interpretation* (New York: MacMillan, 1951); Pierre Babin, Dieu'et Ladolescent, tr., David Gibson, *Faith and the Adolescent* (New York: Herder and Herder, 1965).
107) 그뢰셀은 영적 발달의 3단계를 정화(purification), 조명(illumination), 그리고 일치(union)로 본다. Groeschel, *Spiritual Passages*, 185-344 참조.

와 정신과는 질적으로 다르면서 분리된 것으로서[109] 뿐만 아니라, 인간을 초월하는 존재와의 관계 가운데서의 경험으로 보는 일반적인 신앙으로,[110] 삶의 방식에 영향을 끼치는 실제적인 삶의 구조로,[111] 나아가 '정신'이나 '마음'의 의미로, 고통 받는 자들에 대한 하나님의 사랑에 근거하여 약자와의 연대와 정의의 실천으로, 그리고 전통적인 영성과 구태여 구분하여 영성을 우리의 일상적인 삶을 통해 하나님과 사귀고자 하는 신앙인의 갈망으로 정의하는 "생활영성"까지[112] 그 스펙트럼이 넓다.[113] 그러나 여기서는 이 책의

---

108) 예를 들어, 다우니(Michael Downey)에게 영성이란 성령의 임재와 능력으로 그리스도 안에서 사는 삶이다. 그것은 그리스도의 인격에 부합하며, 하나님과 이웃과의 교제 안에서 연합되는 것이다. 영성은 기독교적 삶의 한 측면이고 삶 자체이다. "Christian Spirituality: Changing Currents, Perspectives, Challenges," *America* 170:11 (Apr 2, 1994), 8.

109) 이에 대해서는 권택조, 《영성 발달: 신학적 교육심리학적 통합모델》(서울: 예찬사, 1999), 21-59 참조. 여기에서는 영성에 대해 역사적, 교파적, 성서적 시각뿐만 아니라 다양한 학자들의 견해들을 소개하고 있다.

110) 예를 들어, Urban T. Homes III, *Spirituality for Ministry* (San Francisco: Harper & Row, 1982), 11; 기독교교육적으로는 Michael J. Anthony, ed., *Perspectives on Children's Spiritual Formation: Four Views* (Nashville, TN: B&H Publishing Group, 2007)의 경우가 그렇다. 이 책에서 영성은 신앙교육, 나아가 기독교교육과 동의어로 사용된다. 영성 형성과 관련해서 이 책에서 제안하는 방법적 모델은 네 가지이다. 첫째, 명상적-반성적 모델(Contemplative-Reflective Model): 잠잠한 예배의 정신 계발하기, 둘째, 교수적-분석적 모델(Instructional-Analytic Model): 아동 전도와 성경 암기에 개입시키기, 셋째, 실용적-참여적 모델(Pragmatic-Participatory Model): 간혹 대형교회에서 보이는 고 에너지 활동에 초점을 맞추기, 넷째, 미디어 중심 능동적-서약 모델(Media-Driven Active-Engagement Model): 제한된 교사훈련의 비디오 기반 교육과정. 그러나 이것이 기존의 기독교교육형태와 어떻게 다른 지 모호하다. 그 밖에 영성 형성 방안을 교육의 문맥에서(예를 들어, Ratcliff, *Children's Spirituality*, 2-4부), 그리고 모델(예를 들어, 권택조, 《영성 발달》, 201-202)을 제시하는 경우가 있지만 영성 교육의 특성은 드러나지 않는다.

111) Michael Warren, "Catechesis and Spirituality," *Religious Education* 83:1 (Winter 1988), 116-132.

112) Paul Stevens, *Disciplines of the Hungry Heart : Christian Living Seven Days a Week*, 박영민 역, 《현대인을 위한 생활영성》(서울: 한국기독학생회출판부, 1996).

113) 예를 들어, Shirley K. Morgenthaler, ed., *Exploring Children's Spiritual Formation: Foundational Issues* (River Forest, IL: Pillars Press, 1999). 이 책은 아동의 영성을 발달, 철학, 신학, 사회학, 문화, 회중, 가정 등의 차원에서 검토한다. 또한 Ratcliff, *Children's Spirituality*도 참조. 이 책은 아동의 영성에 대해 신학적, 사회과학적 관점에서 언급하면서 가정, 교회, 학교, 그리고 그 밖의 문맥에서 영성 형성 방안을 제시한다.

성격상 심리학적인 차원에서 영성 문제를 살펴보려고 한다. 그럴 경우에 영성은 각성의 계기, 전개, 변화, 지속, 형성 및 변형 등 영성과 관련해서 인간 삶의 과정에서 나타나는 다양한 상태들로서 하나의 영적 성숙 과정이라 할 수 있다.[114]

영적 형성은 이제까지 언급한 여러 발달을 바탕으로 한다. 즉 영적 형성의 환경학은 신체적, 정서적, 지적, 도덕적, 그리고 사회적 발달 위에서 전개된다.[115] 하나님의 영은 인간 위에 그리고 안에 머물기 때문이다.

신앙의 여정

우리에게 《끝나지 않은 길》(The Road Less Traveled)[116]이라는 책으로 유명한 펙(M. Scott Peck)은 자신의 내적 여정을 통해 다음과 같은 영적 성장의 단계를 제시한다.[117] 1단계: 혼란적, 반사회적, 2단계: 형식적, 제도적, 3단계: 회의적, 개인적, 4단계: 신비적, 공동체적. 1단계에서 '혼란적'이라고 하는 것은 통합성의 결여를 의미한다. 이 단계의 사람은 자신의 의지대로 행한다. 그래서 외형적으로는 일정한 성과를 올리는 것도 가능하다. 그러나 외부의 힘에 대해 의지로 반응하기 때문에 내면적으로는 혼란을 겪는다. '반사회적'이라고 하는 것은 타인에 대한 사랑의 결여를 의미한다. 사랑하는 척할 수 있으나 본질적으로는 이기적이다.

2단계의 사람들은 종교적 본질과는 대립되는 의미에서의 종교 형식에 집착한다. 그래서 종교적 법규나 의식에 변동이 있을 경우 불안해서 동요한

---

114) Constance Leean, "Spiritual and Psychosocial Life Cycle Tapestry," *Religious Education* 83:1 (Winter 1988), 45-51.
115) James R. Estep Jr., "Spiritual Formation as Social: Toward a Vygotskyan Developmental Perspective," *Religious Education* 97:2 (Spring 2002): 142.
116) M. Scott Peck, The Road Less Traveled, 김창선 역, 《끝나지 않은 길》(서울: 소나무, 1998).
117) M. Scott Peck, *The Different Drum: Community-Making and Peace*, 김예숙·김예자 역, 《평화의 북소리: 공동체로 가는 길》(부산: 춘해간호전문대학 출판부, 1995), 228-254.

다. 2단계의 또 다른 특징 중의 하나는 하나님에 대한 외적, 초월적 이해이다. 하나님을 내면적으로 이해하지 못하기 때문에 자율적이지 못하다. 외면적으로는 대단히 모범적인 신앙생활을 한다. 그러나 사춘기 말쯤 되어 내면에 자율성이 싹틀 때 위기를 겪게 된다.

3단계는 개인적이지만 1단계에서와 같은 의미에서와 달리 반사회적이지 않다. 오히려 사회적인 성향이 높다. 다만 회의적인 자세를 보일 수 있다. 그래서 회의를 극복하기 위해 과학 등에 의지할 수 있는데, 이와 같은 태도들은 진리를 향한 추구라고 할 수 있다. 그러나 진리는 멀고 희미하여, 자신의 한계를 인식하게 된다.

4단계는 우주의 사물이 모두 보이지 않는 어떤 힘이나 구조와 관련이 있다고 본다. 그래서 이 단계의 사람들은 세계 전체를 공동체로 보고, 이를 위해 마음을 비울 것을 강조한다. 이러한 신비는 공동체, 즉 종교 등을 통해 알 수 있다고 생각하여 종교에 귀의하기도 한다. 그러나 그 동기가 다른 만큼 종교에 대한 입장은 2단계의 사람들과는 질적으로 다르다.

1단계에서 2단계로의 발달은 일반적으로 갑작스럽고 극적이나, 3단계에서 4단계로의 발달은 일반적으로 점진적이다. 펙이 말하는 이와 같은 영적 성장의 단계들은 순차적이지 않다. 즉 1단계로부터 4단계로 자동적으로 진행하지 않고 각 단계 사이에서 전진과 후퇴를 하며 제 자리를 걷는 경우도 상당하다. 각 단계의 사람들은 윗 단계의 도전을 받는다. 그러나 두 단계 이상의 사람과 접촉하여 변화가 일어나기는 어렵다. 영적 발달의 환경은 공동체적이다. 특정 단계의 사람으로만 구성된 집단은 같은 사람의 집단일뿐 공동체라고 할 수 없다. 따라서 영적 발달을 위한 도전이 되지 않는다. 이렇게 생각하면 교회에 다양한 종류의 사람들이 함께 있다는 것은 영적 성장을 위한 하나의 선물이다. 나와 다른 사람들로 인해 갈등과 어려움을 겪기도 하지만 우리는 바로 그런 사람들 때문에 성장하고 성숙할 수 있는 것이다.

위기의 영성

다아링(Harold Darling)은 신체적, 정서적 발달 단계에 기초해서 네 단계의 영성 발달의 모델을 제안했다.[118] 탄생으로부터 성인에 이르는 개인의 성장을 유비로 그 단계들을 말하고 있다. 첫 번째 단계는 "탄생기"이고 중심은 구원이다. 탄생은 영적인 중생을 말하는 것으로 자신의 죄를 고백하고 전존재를 하나님께 드리는 행위가 따른다. 신생이 있기 위해서는 보통 그 전에 궁극자의 존재에 대한 인식, 복음에 대한 긍정적 태도 등이 있다.[119]

두 번째 단계는 아동기에 해당하는데, 그 중심은 의존이다. 이 시기는 성장, 안전, 자발성, 그리고 부합성의 특징을 띤다. 권위적 가르침을 질문 없이 수용하며, 하나님을 경외하며 순종을 당연시한다.

세 번째 단계인 사춘기는 의심과 질문들로 시작된다. 이 시기의 중심은 소란이다. 영적인 현상 유지를 불만족스럽게 여기게 되면서 기독교적 삶은 너무 일상적이고, 하나님은 왜소하게 느껴진다. 이 시기의 위기로부터 빠져나오는 방식은 일곱 가지이다. 그 중에 여섯 가지는 역기능적인 것이고, 한 가지는 순기능적인 것으로 성인기를 여는 열쇠이다. 영적 '신경증'(neurosis)은 이 세 번째 단계의 갈등을 축소시키는 데 사용되는 수단이다. '영적 심기증'(spiritual hypochondriac)은 영적 조건에 대해 비정상적인 관심을 갖는 증세이다. 영적 '정신이상'(psychosis)은 사소한 문제들이 확대되고, 깊이도 능력도 결여한 광신주의에서 나타난다. '재–사로잡힘'(re-enslavement)은 구원 이전의 삶의 상태로 다시 돌아가서 옛 생활에 사로잡히는 것이다. '퇴보'(regression)는 다른 사람에게 미루는 유치한 미성숙한

---

[118] Harold Darling, *Man in Triumph* (Grand Rapids, MI: Zondervan Publishing House, 1969), 142–147.
[119] James F. Engel and H. Wilbert Norton, *What's Gone Wrong with the Harvest?* (Grand Rapids, MI: Zondervan Publishing House, 1975).

부합성으로 복귀하는 것이다. '고착'(fixation)은 혼란 속에서 인생에서 흠집을 찾으려는 사춘기를 영속시키는 태도를 이른다. 성인기로 나아가게 하는 일곱 번째 열쇠는 '포기'(surrender)이다. 포기는 성령의 통제를 받아, 자기 중심성과 거룩과 관계없는 두려움 등을 극복하고 신앙의 길, 위임, 그리고 단념 등을 받아들인다. 이 뒤에 나타나는 성인기는 자아 실현적 성격을 띤다. 자아 실현은 믿음으로 내어맡김, 분명한 자발성, 긴장의 조정, 목적이 있는 통합, 그리고 온 마음을 들인 확신 등의 모습으로 나타난다.

아동기에서 성인기에 이르는 기간 동안에 마치 매듭 같은 '고리'(loops) 형태가 수 차례 나타날 수 있다. 평가(Assess)-고백(Confession)-확신(Affirm)-점유(Appropriation)의 순차를 갖는 이 고리는 영적 발달의 단계가 직선적으로 진행되지 않음을 말하며, 상위 단계로의 발전을 막는 장해의 역할을 하면서도 영적 단계들을 다져주는 기능을 한다는 것을 알 수 있다.[120]

십자가의 영성

자아의 생활을 완전히 십자가에 못 박는 일에 필요한 단계는 다음과 같다.[121] 자신을 영원히, 그리고 정식으로 하나님께 바친 영혼이 취하는 첫 번째 단계는 소위 '표면적인 능력'이라고 부르는 것들, 즉 본성의 욕망과 성질을 복종시키는 것이다. 이 단계에 있는 영혼의 신앙 상태의 특성은 성실함과 믿음에 의해 유지되는 단순성이다. 그러므로 영혼은 홀로 활동하지 않고 자기에게 주어진 은혜와 자신의 능력을 따르며 협동한다. 그것은 믿

---

120) Bill Bright, *Have You Made the Wonderful Discovery of the Spirit-Filled Life?* (San Bernadino, CA: Campus Crusade for Christ, Int., 1966) 비교. 브라이트는 '고리'와 유사한 개념으로 영적 호흡이란 개념을 말한다. 이 호흡은 고백과 회개를 뜻하는 숨을 내쉬기와 포기와 점유를 말하는 들이마시기로 구성된다.
121)《영성의 메아리》(2000, 7-8), 73 이하. 필자가 언급되어 있지 않으나 정황으로 볼 때 평생을 영성 추구에 몸을 바친 엄두섭 목사의 실천적 경험론으로 보인다.

음으로 말미암아 승리를 얻는다.

두 번째 단계는 내적 감각의 쾌락에 의존하던 일을 그만두는 것이다. 일반적으로 이 단계에서의 싸움은 보다 가혹하고 오래 간다. 내면의 흥미와 취미에 대해 죽는다는 것은 어려운 일이다. 내면의 흥미와 취미는 우리를 행복하게 만들어 주는 것이며, 또한 하나님께서 우리에게 즐기고 의지하게 하셨던 것이다. 우리는 내면의 행복을 잃을 때 하나님을 잃는다고 생각하기 쉽다. 그러나 그것은 영혼의 영적 생명은 즐거움에 있는 것이 아니라 하나님의 뜻에 연합하는데 있다는 것을 깨닫지 못한 데서 기인한 생각이다. 약간 다른 방식으로 작용하기는 하지만 이 단계에서의 승리 역시 믿음에 의해 이루어진다.

세 번째 단계는 우리의 표면적인 덕이나 내면적인 덕에 의존하는 일을 완전히 십자가에 못 박는 것이다. 자아의 생활에서 형성된 습관들은 매우 깊이 뿌리를 박고 있기 때문에 우리는 어떤 일에서나 어느 정도의 자기만족을 취한다. 영혼이 자신의 감각을 정복하고 이겨 큰 힘을 얻어 내적으로 즐거움이나 자극 없이 믿음으로 살 수 있게 되면, 자신의 덕과 진리와 절제 속에서 어느 정도의 만족을 느끼기 시작하는데, 가만히 살펴보면 이것은 이기적인 만족이다. 영혼은 마치 이러한 덕이 자신의 것이며 그것들의 공로로 하나님 앞에 영접 받는 양 그것을 의지하기 시작한다. 우리는 그것들이 우리 자신에게서 비롯된 것으로 여기는 태도에 대해서는 죽어야 하며 하나님의 능력과 선물로 주어진 것이라고 여기는 태도에 대해서 살아야 한다. 우리는 결코 그것들 속에서 은밀한 만족을 느끼지 말아야 한다. 우리는 다만 그것들을 주시는 분에게서만 만족을 느껴야 한다.

네 번째 단계는 우리가 내적으로 십자가에 못 박히는 과정에 포함되어 있는 하나님의 조처에 대해 본성적으로 느끼는 반감에 대해 죽는 일이다. 전에는 하나님께서 우리에게 주시는 시련에 크게 반발하였으나, 이제는 반발하지 않고 받아들이는 것이다. 영혼은 모든 일 속에서 하나님의 현존을 분명히 느끼며 또 그 믿음이 강력하므로 전에는 괴롭게 여겨졌던 불운한 것들을 이제는 기쁘게 받아들이게 된다. 영혼은 자신을 때리시는 손에 입을 맞춘다.

우리의 신앙이 크게 발전하게 되면 우리는 자신의 본성적인 인간이 죽었다고 말할 수 있게 된다. 그 때 다섯 번째 단계로 새로운 생명이 임한다. 그것은 단지 새로운 생명의 시작에 불과한 것이 아니라 보다 고귀한 의미에서의 새 생명, 즉 사랑의 생명의 부활이다. 과거의 영혼이 자력으로 구하던 은사, 그리고 하나님을 벗어나 구했기 때문에 자신에게 해롭고 파괴적인 것으로 작용하였던 것들이 만물을 주시는 위대한 분에 의해 풍성하고 충만하게 영혼에게로 돌아온다. 하나님의 뜻과 계획은 자기 피조물에게서 행복을 빼앗으려는 것이 아니다. 다만 피조물이 하나님을 벗어나서 소유하고 있는 기쁨과 번영을 부수며, 그 행복에 쓴잔을 부으려는 것이다. 행복의 도덕률이 있으니, 그것은 도덕적 원리들이 불변하듯이 불변한다. 하나님은 거짓된 행복, 혹은 그릇된 원리에 기초를 둔 행복은 부수어 버리신다. 왜냐하면 그것은 영원한 불행으로 향하는 첨병에 불과하기 때문이다. 하나님께서 이렇게 행하시는 것은 영혼을 하나님과의 완전한 교제와 합일로 들어가게 하며 또한 영원의 샘에서 생명수를 마실 수 있게 함으로써 참되고 영원한 행복을 확립하시기 위해서이다. 영혼은 자기 자신의 행위, 즉 하나님과의 협력 상태에 있는 것을 제외한 모든 행위를 그치고 하나님이 자기 안에 살아 활동하시게 함으로 이 새 생명을 소유한다.

여섯 번째로, 영혼의 뜻이 실제로 하나님과 일치할 뿐만 아니라 영혼 안에 있는 모든 것, 그리고 영혼이 유지하는 모든 관계(이것은 아마도 '성향', 또는 '경향'이라고 부를 수 있을 것이다)에 있어서 하나님과 일치할 때 이 생명은 참으로 변화된 생명, 즉 하나님과 연합하는 생명이 된다. 이 때 인간의 뜻과 하나님의 뜻은 일치하게 되므로 그들은 하나가 되었다고 여길 수 있다. 생각건대 이것이 사도 바울이 말한바 '나에게는, 사는 것이 그리스도

이시니'(빌 1:21)라는 상태인 듯하다. 하나님은 '성령의 전'으로 묘사되는 영혼에 거하시어 빛이 되신다.

영적 형성은 직선적이거나 단일방향의 과정은 아니다. 비고츠키의 발달 영역 개념에 따르면 영적 형성은 직선적으로 발달하는 선형적 발전단계 이상이다. 예를 들어, 파울러는 전통적인 발달론을 따라 선형적인, 즉 단계에서 단계로 발달하는 신앙발달 패러다임을 제안했다.[122] 그러나 단계를 사다리의 가로대보다는 영역으로 생각하면 영적 형성은 새로운 모습을 띤다. 로더는 영적 형성이 여타의 전통적 발달 과정과 같지 않다고 했는데,[123] 비고츠키의 발달 영역은 로더의 영적 형성 개념에 쉽게 적용될 수 있을 것이다.

영성은 대체로 개인적이고 내적인 차원에서만 고려된다. 그러나 영성에는 또한 사회적 차원이 있다. 사실 영성발달은 개인의 밖으로부터 시작된다. 신학적으로 그것을 하나님의 주도권이라고 할 수 있을 것이다. 한편 영적 형성은 하나님에 의해 시작되고 개인이 응답하는 내적 과정일 뿐만 아니라 부분적으로는 개인이 몸을 담고 있는 신앙공동체로부터의 획득이기도 하다. 신앙공동체가 지닌 신앙적 전통은 거기에 속한 개인에게 영향을 미친다. 인간에게는 본성적으로 양심이라고 하는 유사 신앙이 있고, 하나님과의 개인적 교제 형태의 신앙이 있을 수 있으나, 보다 모양을 갖춘 신앙은 그 신앙공동체의 내용을 내면화시킬 때 시작된다.

이와 같은 신앙공동체는 영성 교육의 문맥이 된다. 리버트(Elizabeth Liebert)에 따르면, 신앙공동체 내에서의 신앙발달의 단계를 세단계로 구별한다. 첫 번째 단계는 준수 단계(Conformist stage)로 보통 사춘기에 시작하지만 성인기에 고정될 수 있다. 이 단계의 사람은 그룹들 사이의 차이를 알지만 그룹 내 개인들 사이의 차이는 모른다. 그들의 가치는 그들 각자 그룹으로부터 무비평적으로 점유되는 경향이 있다. 두 번째 단계는 양심적

---

122) Fowler, *Stages of Faith*.
123) Loder, *The Transforming Moment*.

단계(Conscientious stage)이다. 이 단계에서는 그룹보다는 자아 안에 권위를 재배정하는 것이 포함된다. 자아 지식 추구가 참으로 시작되는 곳이 여기이다. 세 번째 단계는 간개인적 단계(Interindividual stage)이다. 개인은 다른 개인의 자아들이 서로 다르며 정서적 의존과 독립이 공존한다는 것을 알기 시작한다.[124] 이와 같은 신앙공동체의 영적 지도[125]의 과제는 하나님의 하신 일을 영화롭게 하는 것이다. 영광을 돌리는 것이다.[126] 이 같은 영적 지도는 교육적 차원에서 사고, 정서, 그리고 선택이라는 세 가지 보완적인 측면을 연합시키는 방향으로 나가야 한다.[127]

우리는 신앙발달과 관련해서 종교적 사고, 하나님 개념, 기도 개념, 종교적 정체성 발달, 신앙발달, 종교적 판단 발달, 그리고 영성발달 등에 대해 단계적 차원에서 살펴보았다. 교사라고 해서 모두 학습자보다 신앙발달이 더 이루어졌다고 보기는 어렵다. 종종 교사들 중에 어린아이와 같은 유치한 신앙 양태를 보이는 이들이 있다. 교사가 학습자의 신앙발달을 돕기 위해서는 학습자보다 상위의 발달 단계에 있어야 한다. 자신의 발달단계가 어디에 위치하는 지 객관적으로 살펴보는 기회를 갖자. 여기에 학습자의 신앙발달 단계도 알아야 한다. 학습자의 발달 단계를 모를 경우 학습자의 발달 수준보다 높거나 낮은 내용을 전해 수업을 지루하게 만들 수 있다.

---

124) Elizabeth Liebert, *Changing Life Patterns: Adult Development in Spiritual Direction* (St Louis: Chalice Press, 2000), 77-135.
125) 리버트는 목회 행위를 둘러싼, 영혼을 돌보는 "영적 안내" (Spiritual guidance)를 개인의 독특한 환경과 하나님과 개인의 관계에 주목하는 "영적 지도" (Spiritual direction)와는 구분하였다. *Ibid.*, 1. 이와는 달리 여기서는 "영적 안내"라는 말의 소극성 때문에 좀 더 적극적인 "영적 지도"라는 말을 썼다.
126) *Ibid.*, 186.
127) *Ibid.*, 169.

10. 영적 발달과제

비칙(Ruth Beechick)은 하비거스트(Robert J. Havighurst)의 발달과제를[128] 응용하여 영적 발달 단계의 과제들을 다음과 같이 제안한다.[129]

취학전 시기

- 사랑, 안전, 훈육, 기쁨, 그리고 예배 경험.
- 하나님, 예수, 그리고 그 밖의 기본적 기독교 실재들에 대한 인식과 개념 개발 시작.
- 하나님, 예수, 교회, 자아, 그리고 성경에 대한 태도 개발.
- 옳고 그름의 개념 개발 시작.

초등학교 시기

- 예수 그리스도를 구원자와 주로 영접하고 인정.

---

128) 하비거스트의 발달과제들은 다음과 같다. 학령전기(0-6세경): 보행을 배움, 고체음식을 먹게 됨, 말을 배움, 배설 방법을 배움, 성적 역할을 배움, 생리적 안정을 유지하는 법을 배움, 양친, 형제 및 타인들과 정서적 관련을 맺는 법을 배움, 사회적, 물질적 현실에 대한 간단한 개념의 형성, 선악의 판단 학습과 양심의 발달, 초등학령기(6-12세경): 일상적인 놀이에 필요한 육체적 기능의 학습, 자신의 건강에 대한 태도 형성, 또래들과 함께 잘 지내는 것을 배움, 적절한 성적 역할의 학습, 읽기, 쓰기, 셈하기 등 기본적인 기능의 학습, 일상생활에 필요한 지식의 획득, 양심, 도덕심 및 가치척도의 형성, 개인적 자립성의 획득, 사회적 집단이나 기관에 대한 태도의 형성, 고등학령기(12-18세경): 동년배의 동성 혹은 이성과 새롭고 보다 성숙한 관계를 맺음, 남성과 여성의 사회적 역할 성취, 자신의 육체적 조건의 수용과 그의 효과적 이용, 부모 및 성인들로부터의 정서적 독립, 경제적 자립에 대한 자신 획득과 직업의 선택 및 준비, 결혼 및 가족생활의 준비, 시민적 자격에 필요한 지적 기능과 지식의 성취, 사회적으로 책임 있는 행동을 바라고 성취함, 자신의 행동을 지배하는 가치관 및 윤리관의 성취. Robert J. Havighurst, *Developmental Tasks and Education*, 김재은 역, 『발달과업과 교육』교육신서 213 (서울: 배영사, 1990).
129) Ruth Beechick, *Biblical Psychology of Learning: How Your Mind Works* (Denver, CO: Accent Books, 1982), 146-148.

- 다른 사람들과의 관계에서 기독교적 사랑과 책임에 대한 인식의 성장.
- 기독교의 기본적 실재들에 대한 개념들의 계속적 형성.
- 개인적 신앙과 기독교적 일상생활에 적절한 성경의 기본적 가르침 학습.
    첫째, 매일 기도.
    둘째, 성경 읽기.
    셋째, 기독교적 우정.
    넷째, 단체 예배.
    다섯째, 하나님께 대한 봉사의 책임.
    여섯째, 하나님, 예수, 성령, 창조, 천사, 천국, 지옥, 죄, 구원, 성서의 역사, 그리고 성서의 각 책들에 대한 기본 지식.
- 자아에 대한 건강한 태도 개발.

청소년기

- 일상생활에서 기독교적 사랑 나타내기.
- 지속적인 자아에 대한 건강한 태도 개발.
- 신앙에 대한 지적 공격에 대응하기 위한 성경 지식과 적절한 지적 기술 개발.
- 기독교에 반대하는 사회적 압력에 대응하기 위한 적절한 기독교적 장점 달성.
- 점증하는 능력에 맞추어 기독교적 봉사의 책임 수용.
- 항구적, 기독교적 가치의 바탕에서 생활의 결정 내리기 학습.
- "위에 있는 것들을 찾기" 위한 자기-훈련 강화

성인기

- 자신의 지속적 성장과 학습 책임 수용.
- 하나님과 타인들에 대한 책임 수용.
- 하나님 중심의 통일된 목적 있는 삶 살기.

참고문헌

Dykstra, Craig R. *Vision and Character: A Christian Educator's Alternative to Kohlberg*. 이기문 역. 《비전과 인격》한국교회 100주년기념 기독교교육연구시리즈6. 서울: 대한예수교장로회총회교육부, 1984.

Erikson, Erik H. *Childhood and Society*. 윤진·김인경 공역. 《아동기와 사회: 인간발달 8단계 이론》. 서울: 중앙적성출판사, 1988.

Fowler, James W. *Stages of Faith: The Psychology of Human Development and the Quest for Meaning*. 사미자 역. 《신앙의 발달단계》. 서울: 한국장로교출판사, 1987.

Goldman, Ronald. *Religious Thinking from Childhood to Adolescence*. London: Routledge and K. Paul, 1964.

_____, *Readiness for Religion: A Basis for Developmental Religious Education*. New York: The Seabury Press, 1965.

Hyde, Kenneth E. *Religion in Childhood and Adolescence: A Comprehensive Review of Research*. 김국환 역. 《아동기와 청소년기의 종교교육》. 서울: 한국장로교출판사, 2004.

Levinson, Daniel J. *The Seasons of a Man's Life*. 김애순 역. 《남자가 겪는 인생의 사계절》. 서울: 이화여자대학교출판부, 1996.

_____, and Judy D. Levinson. *The Seasons of a Woman's Life*. 김애순 역. 《여자

가 겪는 인생의 사계절』. 서울: 이화여자대학교출판부, 2004.

Loder, James E. *Transforming Moment: Understanding Convictional Experiences*. 이기춘·김성민 공역. 《삶이 변형되는 순간: 확신 체험에 관한 이해》. 서울: 한국신학연구소, 1988.

Osmer, Richard R. *Teaching for Faith: A Guide for Teachers of Adult Classes*. 사미자 역. 《신앙교육을 위한 교수방법: 성인교육 교사를 위한 안내서》. 서울: 한국장로교출판사, 1995.

Schweitzer, Friedrich. *Lebensgeschichte und Religion: religiöse Entwicklung und Erziehung im Kindes- und Jugendalter*. 송순재 역. 《삶의 이야기와 종교: 아동기와 청소년기의 종교적 발달과 교육》. 서울: 한국신학연구소, 2001.

Sherrill, Lewis J. *The Struggle of the Soul*. 정웅섭 역. 《만남의 종교심리: 인간 영혼의 고투》. 서울: 전망사, 1981.

✣ 학습 문제

1. 신앙 발달에 대한 가톨릭과 개신교의 입장 차이는 무엇인가?

2. 나의 신앙발달 관련 단계는 무엇인가?

3. 1) 나와 관계된 학습자의 신앙발달 관련 단계는 무엇인가?

   2) 나와 관계된 학습자 시기의 영적 발달 과제는 무엇인가? 그리고 개인별 지도해야 할 과제는 무엇인가? 비칙의 영적 발달과제에서 찾아보시오.

| 제4부 |

교사는 어떻게 가르칠 것인가?

서론

　기독교교육심리학을 교육과 관련된 사람의 행동에 대한 연구라고 한다면 기독교교육심리학은 교육에 큰 관심을 기울여야 한다. 그런데 교육은 무엇일까? 그에 대해서는 다양한 의견들이 있다.[1] 그러나 교육을 아주 단순하게 말하면 '가르치고 배우는 행위'라고 할 수 있다. 단순하게 말했다고는 하지만, 사실 교육에 대해 이보다 더 본질적이고 명쾌한 정의가 어디 있겠는가! 교육을 '가르치고 배우는 행위'라고 정의한 사람은 서울대학교 사범대학에서 오랫동안 가르친 장상호 교수라는 분이다. 그 분은 이에 대해 두터운 세 권의 책을 통해 상세하게 설명하고 있지만 우리는 여기에서 단순하게 생각하도록 하자. 그러니까 교육을 '가르치고 배우는 행위'라고 한다면 그것은

---

1) 이종각, 《교육학논쟁》(춘천: 하우동설, 1994).

우리가 교육학에서 늘상 말해왔던 교수-학습이라고 할 수 있다.

기독교교육에서도 교수-학습에 대한 관심은 높다. 그러나 심리학적인 측면에서 다룬 내용은 찾아보기 어렵다.[2] 그래서 여기에서는 일반 교육심리학에서 다루는 내용들을 기독교교육적 측면에서 검토하도록 할 것이다. 그러면 먼저 교사가 어떻게 가르칠 것인지에 대한 교수이론부터 살펴보자. 교수를 심리학적으로 말한다면 '교수심리학' 이라 할 수 있을 것이다. 교수심리학이란 사람이 지식이나 능력을 어떻게 획득하게 되는지 그 심리적 과정을 밝히고, 또 지식이나 능력을 어떻게 해야 더 잘 획득할 수 있는지 그 방안을 찾는데 관심을 두는 학문분야이다.[3]

교수심리학 연구는 크게 세 가지로 나뉜다. 첫째, 교수-학습을 어떻게 더 잘 할 수 있는 지에 대한 연구이다. 그러기 위해서 학습자와의 관계에서 어떤 목표를 갖고 어떤 내용을 어떤 방법으로 가르칠 것인지 연구한다. 둘째, 교수-학습은 그 내용, 예를 들어, 국어의 경우와 수학의 경우에 그 방식이 달라야 할 것이다. 이처럼 교과의 특성에 맞는 교수-학습 원리가 무엇이고 그에 따른 방법은 무엇인가 하는 연구이다. 셋째, 인지심리학이나 정보처리이론을 교수이론이나 교수기법으로 발전시키고 응용해 보려는 연구이다.[4]

그러나 기독교교육의 차원에서 교수심리학은 위에서 언급한 내용들과는

---

[2] 기독교교육학에서 교수-학습에 대한 대표적 이론은 교수 차원에서는 리(James M. Lee)를, 학습 차원에서는 그룹(Thomas H. Groome)을 들 수 있을 것이다. 이에 대해서는 Thomas H. Groome, *Sharing Faith: A Comprehensive Approach to Religious Education and Pastoral Ministry* (San Francisco: Harper Colins, 1991), James M. Lee, *The Flow of Religious Instruction* (Dayton, Ohio: Pflaum, 1973)을 참조. 그리고 교수, 학습을 통합적 차원에서 다룬 연구는 박종석, "한국에서의 기독교교육학의 학문성에대한 연구" 박사학위논문 (부천: 서울신학대학교, 2000)을 참조하라.
[3] 박성익, "교수 심리학" 서울대학교 교육연구소 편, 《교육학 대백과사전》1 (춘천: 하우동설, 1998), 304.
[4] Ibid., 304.

그 성격이 다르다. 기독교교육은 일반교육이 추구하는 지식이나 능력과는 달리 신앙을 추구하고 있으며, 그 신앙이 일반교육에서 말하는 교수심리학으로 획득된다고 보기 어렵기 때문이다. 그럼에도 불구하고 기독교교육의 교수-학습 역시 중요한 영역이고, 그 영역을 잘 발전시키기 위해서는 교수심리학에서 다루는 내용들이 도움이 될 것이다. 이와 같은 차원에서 교수심리학에서 기독교교육과 관계가 깊다고 여겨지는 교수이론에 대해서 살펴보자. 교수이론은 가르치는 행위에 관한 처방적 이론이라 볼 수 있기 때문에 여기서는 교수이론의 결과라고 할 수 있는 구체적인 교수모형에 중점을 두어 살펴볼 것이다. 대표적인 교수모형에는 글레이서(Robert Glaser), 브루너(Jerome S. Bruner), 오슈벨(David P. Ausubel) 등의 것이 있다.

1장
글레이서의 교수이론

글레이서의 교수모형은 정보를 신속하게 처리하는 컴퓨터의 구조와 기능에 비유된다. 글레이서의 교수모형은 교수의 주도성을 강조하는데, 즉 교수를 교사가 연속적으로 내리는 의사결정과정으로 보고 있다. 그는 교수의 단계를 네 단계로 나누었다.

1. 수업목표의 선정과 진술

1단계는 가르쳐야 할 내용을 의미하는 교수목표의 설정이다. 일반적으로 교육목표는 포괄적·일반적일 수 있고 특수하고 구체적일 수도 있다. 키블러(Robert J. Kibler) 등은 교육목표를 그 세분화의 정도에 따라 일반적 교육목표, 정보목표 및 계획목표의 세 가지 유형으로 구분하였다.[5] 일반적 교육목표는 교육법 1조에 명시된 교육목적[6]이나 교단의 교육목적[7]과 같은 것이며, 정보목표는 수업계획, 교육과정, 단원학습계획을 전달하기 위하여 진술되는 대단원의 목표 등이며, 계획목표는 교수의 직접적 목표이며, 학습자가 수업이 끝난 뒤에 무엇을 할 수 있을 지를 명시해주는 목표이다.

수업을 통하여 계획한 결과를 얻기 위해서는 교수목표가 명확하고 세부적으로 설정되어야 한다. 블룸(Benjamin S. Bloom)은 교육목표를 인지, 정의, 심리운동의 세 가지 차원으로 분류하고 행동적으로 진술할 것을 제안한다. 여기서 "행동적"이라는 것은 관찰하고 기록 가능한 것을 말한다. 따라서 목표진술은 행동어, 예를 들어, '지적하다', '쓰다', '말하다', '열거하다', '그리다' 등과 같은 것이다.[8]

한편 메이거(Robert F. Mager) 등은 행동적 수업목표에는 기대되는 행동이 수행되는 조건이 명시되어야 한다고 했다. 그것은 세 가지인데, 즉 조건, 수락기준, 그리고 도착점 행동이다. 예를 들어, "12개국의 이름이 적혀있는 목록에서 적어도 10개국의 수도를 알아맞힐 수 있다"라는 목표에서 조건은 "12개국의 이름이 적혀있는 목록에서"이고, 수락기준은 "적어도

---

[5] Robert J. Kibler, Larry L. Barker and David T. Miles, *Behavioral Objectives and Instruction* (Boston: Allyn & Bacon, 1973).
[6] "교육은 홍익인간의 이념 아래 모든 국민으로 하여금 인격을 완성하고 자주적 생활능력과 공민으로서의 자질을 구유하게 하여, 민주국가 발전에 봉사하며 인류공영의 이상 실현에 기여하게 함을 목적으로 한다."
[7] 예를 들어, 대한예수교장로회(고신)의 교육목적은 "성경을 가르쳐 삼위일체 하나님을 바로 알고, 사랑하며, 섬기게 한다(예배적 인격자). 하나님의 형상인 사람을 이해하고, 사랑하며, 돕고, 그들에게 그리스도를 전하게 한다(인화협동적 인격자). 자기의 존재 의의와 특수한 사명을 자각하여 자기의 선 자리에서 맡은 일에 충성하게 한다(문화적 인격자). 이러한 그리스도인을 양성하여 신앙의 전통과 생활의 순결을 겸비케 한다."
[8] Benjamin S. Bloom, ed., *Taxonomy of Educational Objectives, The Classification of Educational Goals*. Handbook 1, Cognitive Domain, 임희도 외역, 《교육목표분류학: 교육목표의 분류 및 평가의 실제, (1) 지적 영역》(서울: 교육과학사, 1984).

10개국의 수도"이며, 도착점 행동은 "알아 맞힌다"이다.[9]

2. 출발점 행동의 진단과 확인

2단계는 출발점 행동의 진단이다. 교수를 현재의 수준보다 더 높은 수준으로 향상시키는 것이라면 현재의 위치를 파악할 필요가 있다. 그래야 그 수준보다 높일 수 있기 때문이다. 출발점 행동에 대해서 디세코(John P. De Cecco)는 다음과 같이 말한다.

> "투입행동이란 학습자가 특정한 새로운 도착점 행동을 습득하기 전에 이미 습득했어야 할 행동을 가리킨다. 더 간단히 말하면, '투입행동'이란 교사가 학습자로 하여금 장차 성취케 하려는 위치에 관련된 지식과 기능에 있어서의 학습자의 현재의 위치를 말하는 것이다. 따라서 투입행동은 수업이 시작되어야 하는 바로 그 시점을 말한다. 도착점 행동은 수업이 끝나는 지점이다."[10]

출발점 행동이란 결국 수업에 즈음하여 학습자가 지니고 있어야 할 지식, 기능, 태도 등을 포함한다. 그중에서 가장 중요한 것은 다음에 이어질 학습을 할 수 있는 선수학습의 정도이다. 이것은 이전의 학습단계에서 학습한 내용에 대한 학습자의 지적 능력, 발달수준, 동기유발 상태 등을 결정하는 사회·문화적 요인 등을 밝히는 단계이다.

---

9) Robert F. Mager, *Preparing Instructional Objectives: A Critical Tool in the Development of Effective Instruction* (Atlanta, GA: Center for Effective Performance, 1997); 같은 저자의 *Goal Analysis: How to Clarify Your Goals So You Can Actually Achieve Them* (Atlanta, GA: CEP Press, 1997)을 참조하시오.

10) John P. De Cecco, *The Psychology of Learning and Instruction: Educational Psychology* (Englewood Cliffs, NJ: Prentice-Hall, 1968).

3. 수업절차의 선정과 실행

3단계는 교수절차이다. 교수절차는 학습자에게 가르쳐야 할 내용을 교사가 직접 가르치는 과정이다. 이때 교수절차는 교수목표에 따라 진행되어야 한다. 일반적으로 "수업"하면 다수의 학습자와 한 사람의 교사가 하나의 교과서를 갖고 교실에서 정해진 시간에 행하는 강의로 생각한다. 이래서는 효과적인 교육을 기대할 수 없다. 좋은 수업은 학습자나 과제 내용 등을 고려한 것이다. 즉 "어떤 학습자에게 어떤 과제를 어떻게 가르쳤을 때 가장 효과적인가?"라는 질문에 대답할 수 있는 수업이어야 한다. 여기서 "어떤 학습자"는 학습자의 특성을 고려해야 함을, "어떤 과제"는 수업의 목표를 고려해야 함을, 그리고 "어떻게 가르치느냐?"는 수업의 실제(처치, treatment)를 고려해야 함을 의미한다.

교수절차 단계에서 가장 중요한 것은 수업의 실제, 즉 교사의 처치라고 할 수 있을 것이다. 수업의 질은 아무래도 교사가 수업을 다루는 능력에 달려있다. 캐롤(J. B. Carroll)은 교사가 수업에 임하여 주어진 학습과제를 학습자들이 가능한한 능률적으로 학습할 수 있도록 제시하는 것과 관련된 네 가지 수업의 질을 좌우할 수 있는 기준을 제시한다. 그것들은 첫째, 교사는 학습자들이 무엇을 학습해야 하는지, 그리고 어떻게 학습해야 하는지를 분명히 알 수 있도록 해 주어야 한다. 둘째, 학습자 한 사람 한 사람이 학습해야 할 자료와 적절한 감각적 접촉을 유지할 수 있도록 해준다(예컨대, 학습 자료를 명확히 보고 알 수 있도록 하는 일 따위). 셋째, 학습과제 하나하나의 단계학습이 각각 그 다음에 이어질 단계학습의 충분한 준비가 될 수 있도록 자세하게 적절한 순서를 제시해주어야 한다. 넷째, 수업의 전 과정이 학습자 개개인의 특수한 필요와 성격에 알맞도록 조절되어야 한다.[11] 이 단

---

11) J. B. Carroll, "A Model of School Learning" *Teachers College Record* 64 (1963), 723-733.

계는 특히 '수업을 어떻게 전개할 것인가' 하는 교수설계와 긴밀한 관계가 있다.

한편 블룸은 질이 높은 수업은 학습자가 무엇을 학습해야 하는지, 그 학습을 위해서 무엇을 해야 하는지, 또 그것을 어떻게 해야 하는지를 학습자에게 명백히 해 주어야 하며, 학습자로 하여금 학습과정에 적극적으로 참여하게 해주어야 하며, 수업과정에 적절한 강화가 사용되어야 한다고 말한다.[12]

4. 학습 성과의 평가와 사정

글레이서의 교수모형의 첫째 단계에서 설정된 수업목표가 얼마나 달성되었는지를 평가하는 단계가 마지막 단계인 학습 성과의 평가 단계이다. 학습 성과의 평가는 설정된 교수목표가 얼마나 달성되었는지를 평가하는 일련의 결정과 순환(feedback)으로 구성된다. 즉 학습성과는 총괄평가(summative evaluation)와 피드백으로 구성된다. 총괄평가는 수업과정 중의 형성평가(formative evaluation)와 대비하여 학기말이나 학년말과 같이 일정기간의 교수가 끝난 뒤에 그동안의 학습자의 학업성취도를 종합적으로 평가하는 것이다. 피드백은 교수과정의 각 단계에서의 수행 결과를 평가하고 수정하는 데 필요한 정보를 송환하는 기능이다. 종종 교회학교에서 분반공부를 할 경우 교사와 학습자가 자신들이 왜 그 시간에 그와 같은 내용을 공부하고 있는 지도 모르고 하는 경우가 있다. 그와 같은 잘못은 우선적으로 교사에게 있다. 이제부터라도 교사는 학습자들을 가르치는 목적이 무엇이고, 그것을 이루기 위해 어떤 내용을 어떻게 가르쳐야 하는 지 분명한 의도와 계획이 있어야 할 것이다.

---

12) Benjamin S. Bloom, *Individual Differences in School Achievement: A Vanishing Point?* (Bloomington, IN: Phi Delta Kappa International, 1971).

 2장

브루너의 교수이론

1. 구체적 경험

　브루너는 교수이론의 네 가지 요소를 설정하고 있다.[13] 첫째, 가르치기 시작하는 출발점에서 학습자가 자발적으로 학습에 참여하도록 하기 위해 제시하는 구체적 경험이다. 학습자가 학습하고자 하는 의욕이나 한번 배워보겠다고 도전하는 마음은 학습자가 처한 문화의 특성, 동기의 유형 및 학습자의 개인적 요인들에 영향을 받는다. 학습자가 의욕을 갖고 과제에 도전하도록 하기 위해서는 무조건 평이하게 가르치는 것이 능사가 아니다. 학

---

13) Jerome S. Bruner, *Toward a Theory of Instruction* (Cambridge, MA: Belknap Press of Harvard University, 1966).

습자가 오해할 수 있는 과제 수행에 포함된 위험은 가능한한 줄여야겠지만 학습자가 시행착오를 통해 배워갈 수 있는 내용이라면 그대로 두어도 좋다. 이미 알고 있는 또는 금방이라도 답이 나올 수 있는 내용이라면 학습자의 흥미를 끌 수 없다. 그래서 학습을 위해서는 어느 정도의 불확실성이 필요하다. 이 같은 교수를 위해서는 권위를 내세우지 않는 교사의 수용적 태도, 실수를 인정하는 허용적인 학습 분위기도 필요하다.

2. 내용 구성

둘째, 교수내용에 대해서 학습자가 가장 쉽게 파악할 수 있도록 구성해서 제시해야 한다(structure of knowledge). 어떤 내용의 구조를 알게 되면 정보를 단순화시키고, 새로운 명제를 산출하며, 지식의 조작능력을 증진시킬 수 있다는 것이다. 성경을 가르칠 때도 가르칠 부분이 성경 전체 또는 가르칠 책의 어디에 속하는 지, 그리고 전체 단원과 또는 지난 주의 내용과 어떻게 연관되는지를 알려주면 더 이해하기 쉽다는 것이다.

브루너는 지식의 구조화에 대해 다음과 같이 말한다. 첫째, 어떤 관념이나 문제 또는 지식도 학습자가 충분히 이해할 수 있도록 단순화시켜 제시할 수 있다.[14] 둘째, 지식구조의 특징은 표상양식(mode of representation), 표상의 경제성(economy of representation), 표상의 생성력(power of representation) 등 세 가지이다.

'표상양식'은 개념, 지식, 아이디어를 이해하기 위해 실물 그대로를 제시

---

14) 이 면에서 브루너는 한때 같이 지냈던 피아제와 다르다. 피아제는 아동들은 그들의 인지발달 단계의 한계 내에서만 배울 수 있다고 생각했지만, 브루너는 "어떠한 과제라도 지적으로 정당한 형태로 구성되면, 어느 발달 단계에 있는 어떤 아동에게도 가르칠 수 있다." 과제를 아동이 이해할 수 있게만 설명하면 아동들이 배울 수 있다는 주장이다. Jerome S. Brunner, *Process of Education* (Cambridge, MA: Havard University Press, 1960), 33

하는 동작적 표상(enactive representation), 그림이나 이미지(image= iconic)로 이해하는 영상적 표상(iconic representation), 그리고 추상적이며 상징적인 명제로 이해하는 상징적 표상(symbolic representation) 등이 있다. 유아기에는 배울 내용을 몸을 이용한 동작으로 제시하는 것이 학습에 효과적이다. 아동기에는 학습할 내용을 그림이나 사진 등을 이용해서 하면 효과적일 것이다. 말로 하면 복잡하고 이해하기 어려운 내용도 그림을 그려 설명하면 단순하고 쉽게 이해가 간다. 그리고 성인기에는 논리적 설명과 명제적 지식들이 언어에 의해서만도 이용이 가능하다. 그렇다고 해서 동작이나 이미지 등을 이용한 교수를 해서는 안 된다는 뜻은 아니다. 그 이상의 논리나 명제적 학습도 가능하다는 의미이다.

'표상의 경제성'은 어떤 문제를 해결하기 위해 학습자가 소유해야 할 정보의 양을 가리킨다. 물리학이나 수학과목에 비해 사회과학의 교과들은 간단하게 표상하기가 힘들다. 그리고 동작적 표상보다 상징적 표상이 경제적이다. 예를 들어, 성경의 책들을 가르친다고 할 때, 창세기, 출애굽기 등의 오경과 사무엘, 열왕기 등의 역사서, 신약의복음서, 사도행전 등은 영상적 표상을 이용하는 것이 효과적이고, 예언서와 서신서들의 경우에는 상징적 표상을 이용해야 할 것이다.

'표상의 생성력'은 일련의 명제나 지식이 그와 관계되는 다른 명제나 지식을 찾아내기 쉬운 정도를 말한다. 이것은 마치 줄기세포와 같은 지식이라 할 수 있을 것이다. 거기서부터 신체의 여러 기관이 자라날 수 있는 줄기세포처럼 핵심적인 지식을 가르쳐 그것으로 다른 내용까지 알 수 있도록 해야 한다. 예를 들어, 성경에서 가장 중요한 내용은 무엇일까. 그것은 하나님을 사랑하고 이웃을 사랑하는 일이다. 성경의 내용과 그리스도인이 경험하는 상당수의 경우들은 이 '사랑'과 연관되어 있을 것이다. 가장 중요한 내용을 놓치고 있기 때문에 종종 모든 교육이 낭비가 되는 것을 볼 수 있다. 구조화된 교과 지식을 학습할 때 경제성과 생성력이 극대화할 것이다.

3. 교수 내용의 계열화

셋째, 교수할 과제를 가장 효과적으로 제시하는 계열을 제시해야 한다. 최적의 학습계열에 대한 브루너의 가정은 다음과 같다. 첫째, 모든 학습자에게 적용되는 최적의 계열은 없다. 최적의 계열은 학습자의 발달단계, 학습 자료의 성질, 개인차 등에 따라 다르다. 둘째, 학습자의 지적 발달단계에 적절한 표상 양식을 제공하는 것이 좋다. 셋째, 여러 가지 가능한 행동의 탐구는 학습 자료의 계열에 따라 영향을 받는다. 넷째, 학습의 최적 계열은 학습 속도, 망각에 대한 저항력, 이전에 학습된 것의 새로운 사례에 대한 전이성, 표상 양식, 학습된 내용의 경제성, 새로운 가설의 일반화 및 조합이라는 관점에서 본 학습된 내용의 효과성 등의 여섯 가지 준거에 입각하여 조직되어야 한다. 브루너의 말은 학습자들을 가르칠 때 학습 내용을 학습자들이 알기 쉽도록 구조화해서 제시해야 한다는 것이다. 그런데 모든 학습자에게 동일한 구조는 없다는 것이다. 즉 아이들은 성장한 배경이나 생활해 온 환경이 서로 다르기 때문에 그에 맞추어주어야 한다는 것이다. 교사는 학습자가 어떻게 다른지 관심을 갖고 지켜보면서 거기에 맞추는 노력을 해야 한다.

4. 보상의 균형

넷째, 수업 과정에서 보상과 벌의 성질과 빈도를 제시해야 한다. 학습의 증진을 위해 강화가 필요하다. 강화에 대해 브루너는 다음과 같이 설명하고 있다. 첫째, 외적인 보상이 강하면 성취 자체로부터 받는 보상은 줄어든다. 둘째, 실패는 다음의 성공을 위한 기초가 된다. 셋째, 성공에 대한 외적인 보상은 성공한 수준의 행동만 되풀이하게 할 가능성이 있다. 넷째, 외적인 벌은 행동을 와해시킬 수 있으므로 시정과 향상의 기반으로 작용하기 어렵다. 다섯째, 내적 보상과 외적 보상은 균형을 유지하여야 한다.

종종 교회교육의 현장에서 학습자가 하나님의 말씀이 주는 기쁨이 아닌 외적 상을 바라고 행동하는 것을 볼 수 있다. 어느 경우에는 교회에서 학습자의 그런 행동을 조장하기까지 한다. 대표적으로 '달란트'를 이용한 프로그램은 그럴 위험성이 매우 높다. 무엇을 위한 상이고, 그리고 벌인지를 반성해야 한다. 하나님의 말씀을 좀 더 배우고 신앙을 기를 수 있는 차원에서 검토되어야 할 것이다.

 3장

오슈벨의 교수이론

1. 유의미 학습

　오슈벨의 인지주의 심리학에 의하면, 사람이 무엇을 배운다는 것은 기존의 인지구조에 새로운 구조를 의미 있는 관계로 연결시키는 것으로, 그러기 위해서는 교수행위가 학습자의 인지구조에서 볼 때 의미를 가져야 한다는 것이다(유의미학습 meaningful learning). 오슈벨은 언어적 정보 혹은 개념들 간의 관련성 또는 결합을 통해 유의미한 학습이 발생한다고 설명하고 있다. 새로운 학습내용이 학습자가 기존에 지닌 인지구조에 논리적으로 포섭될 수 있으면 학습은 촉진되면서 인지구조는 확장된다. 그러기 위해서는 새로운 지식과 연관될 가능성이 있는 지식을 가지고 있어야 한다(관련정

착지식, relevant anchoring idea). 그러나 학습내용이 학습자가 받아들일 수 있는 유의미한 내용이라 하더라도 학습자의 성향이나 의도(학습태세, learning set)가 없을 때는 학습이 일어날 수 없다.

지금 생각해보면 교회를 그토록 오래 다녔는데도 뭘 배웠는지 모르겠고, 한편으로는 배운 것이 없다는 생각도 든다. 그러나 실제로 교회에서 가르쳐 준 것이 없는가. 그렇지는 않을 것이다. 가르치느라고 하기는 했지만 학습자들이 보기에 매번 같은 내용이라고 여겨지는 것들을 가르쳐서 그런 것은 아닐까. 학습자에게 새로운 그러면서도 그들 수준과 흥미에 맞는 내용들을 가르치기 위해 좀 더 노력을 기울여야 할 것이다.

2. 교수단계

오슈벨의 교수이론은 세 단계로 구성된다.[15] 1단계는 선행조직자(advanced organizer)를 제시하는 단계이다. '선행조직자' 란 학습자가 이미 알고 있는 지식과 새 지식을 연결시켜 줄 수 있는 자료를 말하는데, 학습자에게 가르칠 학습과제보다 더 일반적이고 포괄적이고 추상적인 개념이나 원리, 법칙, 일반화를 말한다. 학습자는 선행조직자를 통해 새로운 지식을 이해하면서 기존의 지식과 연결시킬 수 있다. 2단계는 학습과제나 학습자료를 제시하는 단계이다. 3단계는 인지조직에 대한 강화가 일어나는 단계이다. 교수의 3단계를 요약하면 다음 〈표3〉과 같다.

---

15) David P. Ausubel, "A Teaching Strategy for Culturally Deprived Pupils: Cognitive and Motivational Considerations," *The School Review* (Winter 1963).

1단계
선행조직자 제시
	• 수업목표를 분명히 한다.
	• 조직자를 제시한다.
	  정의적 특성을 확인한다.
	  예제를 제시한다.
	  배경을 제공한다.
	  반복한다.
	• 학습자가 자신의 지식과 경험을 의식하도록 자극한다.

2단계 학습과제 또는 자료의 제시	• 조직을 분명히 한다. • 학습자료의 논리적 조직을 명백히 한다. • 자료를 제시한다.
3단계 인지조직의 강화	• 통합적 조화의 원칙을 이용한다. • 적극적 수용학습을 조장한다. • 배운 내용에 대하여 비판적 접근을 하도록 한다. • 명료화한다.

표3_ 오슈벨의 교수단계

학습자가 새로운 자료를 성공적으로 습득하는 문제는 그 자료를 이전에 학습한 지식과 통합하려는 학습자의 자세와 비판적인 능력, 그리고 교사의 자료조직 능력과 제시 방법에 달려 있다.[16]

---

16) 이제까지의 교수이론에 한 가지를 더 추가한다면 가네(Robert M. Gagné)의 학습위계설(learning hierarchy)을 넣을 수 있을 것이다. 가네에 의하면 학습은 그 종류와 수준에 따라 서로 다른 조건하에서 이루어진다고 한다. 가네에 따르면 일반적으로 학습은 언어정보, 지적기술, 인지전략, 운동기능, 태도 등 다섯 가지 영역이 있다. 이중에서 가네는 지적 기능의 학습을 아주 단순한 저수준의 학습으로부터 문제해결 학습에 이르기까지 여덟 개의 위계(신호학습→ 자극반응결합학습→ 연쇄학습→ 언어연합학습→ 식별학습→ 개념학습→ 원리학습→ 문제해결학습)로 나누었다. 여기서 학습은 지적기능을 기초로 하여 수행되는데 선수학습요소들과 그들 간의 상호관계가 위계구조로 되어 있다고 본 것이다. 즉 학습위계상 하위에 있는 능력요소를 선행해서 학습해야만 상위적 능력요소를 학습할 수 있다는 적극적 전이의 원리가 내포되어 있는 개념이다. 선행학습이 되어 있으면 다음 학습이 용이해지지만, 그렇지 못하면 다음 학습으로의 진행을 어렵게 한다는 의미가 들어 있다. Robert M. Gagné, *Principles of Instructional Design*, 4th ed., 박성익·최영수 공역, 《학습의 조건과 교수이론》(서울: 교육과학사, 1996).

 4장

기독교교육의 교수이론

1. 성경공부 교수

　기독교교육에서 볼 수 있는 교수이론 관련 내용은 크게 두 가지로 나눌 수 있을 것이다. 나는 교회의 현장에서 일반적으로 사용되고 있는 내용이고, 다른 하나는 기독교교육에서 전문적으로 논의되는 내용이다. 먼저 교회 현장에서 쉽게 볼 수 있는 교수이론에 대해 살펴 보자. 그에 속하는 것에는 교회학교 교재 지도와 귀납법적 성경연구가 있다.
　교회교육에서 가장 중요하고 큰 비중을 차지하고 있는 성경교육의 경우는 어떨까. 성경교육은 분명 일반 교육의 국어, 영어, 수학 등의 교과목들과는 그 성격이 다르다. 그러니 자연히 그에 맞는 교수이론이 필요하다. 성경교육을 위해서 가장 일반적으로 통용되는 방식은 소위 '공과지도'의 '도입-전개-정리'이다. 교회학교 교재를 진행하는 첫 번째 단계는 도입이다. 도입은 그 말에서도 나타나듯이 이끌어 들인다는 뜻이다. 이를 위해서는 크게 두 가지, 즉 관심끌기와 동기 유발이 중요하다. 관심을 끌기 위해서는 학습자에 대한 이해가 요구된다. 학습자들이 무엇에 흥미를 가지느냐는 평상시 그들을 애정 어린 관심을 갖고 지켜보았을 때 자연스럽게 나올 수 있을 것이다. 동기유발은 오늘 배우게 될 이것이 바로 학습자에게 꼭 필요한 것이라는 느낌을 가질 수 있도록 해야 한다.

교수-학습 진행의 두 번째 단계는 전개이다. 전개는 실제 성경공부가 진행되는 단계로 가장 중요한 단계이다. 교수-학습이 아무리 훌륭하게 진행된 것 같아도 성경의 내용을 다루는 이 부분이 소홀히 다루어졌다면, 교수-학습은 이루어지지 않았다고 해도 지나친 말은 아닐 것이다. 전개 단계가 효과를 거두기 위해서는 두 가지에 유념해야 한다. 첫째, 목표에 따라 성경의 내용을 재구성해야 한다. 성경 본문을 목표라는 관점에서 관련이 있는 내용만 남기고 직접적으로 관련 없는 내용은 생략한다. 반면에 목표와 관계된 내용이라고 생각되면 그 부분을 확대한다. 이렇게 해서 목표를 이루기 위해 성경의 내용이 재구성될 수 있다. 둘째, 성경본문을 직접 대면하도록 해 주어야 한다. 성경공부가 지나치다싶을 정도로 교사의 일방적인 수업으로 진행되는 경우가 많은 듯하다. 그럴 경우, 학습자들이 할 일이라고는 그저 소위 예의바른 태도로 조용히 듣는 것이 고작일 것이다. 그 결과 학습자들은 성경으로부터 직접 하나님의 말씀을 듣기보다는 교사에 의해 한 번 걸러진, 잘못 해석된 말씀까지도 받아들여야 하는 입장에 처하게 된다. 그러므로 교사는 학습자와 함께 본문을 읽어나가는 방식으로 수업을 진행해야 할 것이다.

교수-학습에서 세 번째 단계인 정리부분은 전개부분에서 배운 성경 내용이 학습자의 삶 안에서 드러나도록 돕는 부분이다. 우선 이 단계에서 배운

말씀이 학습자 개인에게 어떤 의미인가를 반성하도록 해주어야 한다. 성경 말씀이 우리에게 올 때, 그 말씀은 그 사람의 형편을 고려해 각기 다른 의미로 다가온다. 이 의미는 삶 속에서 구체화되어야 한다. 말씀은 학습자들의 삶 속에서 표현되어야 한다. 교사는 학습자가 말씀을 살도록 돕기 위해 이제까지 그를 지켜 본 경험에 의해 그에게 적절하다고 생각되는 말씀살기 방식을 제안할 수 있을 것이다. 이 같은 성경공부 교수방식은 주로 교회학교에서 아동과 청소년들을 대상으로 사용된다. 청년이나 장년 같은 경우에는 주로 귀납법적 성경연구법이 사용된다.

2. 귀납법적 교수

기독교교육에서 일반적으로 교수라고 하면 성경공부(연구) 시간에 하는 가르침이다. 이 성경공부 수업에 대개 사용되는 교수이론은 다음과 같은 단계로 구성된다: 분위기 형성-관찰-해석-적용. 보통 "아이스 브레이커"(ice breaker)라고 하는 첫 단계는 수업을 여는 질문들로 구성된다. 보통은 마음을 열게 하기위하거나 토의에 적극적으로 참여할 수 있도록 하기 위한 재미있는 이야기나 예화를 사용한다. 이 단계를 "아이스 브레이커"라고 하는 이유는 얼음을 깨고 토의라는 낚싯줄을 내린다는 의미에서 그렇게 부른다. 이 단계에서 시간을 지체할 필요는 없다. 중요한 것은 토의를 시작하고 자극하는 것이다. 예를 들어 장년 그룹의 경우 이 단계가 괜한 시간 낭비라고 생각할 수 있다. 그럴 경우는 건너뛸 수도 있다.

두 번째 단계는 관찰 단계이다. 이 단계는 성경 본문에서 무슨 일이 벌어지고 있는 지를 살펴보는 단계이다. '언제', '어디서', '누가', '무엇을', '어떻게', '왜' 와 같은 주로 학습하는 성경 내용의 표면적인 사실을 다루게 된다. 세 번째 단계는 해석 단계이다. 이 단계는 "왜 이런 일이 벌어졌는가?"를 묻는 단계이다. 네 번째 단계는 적용 단계이다. 이 단계는 "이 성경 내용이 나의 삶에 어떤 의미가 있는가?"를 묻는 단계이다.

이와 같은 교수방식은 대부분 각 단계에 어울리는 질문으로 진행된다. 교사가 학습자들에게 무엇을 전달한다기 보다 교사가 학습자의 생각을 끌어내는 질문에 자극받아 학습자 스스로 배운다는 특징이 있다. 그러나 성인이 아닐 경우에는 소위 귀납법적 성경연구[17]라고 하는 이 방식대로 진행하는 데는 어려움이 있다. 이 방식의 또 다른 어려움은 교사의 비전문성이다. 교사가 이와 같은 방식의 성경연구를 진행하기 위해서는 상당한 정도의 훈련이 필요하다.

3. 리처즈의 교수이론

이제 기독교교육학에서 논의되는 대표적 교수이론을 살펴보자. 먼저 리처즈(Lawrence O. Richards)의 이론이다. 리처즈는 대부분의 복음주의자들처럼 학습에 대해 전달식 접근을 한다. 특히 성경 개념의 언어적 전달은 기독교교육의 중핵적 활동으로 여긴다. 그는 성경 교수의 네 단계에 대해 말한다.[18] 그것은 낚싯바늘(Hook)-성경책(Book)-눈(Look)-손(Took)이다. '낚싯바늘'의 단계는 주의를 끄는 단계이다. 그러기 위해서는 이 수업 내용을 학습자와 어떻게 연관시켜야 할 것인가를 자문해야 한다. 학습자의 마음속에 있는 것이 무엇인지, 그들의 고민, 슬픔, 기쁨, 혼란 등 학습자들의 흥미와 욕구와 연결 지어야 한다. 이야기나 음악, 또는 학습자나 교사의

---

17) 이에 대해서는 Howard G. Hendricks and William D. Hendricks, *Living by the Book*, 정현 역, 《삶을 변화시키는 성경연구》(서울: 디모데, 1993) 참조.
18) Lawrence O. Richards, *Creative Bible Teaching*, 권혁봉 역, 《창조적인 성서교수법》(서울: 생명의말씀사, 1972), 126-132.

경험담의 방식을 사용할 수 있다.

다음으로 '성경책'의 단계이다. 이 단계에서는 학습의 주제가 탐구되고 설명된다. 기독교교육에서 수업의 목적은 하나님의 말씀인 성경을 가르치는 것이다. 성경은 교육의 내용으로서 모든 성경의 목적은 학습자를 그리스도께로 인도하는 데 있다. 학습자에게 성경을 가르쳐 예수의 삶과 복음에 접붙여야 한다. 성경의 어느 부분을 교수하든 그것은 단순히 제시하는 것이 아니라 흥미롭게, 그리고 하나의 경험이 되게 해야 한다. 그러기 위해서는 학습자들의 연령 수준과 그 나이에 맞는 방법을 사용해야 한다. 성경의 장면으로 인도하기 위해 드라마 방법을 사용할 수 있으며, 말씀을 심어 진리 가운데 자라나도록 성경 암기도 권해야 한다.

다음은 '눈'의 단계이다. 이 단계에서는 주제에 대한 적용이 광범위하게 탐색된다. 이 단계의 목적은 성경과 학습자의 삶 사이에 다리를 놓는 것이다. 성경의 지혜와 능력을 학습자들이 일상에서 직면하는 문제들에 적용하는 것이다. 이를 통해 학습자들은 그리스도께서 그들을 개인적으로 돌보시는 살아계신 주님이심을, 그리고 그리스도의 방식이 그들의 일상생활과 연관이 있음을 이해하게 될 것이다. 교사는 학습자들과 복음이 그의 삶을 어떻게 변화시켰는지에 대해 나누거나, 학습한 성구를 현재의 삶에 어떻게 연관시킬 수 있는 지 그룹토의 등을 할 수 있다.

마지막은 설명으로부터 적용으로 가는 '손'의 단계이다. 이 단계는 학습주제가 개인적으로 알려지는 단계이다. "나는 개인적으로 무엇을 하기로 선택할 것인가?" 묻는 단계이다. 하나님 말씀과의 만남은 점유적 반응(appropriate response)이 없이는 불완전하다. 이 단계에서 교사의 역할은 토의된 성구와 관련해서 다양한 적용의 예들을 들면서 학습자들이 분명한 반응을 보이도록 사랑으로 초대하는 것이다. 교사는 학습자들에게 여러 예들을 들어줌으로써 말씀을 삶에 적용하도록 도울 뿐만 아니라 학습자가 마음을 열어 가르침을 자신의 생활에 적용할 수 있도록 성령의 도움을 간구해야 한다. 이 적용 단계는 사후 양육과정을 제공함으로써 학습 내용을 구현할 수 있다. 예를 들어, 봉사 프로젝트를 만들어 그것을 통해 이웃에게 봉사하라는 가르침을 실행할 수 있다.

4. 리, 그룹, 그리고 윙크의 교수이론

리(James M. Lee)

리처즈의 이론 외에 기독교교육학에서 논의되는 몇 가지 이론들을 간략하게 살펴보자. 그것들은 리, 그룹, 그리고 윙크인데 차례대로 보자. 리에 따르면 교수이론은 종교적 방침에 따라 학습자의 행동을 교육의 의도에 맞추어 신중하게 수정하는 것이다. 리는 교육 행위를 구성하는 변수를 교사(T), 학습자(L), 주제(SM, Subject matter), 환경(E)의 넷으로 본다. 이들 네 독립 변인을 되도록 능숙하게 신중히 조정함으로써 교사는 바라는 결과를 얻을 수 있다는 것이다. 네 가지 변인은 다음의 단계들을 통하여 전체적인 교육의 구조를 형성한다.[19] 첫째, 수행적 술어로 교육목표를 명시한다. 둘째, 바라는 목적을 산출하기 쉬운 그런 일련의 경험들에 대해 가장 이용 가능한 자료에 근거한 교육체계(교과과정, 학과)를 입안한다. 셋째, 되도록이면 정상적인 것에 가까운 조건하에서 그 체계를 시험해본다. 넷째, 필요한 조정을 한 후 그 체계를 정상적으로 운영한다. 다섯째, 교육목표로의 진전을 측정함으로써 그 체계의 효과성을 평가한다. 이 같은 교육체계는 다음과 같이 진행되는 폐쇄 환상(環狀)적 피드백 체계(a closed-loop feedback system)의 모형으로 나타낼 수 있을 것이다.[20]

---

19) James M. Lee, *The Flow of Religious Instruction* (Dayton, OH: Pflaum, 1973), 230-232.
20) *Ibid.*, 234.

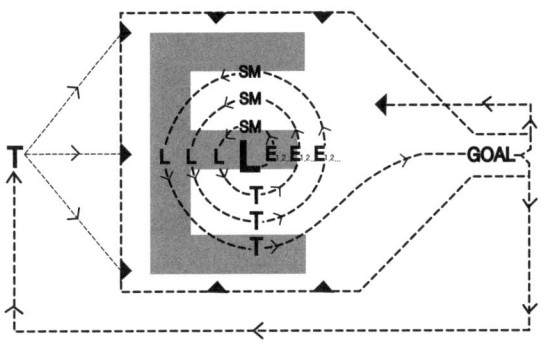

T: 교사 L: 학습자 SM: 주제내용 E: 환경
그림2_리의 교수체계도

그룸(Thomas H. Groome)

그룸은 교수-학습의 상황을 다섯 단계로 나누어 설명한다. 1단계 현재의 행위에 대한 명명: 참가자들은 관심을 기울여야 할 주제에 관한 그들 자신의 행동을 명명하기 위하여 초대된다. 기도에 대한 성경공부를 한다고 할 때, 기도에 대한 학습자의 현 상황에 대해 말하는 것이다. 예를 들어, "기도를 잠잘 때와 식사할 때 한다"는 식이다. 2단계 참가자들의 이야기들과 비전들: 학습자들이 전 단계에서 말한 내용들에 대해, 어째서 그렇게 하고 있는지 그리고 그 행동에 따를 수 있는 결과들 또는 의도하고 있는 결과들은 무엇인지 생각해보는 시간이다. 예를 들어, 왜 기도를 잠잘 때와 식사할 때 하는지, 그 이유를 대고 그럴 경우 어떤 문제가 있는 지 등에 대해 말하는 단계이다. 3단계 기독교 공동체의 이야기와 그 비전: 교사가 지금 다루고 있는 성경공부 주제에 관해 성서와 전통이 어떻게 말하는 지를 학습자들에게 제시하는 시간이다. 기도에 대해서라면 성경에서 어떻게 기도하고 있는 지, 그리고 기독교공동체는 전통적으로 어떻게 기도해 왔는 지 등에 대

해 가르쳐야 한다. 4단계 기독교의 이야기와 참가자들의 이야기들 사이의 변증법적 해석: 학습자들은 앞서 단계에서의 성경 내용과 기독교 전통 내용들을 통해 자신의 행위를 반성하게 된다. 예를 들어, 늘 기도해야 한다는 것을 배운 학습자는 잠잘 때와 식사할 때만하던 자신의기도가 잘못되었음을 알게 될 것이다. 그리하여 그는 앞으로 기도를 어떻게 해야 하겠다는 방향을 정하게 될 것이다. 5단계 기독교의 비전과 참가자들의 비전 사이의 변증법적 해석학: 학습자는 이제 개인적으로 어떻게 성경과 기독교전통에 응답할 것인지 결심을 한다. 예를 들어, 학습자는 앞으로 식사나 잠자는 시간 외에도 어떤 시간에도 하리라고 정하는 식이다.

그룹의 교수-학습이론은 인지적 요소를 크게 강조하는[21] 비판적 성격이 강하다.[22] 그래서 그룹의 교수-학습 형태는 매주 교회학교의 성경공부 같은 수업시간에서 사용하기보다는 퇴수회, 심포지움, 교사훈련 같은 특별 프로그램에 더 적당하다.[23]

윙크(Walter Wink)

윙크는 이제까지의 성경교육이 지적인 차원에 치우쳐 정서적 차원을 포함한 인간의 전인적인 차원을 놓치고 있었다고 비판한다.[24] 그러면서 그가

---

21) 그것은 아마 그가 받은 영향 때문일 것이다. 그의 이론적 근거는 프레이리(Paulo Freire)의 의식화 교육과 아리스토텔레스(Aristotle)와 하버마스(Jugen Harbermas)의 인식 방법론에 두고 있다. Thoms H. Groome, *Christian Religious Education: Sharing Our Story and Vision* (San Francisco: Harper & Row, 1980), 176-177.
22) 그것은 비판적 성찰 능력에 대한 과대평가라 볼 수도 있다(이규민, "실천신학 방법론 정립을 위한 비판적 연구"《계명신학》11 [대구: 계명대학교 신학연구소, 1996], 133-136). 비판적 성찰은 삶의 변화가 병행될 때정당성을 인정받을 수 있다. Craig Dykstra, "The Formative Power of the Congregation" *Religious Education* 82:4 (Fall 1987), 531.
23) Groome, *Christian Religious Education*, 207; Thomas H. Groome, *Sharing Faith: A Comprehensive Approach to Religious Education and Pastoral Ministry* (San Francisco: Harper Colins, 1991), 146.

내놓은 대안은 성경교육에 심리학적 차원을 도입하는 것으로서, 창의적인 면을 관장하는 우뇌의 성격에 대한 재발견이었다.[25] 성경교육은 양쪽 뇌를 균형 있게 활용함으로써 창의적이 될 수 있다고 보았다. 이 같은 방식의 실천은 구체적으로 성경 연구에서 통찰을 생산한다는 것이다.[26] 이를 위한 단계는 융해(Fusion), 격의(Distance), 친교(Communication)이다. 융해는 객체성과 주체성이 혼합되어 있는 상태인데, 이것은 현재까지 전해져 내려오는 전통을 가리킨다. 이것에 대해 물음을 던지는 단계이다.[27] 격의는 융해에서 형성된 객관성이 극복되는 단계로서 객관적인 사실과 해석자의 주체와의 사이에 관계를 설정하는 단계이다.[28] 친교는 해석자와 본문 사이에 진정한 대화가 이루어지는 단계이다.[29]

윙크의 교육전략을 가르침의 면에서 보면 다음과 같다.[30] 그것은 한 마디로 가르칠 본문에 대한 준비성이다. 즉 학습자가 본문과의 대화 속으로 들어가 통찰을 얻도록 하는 데 있다. 그것은 구체적으로 다음과 같은 세 단계로 이루어진다.[31] 첫째, 성서 본문 비평(critical cases)의 단계이다. 여러 가지 성서 비평(문학, 역사, 자료, 양식, 편집 비평 등)을 이용하여 학습자의 질문을 유발하면서, 그들의 편견을 제거하는 단계이다. 융해의 상태를 객

---

24) Walter Wink, *The Bible in Human Transformation: Toward a New Paradigm for Biblical Study* (Philadelphia: Fortress Press, 1973), 2. 그리고 같은 저자의 *Transforming Bible Study* (Nashville: Abingdon Press, 1980), 26-32.
25) Wink, *The Bible in Human Transformation*, 2-15. 인간의 두뇌는 오른쪽과 왼쪽의 기능이 서로 다르다. 좌뇌의 기능은 시간관계와 사고 작용에서 분석적, 논리적, 추상적, 계기적, 인과적인 사고를 가능하게 하며, 연설, 문법, 증명, 수학, 음악에 능하다. 우뇌는 공간관계와 사고 작용에 있어서 종합적, 상상적, 전체적, 의도적, 형이상학적 사고를 하게 되며 특히 예술분야에 능하게 된다. Wink, *Transforming Bible Study*, 24-25.
26) Wink, *The Bible in Human Transformation*, 63.
27) *Ibid*., 19-25.
28) *Ibid*., 34-64.
29) *Ibid*., 67-80.
30) Wink, *Transforming Bible Study*, 35-37.
31) *Ibid*., 39-40.

관화시키는 단계이다. 둘째, 성서 본문 확대(amplification)의 단계이다. 본문 속으로 깊이 들어가 그 소리를 듣게 되는 단계이다. 이 때 상상력이 발휘되어야 한다. 셋째, 적용 실습(application exercises)의 단계이다. 본문이 우리의 삶 가운데서 깊이 활동할 수 있도록 하는 단계이다. 여기서 본문과 통합적으로 관계를 맺게 된다.

5. 교수와 성령

기독교교육의 교수는 일반교육과 여러 면에서 다르지만 거기에 영적인 요소가 개입된다는 면에서 확연히 구별된다. 일반교육은 교사가 잘 가르치고 학습자가 잘 배우면 된다. 그러나 교회교육은 그렇지 않다. 교사가 제 아무리 열심히 가르쳤다 해도 그가 성령께 의지하지 않았다면 학습자에게 감동을 주지 못할 뿐 아니라 변화를 일으킬 수 없을 것이다. 여기서 볼 수 있듯이 교회교육에는 일반교육에 없는 신적인 요소가 있어 그것이 교회교육을 교회교육답게 한다.

성령과 인간 교사의 관계에 대한 의견은 크게 네 가지로 나눌 수 있다.[32] 첫째, "성령이 인간 교사들을 배제하신다"는 견해로 신비주의와 주관주의자들의 주장이다. 성령께서 학습자를 직접 조명하시기 때문에 인간 교사가 필요 없다는 것이다. 두 번째 견해는 "성령이 인간 교사의 노력을 대신한다"는 것으로 앞서의 내용과 유사하나 앞서의 것이 교사의 필요성 자체를 배제하나 이것은 교사의 준비, 연구 그리고 노력의 필요성만을 배제한다는 점이 다르다. 세 번째로 "성령이 교육에 각주(footnote)를 다신다"는 견해로 인간 교사가 가르친 내용에 성령께서 각주, 또는 축복을 첨가하신다는

---

32) Roy B. Zuck, *Teaching with Spiritual Power: Developing the Relationship that Makes All the Difference*, 권성수 역, 《성령과 교육》(서울: 영음사, 1976), 67-73, 91-97.

것이다. 마지막으로 "이상적 교육과 학습 형태의 완비가 곧 기독교 학습과 성장을 초래한다"고 주장하는 이들의 견해로 이들은 성령이 전혀 불필요하다는 입장을 취하고 있다. 위의 네 가지 의견은 모두 성령과 인간 교사에 대한 그릇된 판단에서 나온 잘못된 견해들이다.

성령의 사역과 인간 교사의 사역은 그 성질상 다르다. 성령과 인간 교사의 관계를 교육 원리 면에서 보면 인간 교사는 교육 원리의 창조자가 인간이 아닌 하나님이라는 것을 기억하여 성령과 협력하는 것이 필요하다. 교육 경로 면에서 볼 때 성령께서는 인간 경로(channel)나 도구를 통해서 교육하고자 하신다. 그러므로 인간 교사는 성령을 주체로 인정하고 자신을 겸손하게 수단으로서의 역할을 다할 수 있도록 성령에게 완전히 고용되어야 한다. 하나님의 말씀 면에서 성령께서는 외부적인 말씀을 내부적인 경험으로 변화시킨다. 반면에 인간 교사의 과제는 학습자들에게 외부적인 말씀을 선포하되 그것을 자신들의 내적 경험을 통해서 표현하는 일이다. 그러나 학습자들의 내적 자아에 파고 들어가서 그 자아를 형성해 가실 수 있는 분은 성령뿐이시다.

인간 교사는 성령께서는 겸손하게 자신의 힘을 버리고 하나님께 의지하는 사람의 협력을 통해서 교육 행위를 이루신다는 것을 인정하고 하나님의 인도와 힘을 받아들이려는 마음의 준비와 성령께 자진해서 복종하며 자기중심적인 생활을 멀리해야 한다.[33]

---

33) Lois E. LeBar, *Education That is Christian*, 정정숙 역,《기독교교육의 기초》(서울: 세종문화사, 1980), 328-332.

 5장

교육평가

1. 교육평가의 목적

대개의 사람들은 평가 받기를 싫어하고 심지어 두려워하기까지 한다. 결과적으로 평가는 계획성 없이 아무렇게나 하거나 기껏해야 마지못해 하는 것이 되어버렸다. 또한 평가가 어림잡기가 되거나 그저 개인적 느낌에 맡기는 식이 되는 경우가 종종 있다. 성공과 실패의 판단을 출석의 증가나 활동을 얼마나 많이 했는지, 또는 얼마나 최신의 교육을 하는 지로 한다. 바른 교육을 위해서는 평가가 이제까지 보다는 좀 더 고려되어야 한다.

평가의 주요 목적중의 하나는 우리의 활동이 목표를 성취하는데 도움을 주고 있다는 확신을 갖는 것이다. 평가가 의미 있으려면 목적과 효과성의 기준이 분명하게 설정되어야 한다.

가장 유익한 평가가 되려면 그 초점이 지난 과거의 부적절함 보다 미래의 바른 행동에 맞추어져야 한다. 그럴 때 비생산적인 비난이나 패배감을 피할 수 있다. 평가는 강점뿐만 아니라 약점에 대해서도 주의를 기울여야 한다. 평가를 위해 선발된 위원은 객관성, 지식, 관련 자료 제시, 발전을 위한 도움을 줄 수 있는 지 검증되어야 한다. 평가를 통해 변화가 필요한 사람은 사후 양육 계획을 세워 교육을 해야 한다.

평가는 우리가 하고 있는 것을 해야 하는 것과 비교하여 판단을 하는 것이다. 평가는 세 가지 활동으로 구성된다. 첫째, 정보 수집, 둘째, 사실자료에 근거한 판단, 셋째, 수정 또는 개선을 위한 결정. 교회에서 평가는 크게 프로그램, 사람(교사, 지도자), 그리고 학습자에 대한 것으로 나뉜다.[34]

그러나 교육심리학적인 관점에서 평가는 인지, 정의, 그리고 행동적인 변화의 정도를 평가 대상으로 삼아야 할 것이다. 교육심리학에서 평가는 심리측정과 다르다. 심리측정은 사람의 정태적인 심리적 특성을 재고자 하지만 교육평가는 학습자의 학습의 정도, 즉 주체적인 학습자의 행동의 변화를 재고자 한다. 교육평가를 하는 목적은 세 가지이다.[35] 첫째, 학습을 진단하기 위해서이다(diagnostic evaluation). 효과적인 학습을 위해서는 학습자에 대한 진단이 필요하다. 학습 진단은 수업이 시작되기 전단계에서 실시한다. 학습할 새 내용에 대하여 학습자의 학습 적성 및 흥미의 예진은 물론이고 현재의 학습수준, 지능 등의 기초 기능을 판단한다. 이 과정을 통해 수업의 절차와 방법, 그리고 수업 전략을 마련한다. 진단은 또한 수업이 진행되는 과정 속에서 수시로 실시됨으로써 학습 부진의 요인을 발견하여 이를 제거하여 최종적인 수업목표에 도달하도록 돕는다.

---

34) Dennis H. Dirks, "Evaluation," Iris V. Cully and Kendig B. Cully, eds., *Harper's Encyclopedia of Religious Education* (New York: Harper & Row, 1990), 233-234.
35) 이성진,《교육심리학 서설》(서울: 교육과학사, 1996), 427-430.

둘째, 교육평가의 목적은 학습 진전 상황의 점검이다. 이를 위한 평가가 형성평가(formative evaluation)이다. 형성평가는 "수업이 진행되고 있는 과정에서 수업과 학습의 진전 상황을 평가함으로써, 교사와 학습자들에게 피드백(feedback)을 주어 학습을 증진시키고 수업방법을 개선하는데 그 목적이 있다."[36]

수업에 있어서 형성평가의 역할은 다음의 네 가지로 정리할 수 있다. 첫째, 형성평가는 학습자의 학습 진도를 자기의 학습 능력에 맞추어 나가도록 돕는다. 둘째, 형성평가는 수업과정에서 학습자들이 겪고 있는 학습곤란을 발견하여 학습결손을 보충할 수 있도록 해준다. 셋째, 형성평가는 학습 진행을 강화시키는 역할을 한다. 넷째, 형성평가는 학습자에게 뿐 아니라 교사에게도 수업활동에 대한 피드백을 제공하여 교사가 자신의 학습지도방법을 개선하는 데 형성평가의 결과를 활용할 수 있다.[37]

교육평가의 세 번째 목적은 학업 성취도를 판정하기 위해서이다. 앞서 언급한 교육평가의 진단적 기능과 형성적 기능이 설정된 수업목표에 도달시키기 위한 방법으로서 활용되는 평가의 기능이라고 한다면, 수업이 모두 끝난 뒤의 평가는 학업 성취도를 점검하는 기능을 가지고 있으며, 이를 총괄평가(종합평가, summative evaluation)라고 한다. 이는 학습자의 교육받은 정도를 확인해주고 앞으로의 성적을 예측케 하며, 교육의 정책과 방법에 대해서 단정적인 시사점과 제언을 하는 근거가 된다.

한편 갈루쪼와 크래익(Gary R. Galluzzo and James R. Craig)은 교육 프로그램의 차원에서 평가의 목적을 다음과 같이 네 가지로 말한다: 결과에 대한 평가, 프로그램의 향상, 지식의 증가, 그리고 이해의 증가이다.[38]

---

36) 이종승, "수업평가" 진위교 외, 《현대 수업의 원리》(서울: 정민사, 1984), 216.
37) Ibid., 264-265.
38) Gary R. Galluzzo and James R. Craig, " Evaluation of Preservice Teacher Education Programs," W. Robert Houston, ed., Handbook of Research on Teacher Education (New York: Macmillan, 1990), 599-616.

이 같은 내용은 프로그램의 상황에 따라 적절히 적용해야 한다. 예를 들어, 프로그램이 끝나갈 경우에는 그 결과에 대한 평가를 해야 할 것이고, 이해가 필요한 프로그램의 경우에는 이해도를 평가해야 할 것이다.

2. 교육평가의 절차

교육평가는 일반적으로 교육목표의 확인, 평가장면의 선정, 측정도구의 제작 또는 선정, 그리고 검사의 실시와 결과 처리라는 4단계의 절차를 거친다. 첫째 교육목표의 확인이다. 이 단계는 평가의 내용이 교육목표에 부합하느냐를 확인하는 단계이다. 그래서 무엇을 평가할 것인지를 결정하는 단계라고 할 수 있다. 둘째, 평가장면의 선정이다. 이 단계는 평가하고자 하는 내용이 어디에 가장 잘 나타나있는지 살펴 결정하는 것이라 할 수 있다. 예를 들어 달리기의 운동 기능을 평가하려면 운동장에서 달리기를 하는 장면이 될 것이고, 산수 계산 능력을 평가하기 위해서는 계산 문제지를 주고 푸는 장면을 평가해야 할 것이다. 셋째, 측정도구의 제작 또는 선정이다. 무엇을 평가할 것인지, 그리고 그것을 어떤 상황에서 평가할 것인지가 결정되면 거기에 부합하는 측정도구를 제작하거나 이미 있는 도구 중에서 가장 적절한 도구를 선택해야 한다. 넷째, 검사의 실시 및 결과 처리이다. 검사는 피검자가 자신의 정확한 정보를 제공할 수 있는 분위기와 물리적 환경 하에서 실시되어야 한다. 검사 결과는 객관성과 신뢰성을 바탕으로 공정하게 채점을 해야 한다.

일반적으로 평가는 크게 상대평가(norm-referenced test, 규준지향평가)와 절대평가(criterion-referenced test, 준거지향평가)로 나누어진다. 상대평가는 개인의 점수를 그 검사를 받은 전체 점수와 비교한다. 쉽게 말해 한 집단 안에서 한 사람이 다른 사람들과 비교해서 어떤 성취를 했느냐

하는 상대적 서열을 강조하는 평가체제이다. 대표적인 상대평가가 지능검사이다. 지능검사에서 IQ 수치는 정답률이 아니라 그가 어느 수치 영역에 속해 있는가를 보여주는 등급의 의미가 있다. 이와 같은 평가는 학습자들의 능력에 따라 서열화하여 우수한 능력을 가진 인재를 선발하고자 하는 선발적 관점이라 할 수 있다.[39]

절대평가는 피검자가 받은, 다른 피검자와 비교하지 않은 점수이다. 여기에서는 다른 사람과 비교하지 않고 사전에 결정된 수행준거나 목표를 얼마나 성취하였는지에 초점을 둔다(목표지향평가). 이는 교육을 각 개인의 발달을 최대한 이루도록 돕는 것으로 보면서 그 개인의 향상 정도를 평가하고자 하는 발달적 관점의 평가라 할 수 있다.[40] 이런 까닭에 학습자들에 대한 평가는 수업의 목표에 얼마나 도달했는지 개인에 대한 절대평가여야 하지만 경쟁적인 우리 교육 현장에서는 순위를 지우는 상대평가를 실시한다. 상대평가는 비교를 해서 차이를 만들어 내는 것을 전제로 한 평가이기 때문에 학습자에게 우월감이나 열등감을 조장할 수 있다.

3. 교육평가의 영역

인지적 영역

교육심리학의 평가영역을 구태여 나눈다면 인지적, 정의적, 그리고 행위적 영역이 될 것이다. 인지적 영역의 평가는 주로 객관식 문항 형태를 띠게 되는데, 이를 통해 확인, 선택, 인지하는 능력을 알아보기 위한 평가이다.[41]

---

39) 임규혁, 《학교학습효과를 위한 교육심리학》(서울: 학지사, 1996), 318-319.
40) Ibid. 319.
41) 황정규, 《학교학습과 교육평가》(서울: 교육과학사, 1984).

객관식 문항의 형태에는 정오를 판단케 하는 진위형(true-false, 단순 기억을 측정하며, 언어능력이 낮은 저학년에 적절하다), 관계되는 것끼리 연결하라는 배합형(matching type, 포괄성과 분석력을 측정할 수 있다), 두 개 이상의 답지에서 선정하게 하는 선다형(multiple choice type) 등이 있다. 객관식 문항은 교수목표에 합치되는 평가를 할 수 있으며 문항수를 다수로 할 경우 학습 내용을 고루 평가할 수 있다.

학습자가 직접 답을 써 넣는 형식이 주관식 문항(서답형, supply type)이다. 이 문항에 속하는 대표적인 예는 논술형(essay type)이다. 응답의 자유가 있다는 면에서 단답형(short-answer), 완성형(completion type)을 여기에 포함시키기도 한다. 단답형은 질문에 대해 간단한 단어 등으로 대답하게 하는 형식이다. 완성형은 진술문의 일부분을 비워놓고 거기에 적합한 말을 써넣게 하는 방법이다. 논술형은 질문에 대해 학습자의 자유로운 의견을 표현하도록 하는 문항이다. 주관식 문항은 반응의 자유도가 크기 때문에 표현력, 조직력, 창의력, 사고력, 추리력, 분석력 등을 측정하는 데 유용하다.

정의적 영역

기독교교육에서 평가는 인지적이기보다 아무래도 정의적 성격이 강하다. 파즈미뇨(Robert W. Pazmino)가 말하는 평가가 이와 같은 류에 속한다. 한편 그의 평가는 일반적인 평가가 학습자에 대한 것인데 비하여[42] 교사에 대한 것이다. 즉 그는 교사에 대한 정의적 평가에 대해 말한다. 정의적 영역의 평가의 초점은 태도, 가치, 그리고 생각에 있다. 파즈미뇨는 이 중

---

42) 학습자의 정의적, 행위적 영역을 평가하는 방법에는 자신에 대한 보고서를 써보라고 하거나, 평가 목표와 연관된 내용을 주제로 하는 역할극을 해보라고 하거나 학습자가 무엇을 선택하고 무엇을 하는지 관찰하는 것 등이 있다. Yount, *Created to Learn*, 332.

에서 가치에 대해 말한다.

기독교인이 어떤 가치를 품어야 하는가에 대해서는 여러 의견이 있다. 다익스트라(Craig R. Dykstra)는 오직 정의에만 집중하는 콜버그(Lawrence Kohlberg)와 대조적으로 지혜, 인내, 용기, 정의와 경건의 덕을 말한다.[43] 한편 숄(Doug Sholl)은 사랑과 정의, 진리와 신실, 관용과 인내, 용서와 회개, 교회와 격려, 겸손과 복종, 그리고 기도와 찬양을 말한다.[44]

파즈미뇨가 말하는 가치는 기독교교육적 차원에서 교회의 과제라고 볼 수 있는 선포, 공동체, 봉사, 변증, 그리고 예배에[45] 대해 각각 대응하는 가치들로서, 진리, 사랑, 신앙, 소망, 그리고 기쁨이다.[46] 파즈미뇨는 교사는 이 같은 가치에 부르심을 받았다고 본다. 진리는 완전, 사랑은 돌봄, 신앙은 행동, 소망은 용기, 그리고 기쁨은 축하로의 부름으로 본다.[47]

행위적 영역

인지적, 정의적 영역을 포함해서 행위적 영역에 대한 평가는 리처즈가 제안한 다음의 평가 지침을 고려할 수 있다.[48] 첫째, 다양한 평가 자료 수집: 여러 가지 내용을 평가한다. 한 두 가지를 갖고 판단을 내리지 않는다. 둘째,

---

43) Craig R. Dykstra, *Vision and Character: A Christian Educator's Alternative to Kohlberg*, 이기문 역, 《비전과 인격》 한국교회 100주년기념 기독교교육연구시리즈6 (서울: 대한예수교장로회총회교육부, 1984).
44) Doug Sholl, "Unity and Uniqueness, A Theology of Christian Relationships," Donald M. Joy, ed., *Moral Development Foundations: Judeo-Christian Alternatives to Piaget/Kohlberg* (Nashville: Abingdon, 1983), 188.
45) 이에 대해서는 Robert W. Pazmiño *Latin American Journey: Insights for Christian Education in North America* (Cleveland, OH: United Church Press, 1994), 55-75 참조.
46) Robert W. Pazmiño, *Basics of Teaching for Christians: Preparation, Instruction, and Evaluation* (Eugune, OR: Wipf and Stock, 1998), 77.
47) Ibid., 77-78.
48) Richards, *Creative Bible Teaching*.

평가 방법의 다양성: 여러 종류의 평가 방식을 사용한다. 검사, 태도 측정, 설문, 인터뷰, 관찰, 현장 평가, 비개입측정(unobtrusive measurement),[49] 델파이 기법(Delphi technique),[50] Q 분류법(Q-sort),[51] 내용 분석 등.[52] 셋째, 장-단기 학습: 현재의 결과만 보고 판단하기는 이르다. 넷째, 상이한 환경: 다양한 환경에서 평가한다. 수업에서의 평가가 실외의 평가를 보장하지 않는다. 다섯째, 다수 평가자: 평가 과정에 일정한 평가자가 참여해서 객관성을 기한다.

참고문헌

황정규,《학교학습과 교육평가》. 서울: 교육과학사, 1984.

Gagne, Robert M. *Principles of Instructional Design*. 4th Ed. 박성익·최영수 공역. 《학습의 조건과 교수이론》. 서울: 교육과학사, 1996.

Groome, Thoms H. *Christian Religious Education: Sharing Our Story and Vision*. 이기문 역.《기독교적 종교교육》. 서울: 대한예수교장로회총회교육부, 1980.

Hendricks, Howard G., and William D. Hendricks. *Living by the Book*. 정현 역.

---

[49] 실증적 연구에서 피험자들이 자료가 수집되고 있다는 것을 인식하지 못하도록 하는 자료수집 방법. 혹은 사람들이 상호작용하는 과정에서 남겨 놓은 물리적 흔적이나 기록 같은 것을 자료로 삼는 측정을 지칭하기도 한다. 이러한 측정 방법은 피험자의 관찰당하고 있다는 인식이 반응에 체계적 영향을 미칠 것을 방지하기 위해서 사용한다.

[50] 델파이 기법(Delphi technique): 특정 주제에 대한 전문가단을 구성하여 여러 번의 판단을 거쳐 최종안으로 수렴해가는 방법. 전문가들에게 개별적으로 개방형 질문을 주고 그에 대한 의견을 요약한 후 그들에게 다시 배포하여 재평가하는 과정을 되풀이하는 방법. 전문가들 사이에서 판단이 일치될 때 까지 필요한 만큼 되풀이 하게 된다.

[51] 측정 대상에 대한 태도나 의견을 기록한 카드의 순위를 매기도록 해서 응답자의 반응 내용을 측정하는 기법이다.

[52] 다양한 평가 기법에 관해서는, Blaine Worthen and James R. Sanders, *Educational Evaluation: Alternative Approaches and Practical Guidelines* (New York: Longman, 1987), 298-327.

　　　　《삶을 변화시키는 성경연구》. 서울: 디모데, 1993.

Pazmino, Robert W. *Basics of Teaching for Christians: Preparation, Instruction, and Evaluation*. Eugune, OR: Wipf and Stock, 1998.

Richards, Lawrence O. *Creative Bible Teaching*. 권혁봉 역.《창조적인 성서교수법》. 서울: 생명의말씀사, 1972.

Wink, Walter. *Transforming Bible Study: A Leader's Guide*. 이금만 역.《영성 발달을 위한 창의적 성서 교육 방법: 인도자용 지침서》. 서울: 한국신학연구소, 2000.

✤ 학습 문제

1. 글레이서의 교수이론의 단계들에 따라 이번 주에 해야 할 성경공부의 교수 계획을 간략하게 세워 보시오.

2. 브루너의 교수이론을 따라 이번 주에 해야 할 학습자의 발달과 성경공부의 내용을 고려한 교수의 구조와 방법을 아래의 표를 따라 구상해 보시오.

3. 오슈벨의 교수이론에 따라 이번 주에 해야 할 성경공부를 학습자에게 관련시키고 의미 있는 내용으로 바꾸어보자. 다음의 표에 성경공부를 구상해 보시오.

4. 일반적인 성경공부 교수에서 내가 약했던 내용은 무엇인가? 다음의 교수-학습 진행 단계를 따라 생각해 보시오.

5. 이번 주에 가르칠 성경공부의 본문으로 귀납법적 교수를 계획해 보시오.

6. 이번 주에 가르칠 성경공부의 내용을 리처즈의 성경공부 단계에 따라 구성해 보시오.

7. 내가 교육지도자라고 생각하고 리의 교수이론을 따라 교회학교의 수업과 관련해서 고쳐야 할 것이 무엇인지 다음의 표를 따라 생각해 보시오.

8. 이번 주에 가르칠 성경공부의 주제를 학습자들과의 대화를 상상하며 그룹의 수업 단계를 따라 질문을 중심으로 구상해 보시오.

9. 가르치는 데 있어서 성령의 역할에 대한 나의 견해는 무엇인가? 경험을 중심으로 말해 보시오.

10. 이번 주의 성경공부 목표를 기준으로 하되 수업 후의 학습자의 전인적 변화, 즉 지·정·의적인 차원에 어떤 변화가 있었는지 평가해 보시오.

11. 다음 주의 성경공부 내용을 이용하여 학습자의 지·정·의적인 차원을 고려한 평가지를 작성해 보시오.
    예) 지적 차원의 평가지: "… 을 안다."
        정서적 차원의 평가지: "기뻐한다."
        행동적 차원: "휴지를 줍는다."

| 제5부 |

학습자는 어떻게 배우는가?

서론

　학습이란 "훈련의 결과 일어나는 행동 잠재력의 비교적 영속적인 변화"이다.[1] 이는 다음과 같은 내용을 의미한다. 첫째, 학습은 행동의 변화이다. 둘째, 그 변화는 일시적이거나 고정된 것이 아니라 비교적 오래 지속되는 것이다. 셋째, 행동의 잠재력이다. 당장 어떤 행동을 하지는 않지만 학습의 결과 그 행동을 할 수는 있다. 넷째, 변화된 행동은 경험, 즉 연습에서 생겨난 것을 말한다.
　학습을 심리학적으로 다루는 학습심리학은 크게 두 가지 흐름으로 나뉜다. 하나는 학습이고, 다른 하나는 기억이다. "학습"과 "기억"이라는 학습

---

[1] Ernest R. Hilgard, *Hilgard and MarquisConditioning and learning* (Englewood Cliffs, NJ: Prentice-Hall, 1961), 6.

심리학의 이 두 가지 큰 주제는 자연히 접근법의 차이를 가져온다. 즉 "학습"에 대해서는 행동주의적 접근이, "기억"에 대해서는 인지적 접근법에 의해서 연구된다. 그래서 여기서는 행동주의 학습이론과 인지주의 학습이론에 대해 다룰 것이다. 여기에 사회주의 학습이론과 구성주의 학습이론을 추가할 것이다. 마지막으로 학습에 큰 영향을 미치는 동기에 대해서 다양한 접근에서의 이론들을 살펴 볼 것이다.

 1장

행동주의 학습이론

행동주의(behaviorism)는 연합주의(associationism) 또는 자극-반응이론(S-R theory)이라고도 불린다. 이 이론은 마음속에서 일어나는 것이 아닌 밖으로 드러난 행동에 대해서 연구한다. 이 이론의 특징은 다음과 같다. 첫째, 이 이론은 주로 동물들을 상대로 해서 나온 것이다. 동물들에 대한 법칙이 사람에게도 적용될 수 있다고 믿기 때문이다. 둘째, 학습을 "연합의 형성"으로 본다. 연합이란 두 가지 내용이 같이 일어날 때 이들 사이의 관계를 학습하는 것을 말한다. 연합이 보다 쉽게 일어나는 경우가 있다. 첫째, 책상-걸상, 동해물-백두산과 같이 비슷하거나 관계있는 것이 잘 연합된다(인접성[contiguity]). 둘째, 두 가지가 자주 같이 일어날수록 강하게 연합된다(빈도성[frequency]). 어느 것에 대한 경험이나 재생은 그와 비슷한 대상을 재생시킨다(유사성[similarity]).

연합주의이론(자극-반응이론)에 속하는 대표적 이론은 크게 두 가지이다. 첫째, 고전적 조건화 이론(파블로프[Ivan Pavlov]), 둘째, 조작적 조건화(도구적 조건화, 강화이론, 손다이크[Edward L. Thorndike], 스키너[Burrhus F. Skinner], 헐[Clark L. Hull], 거스리[Edwin R. Guthrie] 등)이다.

1. 고전적 조건화

고전적 조건화(Classical conditioning, 조건반사설[Contioned reflex])에 대한 이해를 돕기 위해 그것이 기존의 프로이트 식 해석과 어떻게 다른지 살펴보자. 예를 들어, 말을 두려워하는 한스라는 어린 아이가 있다고 하자. 프로이트는 말이라는 짐승에 대한 두려움이 한스의 정신역동적 충돌(Psychodynamic conflicts)의 표현이라고 생각한다. 유아기에 엄마를 유혹하고 싶다는 충동과 아빠 자리를 빼앗고 싶다는 충동이 억압되었고 이것이 말이라는 상징으로 자신을 위협하는 아빠를 투사했다는 식이다. 신경증 환자의 증상은 모두 개인의 내적충돌의 상징적 표현이라고 생각한다. 반면 행동주의자는 한스의 말 공포증을 단순히 상처 입은 말이 피를 흘리는 것을 본 것에서 비롯된 고전적 조건화로 본다. 심하게 다쳐서 피를 흘리는 말의 모습이 야기한 강렬한 공포가 한스로 하여금 말이라는 중립적 자극(neutral stimulus)을 공포로 연결했다는 것이다. 행동주의는 이렇게 동일한 현상에 대해서 그것을 내적충돌의 표현이라는 복잡한 해석을 하지 않고 외부 상황에서 그 원인을 찾는다. 행동주의적 접근에서 보자면 프로이트식의 해석은 단순한 사실에 대해 과학적으로 검증될 수 없는 소설을 쓰고 있는 것이다.

고전적 조건화 이론은 학습의 수동적 성격을 보여준다. 즉 학습하지 않고도 어떤 자극에 대해서 자동적으로 반응하는 생득적 경향을 갖고 있다. 망치로 무릎을 가볍게 치면 다리가 튀어 오른다거나 맛난 음식을 보면 침이 난다든가 하는 식이다. 이것은 유기체의 생리에 내재되어 있는 경향으로서 "반사"라고 부르며 구태여 학습이 필요하지 않은 행동이다.

고전적 조건화를 설명해주는 가장 일반적인 예는 러시아의 생리학자 파블로프의 실험이다. 그의 실험은 사람이 눈을 깜박이거나 깜짝 놀라거나 침을 흘리는 것과 같은 무조건적인 동물 반사를 조건화하게 되면, 새로운 자극 앞에서도 그런 반응이 나타날 수 있다는 것이다.[2] 파블로프는 처음에 입에 고기가루를 넣어줘야 침을 흘리던 개가 나중에는 고기를 보기만 해도, 심지어는 실험자의 발소리만 듣고도 침을 흘리는 것을 관찰하였다. 파블로프는 개의 이와 같은 행동을 확인하기 위해서 종소리를 울린 뒤에 고기를 주고, 나중에는 종소리만 울려도 개가 타액을 분비하는 것을 관찰하였다. 파블로프는 여기서 고기를 "무조건 자극", 무조건 자극에 의한 타액분비를 "무조건 반응"이라고 불렀다. 그러나 이 같은 자극과 반응은 원래 타액 반응을 일으킬 수 없었던 종소리가 조건자극이 되어 타액 반응이라는 조건반응을 일으키는 것으로 이어질 수 있다.

이 고전적 조건화는 인간 행동을 설명하는 데 유용하다. 특히 고전적 조건화는 사람의 정서적 반응을 설명해 준다. 예를 들어 개에게 물린 경험이 있는 사람이 개를 보면 겁을 내는 식이다. 조건화는 이에서 그치는 게 아니다. 조건화는 보다 고차적 조건화로 이어질 수 있다. 예를 들어, 유명 축구선수가 결승골을 넣는 장면을 보여주고 다음 장면에서 특정회사의 TV를 보여줄 경우 그 TV가 대단한 것처럼 여겨지는 경우이다.

---

2) Lauren Slater, *Opening Skinner's Box: Great Psychological Experiments of the Twentieth Century*, 조중열 역, 《스키너의 심리상자 열기: 세상을 뒤바꾼 위대한 심리 실험 10장면》(서울: 에코의서재, 2005), 23.

이 같은 고전적 조건화가 교육에 주는 의미는 무엇인가. 고전적 조건화는 인간의 형성이 인간 내부에 있는 것아 아니라 외부에 있음을 시사한다. 파블로프가 개에게 종소리를 들려주고 타액 분비를 유도했듯이 인간의 행동 역시 외부적 자극에 의해 조건화할 수 있다는 가능성을 보여준다. 예컨대, 즐거운 마음으로 영화관에 갔지만 슬픈 영화 장면을 보고 울고 나오는 경우이다. 즐거운 마음이 속에 있었지만 그것이 슬픈 영화 장면이라는 외부적 자극에 의해 울음이라는 반응을 낳은 것이다. 고전적 조건화 이론을 따른다면, 학습 의욕은 타고나는 것이 아니라 환경에 의해 조절될 수 있을 것이다. 교육 현장에서는 교사 자체가 하나의 조건 자극이 될 수 있다. 교사의 특정 행위가 학습자의 조건 반응을 일으킬 수 있는 가능성은 매우 높다 할 것이다.

조건화와 관련해서 직접적으로 교육과 관련 있는 것은 일반화(generalization)와 변별(discrimination)이다. 일반화는 동일하지 않은 유사한 자극에 대해 동일한 반응을 보이는 것이다. 예를 들어 어린아이가 개를 보고 '멍멍이'라고 학습한 뒤에 개와 유사한 고양이를 보고도 '멍멍이'라고 하는 것과 같다. 변별은 동일하지 않은 자극에 대해 상이한 반응을 보이는 것이다. 앞의 예에서 고양이를 "고양이"로 구별하는 것과 같다. 학습에서는 일반화 다음에 변별의 과정이 따르도록 해야 한다.

2. 조작적 조건화

"조작적"이란 말은 피험동물이 보상을 얻기 위해서 특정행동을 하는 것을 말한다. "조건화"(형성)란 "연합"의 다른 말이라고 할 수 있다. 그러니까 "조작적 조건화"(Operant conditioning, 도구적 조건화[Instrumental conditioning], 결합설[Connectionism])란 피험동물이 보상을 얻기 위해 특정행동을 반복적으로 함으로써 그 특정행동을 획득(학습)하게 되는 것을 말한다.

고전적 조건화가 행동 학습을 설명하는 데 유용하기는 하지만, 사람은 특별한 자극이 없어도 행동을 할 수 있다. 예를 들어 문제 해결과 같은 복잡한 행동은 자극-반응식의 고전적 조건화 이론으로는 설명할 수 없지 않은가. 손다이크는 이 같은 문제의식을 갖고 반응과 학습의 관계에 관한 연구를 하였다.[3] 그에 의하면, 학습자는 다양한 반응을 해보면서 그 중에서 문제를 성공적으로 해결한 반응을 학습한다는 사실을 발견하였다. 손다이크는 문제상자(problem box)를 이용하여 자극과 반응 사이의 관계를 추론했다. 굶주린 고양이를 상자 안에 가두고 밖에다 먹이를 주었다. 상자 밖에 있는 먹이를 먹기 위해서는 문에 걸려 있는 빗장이 벗겨져야만 한다. 빗장은 상자 안에 설치된 발판에다 발을 올려놓거나 상자 가운데에 있는 막대를 밀치면 벗겨지도록 되어 있었다. 고양이는 밖에 있는 생선을 먹기 위해 다양한 시도를 하여 결국은 빗장을 벗기고 나와 먹이를 먹게 된다. 우리 안에서 여러 번 테스트를 반복한 결과, 고양이가 빗장을 벗기는 시간이 짧아지는 것은 사실이지만 그렇다고 고양이가 발판을 밟거나 막대를 밀치는 행동과 문 열기의 관계를 '지적으로' 파악했다기보다는 우연한 시행착오에 의하여, 그리고 나중에는 시행착오에 의한 결과가 습관적으로 나타나게 된다는 것을 알았다. 이 같은 학습은 문제 해결에 성공하기까지 다양한 반응을 하기 때문에 "시행착오학습"(trial-and-error learning)이라고 불리기도 한다. 또한 성공적 반응이 성공을 위한 도구가 되기에 '도구적' 조건화라고 불리는 것이다.

손다이크는 그의 실험에 근거해서 세 가지 기본적 학습법칙을 말했다. 첫째, 준비성의 법칙(law of readiness)이다. 학습은 학습자가 반응할 준비가 잘 되어 있을 때 가장 잘 진행된다는 원리이다. 둘째, 연습의 법칙(law of

---

3) Edward L. Thorndike, *Animal Intelligence: Experimental Studies* (New York: The Macmillan Company, 1911).

exercise)이다. 이것은 반복이 자극-반응의 결합을 강화한다는 원리이다. 즉 연습이 완벽하게 한다는 뜻이다. 그러나 이 법칙이 효과가 있으려면 반응의 질에 따른 피드백이 있을 때이다. 단순한 반복이 학습을 보장하지는 않는다는 말이다. 셋째, 효과의 법칙(law of effect)이다. 반응에 쾌락이나 보상이 따를 때 학습의 효과가 높다는 원리이다. 반응에 고통이나 불쾌가 따를 때 학습효과가 약해질 수 있지만 반드시 그런 것은 아니다.

손다이크가 시작한 도구적 조건화는 스키너에 의해 보다 체계적으로 연구되었다. 스키너의 의도는 단순하다. 거칠게 말한다면, "저 바보 같은 침샘 따위가 아니라 살아 있는 유기체를 통째로 조건화시키는 것은 가능할까?"하는 것이다. 반사적이지 않은 행동을 만들어낸다는 것이 과연 가능한가 하는 것이었다.[4] 스키너는 자신이 고안한 '실험공간'인 스키너 상자(Skinner box)를 이용하여 학습에 관한 실험을 하였다. 상자 안쪽 벽에 지렛대가 있어 그것을 누르면 밑에 있는 먹이통에서 먹이가 나온다. 이 보상을 얻는 것이 강화되어 쥐는 지렛대 누르기를 학습하게 된다. 비둘기를 쓸 때는 지렛대 대신 표적을 만들어서 그것을 쪼면 먹이가 나온다.

스키너는 이러한 행동을 환경에 스스로 적응하여 어떤 결과를 생성해낸다고 해서 "조작적"(operant)이라고 하고 이런 절차를 통해 학습되는 과정을 "조작적 조건화"라고 했다. 이 조작적 조건화는 고전적 조건화와 다르다. 자극-반응의 경우만 보더라도 고전적 조건화는 자극이 반응을 일으키지만 조작적 조건화의 경우에는 반대로 반응이 필요해서 자극이 일어난다. 즉 스키너의 조작적 조건화는 자극에 의해서 반응이 일어난다기보다는 피험동물이 스스로 반응이 필요하다고 느끼면 자극을 일으킨다고 본 것이다. 스키너는 쥐들이 먹이를 얻기 위해 40번이나 60번을 눌러야 먹이가 나오도록 했다. 상식적으로 생각하면 보상을 아무 때나하거나 드물게 하면 좌절

---

4) Slater, *Opening Skinner's Box*, 24.

감이 생겨 행동이 소멸될 것 같지만 실제로는 그렇지 않았다. 쥐들은 보상과는 무관하게 지렛대를 계속 누른다는 사실을 알았다. 이 같은 사실을 통해 어쩌다 한 번씩 전화를 하는 남자친구의 전화를 애타게 기다리는 여자, 패가망신할 때까지 도박이나 주식 투자를 하는 이유는 매번 보상이 주어지지 않아도 계속해서 지렛대를 누르는 쥐와 유사하지 않은가?[5] 환언하면 사람은 확실한 조건보다는 불확실한 조건에 빠져있을 때 더 열심을 낸다는 것이다.[6] 또한 고전적 조건화를 통해서는 주로 정서적, 무의도적 행동이 학습되지만, 조작적 조건화를 통해서는 목적지향적, 의도적 행동이 학습된다. 인간의 대부분의 행동은 조작적 조건화에 의해서 학습된다.

특정 행동에 점차 가깝게 행동하도록 바꾸어 나가는 것을 행동조형(Shaping)이라고 한다. 행동조형에는 크게 네 가지 방법이 있다. 긍정적 강화(positive reinforcement)는 잘한 것을 칭찬해주는 것이다. 부정적 강화(negative reinforcement)는 바람직한 행동을 하지 않을 때 보상을 철회하는 것이다. 처벌(punishment)은 바람직하지 못한 행동에 대해 징계/벌칙을 가하는 것으로 부정적 강화와는 다르다. 소멸(extinction)은 행동이 일어나게끔 하는 강화요인을 없애서 스스로 수그러들도록 만드는 것이다.

3. 강화

강화의 종류

행동주의 학습이론에서 중요한 개념은 강화(Reinforcement)이다. 스키너의 이론을 "강화이론"이라고 부를 정도이다. 강화는 어떤 특정한 반응이

---

5) Ibid., 27.
6) 장근영, 《싸이코 짱가의 영화 속 심리학》(서울: 메가트렌드, 2007), 105.

일어날 확률을 높이는 모든 것을 말한다. 피험동물에게 주어지는 먹이, 칭찬, 상장 등이 모두 강화물이라 할 수 있다.

강화자극은 음식물로부터 교사의 칭찬에 이르기까지 수없이 많다. 이것을 크게 두 가지로 나눌 수 있다. 1차적 강화자극은 학습과는 상관없이 생리적 욕구나 충동과 관련된 자극으로, 이에는 물, 온기, 안전, 그리고 성 등이 속한다. 2차적 강화자극은 본래는 중립적 성격의 자극이지만 다른 자극과 연합되어 조건화되는 자극을 말한다. 이 강화는 다시 셋으로 나뉜다. 첫째, 수용, 포옹, 주의, 미소 등의 사회적 강화, 금전, 학점, 상, 점수 등의 상징적 강화, 그리고 놀이, 게임, 음악, 여행 같은 활동 강화이다. 이 같은 강화들은 즐거움을 주어 요구되는 행동들을 일으킬 수 있는 "보상"(reward)이라고 불리는 긍정적 강화(positive reinforcement)이다. 예를 들어, 교회학교에서 많이들 이용하는 '달란트' 같은 것들이다. 요구되는 행동을 했을 경우와 요구되는 행동을 할 수 있을 때까지 학습자를 도와주어서 달란트를 주는 식이다. 이에 반해 부정적 강화(negative reinforce-ment)는 불쾌한 자극을 "제거"(relief)해서 요구되는 행동의 가능성을 증가시키는 것이다. 예를 들면, '떠들지 않고 예배를 잘 드리면 예배를 빨리 끝내겠다' 하는 식이다. 긍정적 강화는 요구되는 어떤 것을 주는 것이고, 부정적 강화는 요구되지 않는 어떤 것을 제거하는 것이다. 학습을 위해서는 부정적 강화보다 긍정적 강화가 효과적인 것으로 보인다.[7]

프리맥 원리

긍정적 강화의 일반적 자극인 보상과 관련된 방법 중의 하나는 프리맥 원리(Premack Principle)이다. 프리맥(David Premack)은 빈도가 높은 행동

---

7) IGuy R. Lefrancois, *Psychology for Teaching*, 8th ed. (Belmont, CA: Wadsworth Publishing Company, 1994), 97.

은 빈도가 낮은 행동에 대해서 강화력을 갖는다고 주장했다.[8] 이는 개인의 행동을 관찰하여 빈도가 잦은 행동을 비교적 빈도가 낮은 행동에 대한 보상으로 이용할 수 있음을 시사한다. 프리맥 원리는 때로 "할머니의 규칙"(Grandma's Rule)으로 불린다. 할머니가 흔히 손주에게 잘 먹지 않는 "(할머니가 원하는) 이 콩을 먹어라. 그러면 좋아해서 자주 먹는 (손주가 원하는) 후식을 주겠다"고 말하기 때문이다.

프리맥 원리를 사용하고자 할 때는 먼저 학습자의 여러 행동의 빈도표를 만들어야 한다. 학습자가 선호 행동을 순위로 나열해 보는 것은 학습자의 특정 행위를 강화하는 데 유용하다.

강화의 목적

강화를 사용하는 목적 중의 하나는 학습자의 문제행동을 교정하기 위해서이다. 이를 위해 사용하는 일반적 방법들이 있다. 첫째, 상반행동의 강화이다. 상반행동은 문제행동에 상반되는 다른 행동을 찾아 강화하는 방법이다. 예컨대, 학급에서 교사의 허락 없이 자리를 자주 뜨는 학습자가 있다면 자리를 뜨는 행동과 반대되는, 즉 자리에 얌전히 앉아있거나, 결석을 자주 하는 학습자의 경우 결석과 상반되는 출석을 했을 경우 강화하는 식이다. 둘째, 소거이다. 소거는 문제행동이 있을 때 이제까지 주어지던 강화를 중단하는 것이다. 예를 들어, 관심을 끌기 위해 신경질을 부리거나 우는 학습자의 경우, 못 본 체를 하는 것이다. 셋째, 벌이다. 벌에도 두 종류가 있다. 하나는 예배 시간에 떠들고 장난 친 학습자는 남아서 예배실 정리를 도와야 한다는 식으로, 무엇을 하지 않았을 경우에 징벌을 하는 것이고, 다른 하나는 지정한 시한까지 과제를 해오지 않았을 경우에 달란트통장에서 일정 달

---

8) David Premack, "Reinforcement Theory," D. Levine, ed., *Nebraska Symposium on Motivation* 13 (1965), 3-41.

란트를 환수하는 식으로, 무엇을 하거나 하지 않았을 경우에, 무엇인가를 빼앗는 경우이다. 벌에서 중요한 점은 겁을 주려는 것이 아니라 문제행동의 발생을 감소시키는 데 있다. 벌을 줄때 유의할 점은 다음과 같다. 첫째, 가장 효과적인 벌을 가장 부드러운 형태로 제시해야 한다. 둘째, 벌의 기준은 확실하고 명확해야 한다. 셋째, 벌하는 동안에도 바람직한 상반행동을 찾아 강화해야 한다. 넷째, 벌이 효과를 나타낼 경우 긍정적 강화로 대체해 나가야 한다.

부적절한 행동을 감소시키기 위해 흔히 사용하는 방법 중에 하나가 타임-아웃(Time-Out, TO)이다. 이 방법은 그릇된 행동을 한 학습자를 일시적으로 다른 장소에 격리시키는 것이다. 이 방법을 사용하기 위해서는 두 가지 조건이 갖추어져야 한다. 하나는 학습자가 그 장소를 떠나기 싫어해야 한다는 것이다. 학습하기 싫은 학습자를 '나가있으라'고 하면 그것은 오히려 벌이 아니고 상이 될 것이다. 다른 하나는 학습자가 일시적으로 격리된 장소에 강화자극이 없어야 한다는 것이다. 쫓겨난 장소에 학습자가 좋아하는 것이 있다면 그것 역시 상이 될 것이다.[9]

강화의 원칙

강화에는 몇 가지 원칙이 있다. 첫째, 강화는 즉각적으로 해야 효과적이다. 보상이든 징벌이든 증강시키고자 하는 행동이 발생하면 즉시 하는 것이 효과적이다. 둘째, 강화는 목표에 맞추어야 한다. 의도하지 않은 행동에 대해 불필요한 강화를 할 필요가 없다. 예를 들어, 학습자가 소란스럽거나 말썽을 부릴 때는 관심을 보이면서, 바람직한 행동에 대해서는 그냥 지나치는 경우이다. 셋째, 강화는 일관성 있게 해야 한다. 강화가 일관적이고

---
9) 이성진, 《교육심리학서설》(서울: 교육과학사, 1996), 391-400.

예측 가능할 때 학습자는 자신이 어떻게 행동해야 할 지 알게 된다. 동일한 행동에 대해 상황에 따라 다른 강화가 주어질 경우 학습자는 혼란스럽고 불안할 것이다. 넷째, 강화는 충분히 할 때 효과적이다. 일반적으로 어떤 새로운 행동을 증강하고자 할 때 잦은 강화가 효과적이다. 한 두 번이나 단기간의 강화는 효과를 보장할 수 없다. 다섯째, 강화는 점진적으로 해야 한다. 강화에도 단계적 계획이 있어야 한다는 말이다. 각 단계마다 강화가 주어져서 다음 단계로의 이행을 촉진시킬 수 있어야 한다.[10]

강화가 학습에 유용한 것은 사실이다. 그러나 무조건 유익한 것은 아니다. 유치원 연령의 어린이를 대상으로 한 실험이다. 6명의 아이에게는 색깔찰흙으로 공작을 잘하면 뭔가 예쁜 선물을 줄 것이라고 말하고, 다른 5명의 아이에게는 그런 보상의 약속 없이 색깔찰흙을 주면서 원하는 것을 만들어 보라고 했다. 일주일 뒤 같은 아이들에게 이번에도 색깔찰흙들을 주되 선물약속을 하지 않았다. 잠시 후에 다른 장난감을 주위에 늘어놓았다. 선물을 약속받았던 6명 중 계속 찰흙을 가지고 노는 아이는 2명이고 약속한 적이 없는 5명 중 계속 찰흙에 집중하는 아이는 4명이었다.[11] 왜곡된 보상은 학습자의 내적 동기를 훼손할 수도 있음을 보여주는 사례이다.

기독교교육을 위한 함의

아이슬러(Klaus Issler)와 하버마스(Ronald Harbermas)에 따르면, 행동주의적 학습심리학은 사람의 행동을 결정하는 것이 사람의 이상이나 감정이나 의지나 사상이 아니라 환경이라고 주장한다.[12] 그러나 성경은 우리가 세상을 이길 수 있다고 한다. 즉 환경을 지배할 수 있는 능력이 있다고 본다

---

10) *Ibid.*, 376-379.
11) "EBS 걸작 다큐멘터리: 동기 제2부-동기없는 아이는 없다" (2004. 9. 3/ 2007. 2. 20).
12) Klaus Issler and Ronald Harbermas, *How We Learn A Christian Teachers Guide to Educational Psychology* (Grand Rapids, MI: Baker Books, 1994), 209.

(눅 6:43-45; 계 3:21; 롬 12:21). 한편 행동주의는 잘못 사용될 경우 학습자의 의사와는 상관없이 교사가 원하는 방향으로 사람을 세뇌시킬 수 있다는 윤리적 문제가 있다.[13]

교회에서 행동주의적 접근의 학습심리를 이용할 수 있는 방법을 몇 가지만 생각해 보자. 첫째, 교회에 와서 친구들과 이야기하는 것도 좋지만 설교를 하거나 성경공부 시간에는 주의를 기울여야 진행할 수 있다고 말하는 식으로, 새로운 행동을 하도록 유도하는 자극을 주고 조언을 하거나, 계속해서 둘이 말할 경우, 부모에게 데려가겠다는 식으로, 벌을 준다는 주의를 사용한다.[14] 둘째, 제시된 예들을 비교하고 관계를 찾도록 격려함으로써 일반화를 향상시킨다. 예를 들어, "예수께서 가르치신 가치가 바나바의 행동에 어떤 식으로 나타났느냐?" 하는 식이다.[15] 셋째, 제시된 예들을 대조하고 두드러진 점들을 찾도록 격려함으로써 변별적 학습을 증진시킨다. 예를 들어, "베드로와 유다의 경우, 예수께 대한 배반태도가 어떻게 다른가?" 하는 식이다.[16] 넷째, 행동이 나쁜 학습자를 꾸짖는 벌보다는 부정적 강화(제거)를 사용하도록 한다. 예를 들어, "이 15분 동안 반 아이들과 어울려 작업을 하면 오늘 네가 한 행동에 대해 부모님께 말씀드리지 않을 께" 하는 식이다.[17]

---

13) Nathaniel L. Gage and David C. Berliner, *Educational Psychology*, 3th ed. (Boston: Houghton Miffin Company, 1984), 295-297.
14) Anita Woolfolk, *Educational Psychology*, 5th ed. (Boston: Allyn & Bacon, Inc., 1993), 216-217.
15) Paul Eggen and Don Kauchak, *Educational Psychology: Classroom Connection*, 2nd ed. (New York: Macmillan College Publishing Company, 1994), 169.
16) William R. Yount, *Created to Learn: A Christian Teacher's Introduction to Educational Psychology* (B&H Publishing Group, 1996), 178.
17) Woolfolk, *Educational Psychology*, 217.

 2장

관찰학습

1. 반두라의 사회학습이론

사회학습이론(Social learning theory, 사회인지이론[Social cognitive theory], 관찰학습[Observational learning], 대리학습)은 인간의 행동은 보상이나 처벌의 조작결과로서 형성되는 것이 아니라, 다른 사람의 행동을 관찰하고 모방한 결과로서 이루어진다고 주장한다.[18] 고전적 조건화나 조작적 조건화에서와 같은 강화가 없이도, 단순히 다른 사람의 행동을 보고 그 행동 양상을 그대로 따라하는 형태로 학습이 이루어진다는 것이 사회적 학

---

18) Albert Bandura, *Social Foundations of Thought and Action: A Social Cognitive Theory* (Englewood Cliffs, NJ: Prentice Hall, 1986).

습론이다. 대표적 예가 역할 모델(role model)인데, 부모, 교사, 동료, 선배, 연예인 등을 보고 배우는 경우이다. 또한 어린 아기가 말을 배울 때, 칭찬을 받아서 배우는 것이 아니라 다른 사람이 말하는 것을 보고 배운다고 한다.

학습에 대한 행동주의적 접근은 행동이 결정되는 과정에 있어서 외적 환경 자극의 영향만을 중시할 뿐 행위자 자신의 내적 특성을 간과하고 있다. 즉 직접적으로 관찰될 수 없는 기대, 사고, 신념 등이 마치 학습자의 행동에 영향을 미치지 않는 것처럼 무시되었던 것이다. 한편 학습자의 행동은 외부의 특정한 의도적 자극이 없어도 발생할 수 있다. 학습자는 전에 전혀 상호작용이 없었던 본보기를 보고 그것을 모방함으로써 배우기도 한다. 즉 학습은 외적 보상과 처벌에 의해서 일어나지만, 거기에는 그와 같은 자극들을 어떻게 평가하고 판단하느냐하는 내적 인지적 매개의 조정을 거치는 한에서 의미가 있다. 이런 맥락에서 사회학습이론은 행동주의와 인지주의 이론의 중간에 위치하고 있다고 볼 수 있다. 이와 같은 학습이론을 주장하는 대표자는 반두라(Albert Bandura)이다.[19]

반두라는 두 살짜리 꼬마가 오빠가 고양이를 쓰다듬는 모습을 보고 그 행동을 따라하는 모습을 보았다. 일곱 살짜리 아이가 친구가 선생님께 질문하고 칭찬 받는 것을 보고 자신도 질문을 하는 모습을 보았다. 이 같은 모습은 학습자가 타인을 관찰함으로써 획득한 행동이라 할 수 있다. 그런 모습들을 보면서 반두라는 학습이 행동주의자들이 주장하듯 강화나 처벌에 의해서만 일어나는 것이 아님을 알았다. 반두라의 이론은 TV 폭력과 아동의 행동과의 관계를 알아보기 위한 연구로부터 나왔다. 그는 폭력적 장면과 그렇지 않은 장면을 본 아동들이 각각 TV의 장면과 같은 행동을 하는 것을 보았다.

---

19) Albert Bandura, *Social Learning Theory* (Englewood Cliffs, NJ: Prentice Hall, 1977). 또 한 사람의 대표자로 미쉘(Walter Mischell)을 들 수 있을 것이다. Walter Mischell, "Personality Disposition Revisited and Revised: A View after Three Decades," Lawrence A. Pervin, ed., *Handbook of Personality: Theory and Research* (New York: Guilford), 111-134.

관찰학습에 관한 반두라의 이론에서 중요한 개념은 모방(imitation)이다. 모방은 세 가지 측면에서 학습자(관찰자)에게 영향을 미친다. 첫째, 타인이 하는 행동을 관찰함으로써 새로운 반응을 학습할 수 있다. 시범자는 반드시 실제인물이 아니라도 영향을 준다. 예컨대 공격적인 만화영화를 보고 실생활에서 그 행동을 모방하는 식이다.[20] 둘째, 타인의 행동을 관찰함으로써 어떤 특수한 행위를 억제하거나 피하게 되는 수가 있다. 예를 들어, 여러 사람 앞에서 한 사람을 벌함으로써 다른 사람이 그 같은 행동을 하지 못하도록 하는 일벌백계와 같은 경우이다. 셋째, 모방은 행동을 촉진하는 작용을 한다. 예를 들어, 담배를 피울 줄 알지만 피우지 않다가 다른 사람이 피우는 것을 보고 따라 피우는 경우이다.

2. 관찰학습의 과정

반두라는 관찰학습의 과정을 모방사태와 모방행동을 양 끝에 두고 주의집중단계, 파지단계, 재생단계, 그리고 동기화단계의 4단계로 분석하였다. 주의집중단계는 학습자가 관심이 있는 모델에게 주의를 기울이는 단계이다. 주의를 끄는 요소는 높은 지위, 능력, 전문성, 인기, 성공, 그리고 유사성 등이다.[21] 동일한 조건에서는 유사성과 동성이 우선된다.[22] 자존감이 부족한 학습자는 어려움을 이겨낸 모델을 선호한다.[23] 부모와 교사는 강력한 모델이다.[24] 모델지위가 높다거나 유능하다거나 전문적이거나 매력적일

---

20) Albert Bandura, D. Ross, and S. Ross, "Imitation of Film-Mediated Aggressive Models," *Journal of Abnormal and Social Psychology* 66 (1963), 3-11.
21) Robert F. Biehler and Jack Snowman, *Psychology Applied to Teaching*, 7th ed. (Boston: Houghton Mifflin Company, 1993), 348.
22) Paul Eggen and Don Kauchak, Educational Psychology: Classroom Connection, 2nd ed. (New York: Macmillan College *Publishing Company*, 1994), 285.

경우에 모델 대상이 되기 쉽다. 주의집중단계는 끌리는 점이 있거나 또는 자기 주변에서 쉽게 접할 수 있고, 개개인에게 중요한 의미가 있을 것 같은 사람을 찾는 단계로, 그 모델에 관심을 갖게 되는 단계이다.

파지단계는 학습자가 닮고 싶은 행동을 정확하게 지각하고 그것을 심상이나 언어로 부호화하여 기억하는 단계이다. 관찰한 것을 나중에 상기하기 위해 기억 속에 입력하는 것이다. 나름대로 자신에게 의미 있는 형태로 입력해 두었다가 나중에 행동을 재연하는 데 사용하는 단계라고 할 수 있다. 모델에 대한 관심이 계속 유지되는 단계이다. 모델과 접할 기회가 적어졌을 때도 모델의 행동이 계속 기억에 남게 되느냐에 따라 모델의 영향력을 알 수 있다.

재생단계는 기억한 것을 행동으로 전환하여 실행하는 단계이다. 즉 모델에게서 관찰한 행동을 직접 해보는 단계이다. 이런 실행이 없으면 학습이 안 될 수도 있다. 재생은 관찰하고 심상을 형성하고 난 즉시 바로 그 행동을 해 보는 것이 효과적이다.

동기화단계는 관찰을 통해 학습한 행동이 실행되도록 하는 자극, 강화가 일어나는 단계이다. 이것은 일종의 동기 부여로서 외부의 강화에 의한 것만이 아니라 자기 강화에 의한 것도 포함된다. 관찰한 모든 행동이 나중에 실행되는 것이 아니다. 강화 받은 행동만이 실행에 옮겨진다. 이런 면에서 반두라의 사회학습이론은 조작적 조건화이론과 유사하다. 그러나 반두라의 경우 자극, 강화는 동기일뿐 행동의 학습에는 영향을 미치지 않는 것으로 본다. 또 행동조차도 외적으로 표현된 행동만이 아니라 내재재적 인지활동 역시 행동으로 본다. 이 단계에서는 모델의 행동을 따라 해보았더니 반응이 좋다거나 적절한 보상을 얻으면 더욱 재강화가 돼서 더 자주 그런

---

23) Biehler and Snowman, *Psychology Applied*, 348.
24) Norman A. Sprinthall, Richard C. Sprinthall, and Sharon Nodie Oja, *Educational Psychology: A Developmental Approach*, 6th ed.(New York: McGraw-Hill, Inc., 1994), 259.

행동을 한다.

일반적으로 학습의 왕도를 행동에 의한 것으로 본다. 즉 학습내용을 직접 해볼 때 보다 잘 배울 수 있다는 것이다. 그러나 경우에 따라서는 실제로 실행하는 것이 그 행동의 학습에 오히려 방해가 되는 경우도 있다. 교사가 직접 학습자들의 행동을 정확하게 지도하는 것보다 단순히 관찰하게 하는 경우의 학습효과가 높을 수 있다는 것이다. 이와 같은 사실은 관찰학습이 교수-학습의 기술로서 대단히 효과적이며 경제적이라는 것을 보여준다. 특히 관찰학습은 복잡하고 새로운 행동을 가르칠 때 지루한 조작화의 과정을 밟지 않고 관찰하게 함으로써 행동을 쉽게 학습시킬 수 있다는 장점이 있다.[25]

리처즈는 청소년의 경우, 효과적인 본보기의 원리를 다음과 같이 말한다.[26] 첫째, 청소년은 장기간에 걸쳐 모델과의 빈번한 접촉이 필요하다. 둘째, 청소년은 모델과의 따스한 사랑의 관계를 경험해야 한다. 셋째, 청소년은 모델의 내적 가치와 정서에 노출되어야 한다. 넷째, 청소년 모델은 다양한 삶의 무대와 상황 안에서 관찰되어야 한다. 다섯째, 모델은 행동과 가치면에서 일관성과 명백함을 나타낼 필요가 있다. 여섯째, 모델의 행동과 모델이 속한 공동체의 신념과 기준 사이에는 양립성이 있어야 한다. 일곱째, 삶의 모습을 따라, 모델의 삶의 방식에 대한 설명이 있어야 한다.

---

25) 이성진, 《교육심리학서설》, 218.
26) Lawrence O. Richards, *A Theology of Christian Education*, 문창수 역, 《교육신학과 실제》(서울: 정경사, 1980), 84-85.

3장

인지적 접근

가장 근자에 등장한 학습이론은 베르트하이머(Max Wertheimer)가 창시한 형태심리학(게슈탈트심리학[Gestalt psychology])에 기반을 둔 이론이다. 수동적으로 어떤 조건에 반응을 하거나 다른 사람을 모방하는 과정을 통해서 학습이 이루어지는 것과 달리 감각기관과 인지과정이 합쳐지면서 학습이 일어난다는 이론이다. 상황을 자발적으로 이해해서 깨닫는 과정을 통해 전체와 부분 사이의 맥락을 통합적으로 이해하며 학습이 이루어진다는 것이다. 예컨대, 침팬지에게 직경이 다른 두 개의 파이프를 주고 바나나를 멀리 놓아두었다. 침팬지는 가만히 바라보다가 어느 순간 가는 파이프를 굵은 파이프에 끼워서 길게 만든 다음 바나나를 끌어 왔다. 강화요인도 없고, 모방도 없었지만 통합적 이해를 통해 학습이 일어난 것이다.[27]

학습에 대한 인지적 접근(cognitive approach)은 기억, 지각, 언어, 추리, 지식, 개념 형성, 문제해결력, 인간의 내재적 심리과정을 설명하기 위한 접근으로서 정보처리의 구조와 과정을 연구한다. "인지"란 "의식", "자각", "생각(사고)" 등으로도 표현될 수 있을 것이다. 이 인지는 간단히 말하면 "아는 것", 즉 지식이다. 그런데 지식은 기억이 되어야 학습되었다고 할 수 있다. 그래서 기억=학습으로 보기도 한다.

앞서 행동주의적 접근은 외현적 행동에 대해서는 설명을 할 수 있지만 사람이 어떻게 언어를 다루는 지에 대해서는 설명을 할 수 없었다. 인지주의적 접근은 행동주의 이론으로 인간의 전체 행동을 설명하고자 하는 입장과는 달리 인간 행위의 일면, 즉 인지에 대해 관심에 집중하고 있다. 이 같은 접근은 교육 행위의 대부분이 사실, 개념, 원리 등 인지와 긴밀한 관계가 있다는 면에서 주의를 요구한다.

인지주의적 입장에서는 학습을 인지(인지구조)의 습득으로 본다. 학습은 단순한 연합이 아니다. 또한 단순한 습관의 형성도 아니다. 그것은 사실들 사이의 관계를 파악하는 것을 말한다. 예를 들어, 먹구름을 보고 비를 예상하며 그래서 우산을 가지고 가는 것과 같다.

1. 인간학습과 기억

학습이 어떤 행위를 할 수 있는 가능성을 습득하는 것이라고 한다면, 이 가능성은 우선 저장되어서 차후에 이용되길 기다려야 하는 데, 이 같은 과정과 관련된 것이 기억이다. 기억은 개인이 과거에 학습한 행동을 재생, 재인, 재학습하는 것이라고 할 수 있다.

---

27) Nigel C. Benson and Simon Grove, *Introducing Psychology*, 윤길순 역, 《심리학》하룻밤의 지식여행 7 (서울: 김영사, 2001), 102.

기억은 학습의 과정에서 앞서 보았던 자극과 반응 사이에서 작용하는 기제라고 할 수 있다. 어떤 말을 듣고(자극 또는 정보) 어떤 대답을 하기까지(반응) 머리 속에서는 복잡한 인지심리적 과정이 진행된다. 기억과 관련된 정보처리과정은 대체로 말해서, 어떤 사실이 기억 체계 속에 입력되는 부호화(encoding, 약호화) 과정, 그 사실이 필요할 때까지 머무는 저장(storage, 파지[retention])과정, 그리고 그 사실을 필요할 때 이용하기 위해 꺼내는 인출(retrieval, 되꺼냄) 과정의 3단계로 되어있다.

부호화란 외부에서 들어오는 자극 내용을 정보화하여 기억에 넣는 과정으로, 정보를 지각하고 그것으로부터 몇 가지 분류상의 특징을 추출해내고 그것에 상응하는 기억흔적을 만드는 과정이다. 예를 들어 서류를 그 내용에 따라 서류철에 정리하는 행동과 유사하다. 그렇기 때문에 부호화과정은 기계적으로 마음에 등록되는 과정이 아니라 나중에 정보를 쉽게 찾아내기 위하여 정보를 기존의 정보와 연결하거나 연합할 수 있는 형식으로 능동적으로 변형, 또는 변화시키는 과정이라고 할 수 있다.[28] 부호화가 잘 이루어지기 위해서는 유의미해야 한다. 부호화가 유의미하다는 것은 수용한 정보와 기존의 정보를 연결시켜 새로운 체제를 구성하는 것을 말한다. 기계적인 암기식으로 기존의 정보와 연결되지 않을 경우 부호화에 실패하고 단기기억으로 그치기 쉽다.

저장이란 이렇게 기록된 정보를 보유하여 유지하는 과정이다. 저장된 정보는 망각될 수도 있고 영구히 보존될 수도 있다. 저장 과정은 정보가 머무는 시간이라고 할 수 있다. 정보는 그 성격에 따라 세 가지 형태로 저장된다. 첫째, 감각등록기(sensory register)이다. 이는 학습자가 환경으로부터 눈이나 귀와 같은 감각수용기관을 통해 정보를 최초로 저장하는 곳이다. 감각등록기는 자극을 아주 정확하게 저장하지만, 매우 짧은 시간 동안만

---

28) 이성진, 《교육심리학서설》, 228.

저장한다. 시각의 경우 약 1초, 청각의 경우 약 4초 정도라고 한다. 한편 감각등록기의 환경은 다양한 자극적 상황이기 때문에 어린 학습자의 경우, 여러 자극들을 동시에 받아들이기는 어렵다. 따라서 교사가 판서를 하며 설명을 하는 방식은 지양해야 한다. 두 가지 이상의 감각 정보가 동시에 제시되는 것은 바람직하지 않다.

정보가 저장되기 위해서는 자극에 주의를 기울일 필요가 있다. 따지고 보면 기억은 감각기관에 영향을 미치는 자극으로부터 시작된다. 자극 없이는 기억도 없다 할 것이다. 그러므로 자극의 특성을 이해하고 이용한다면 주의를 집중시켜 기억 저장에 유리할 것이다.

첫째, 자극에는 물리적 특성이 있다. 수업에 사용되는 교재, 도구 등은 하나의 물리적 자극이다. 자극의 크기, 강도, 색채 정도 등의 자극이 기억을 좌우할 수 있다. 책 속의 글씨가 크고 작거나, 그림의 색깔이 짙거나 흐리거나, 교사가 목소리를 높이거나 낮추거나 하는 등의 것은 자극의 변화라고 할 수 있으며, 이에 따라 기억 효과에 영향을 미친다. 둘째, 자극에는 정서적 특성이 있다. 감동스럽게 본 문학책이나 영화는 쉽게 잊혀 지지 않는다. 정서적 반응이 클 때 기억은 오래 지속된다. 셋째, 자극에는 예외적 특성이 있다. 주의를 끄는 자극은 쉽게 기억이 되는데, 주의를 끄는 사물의 특성은 신기하다거나 복잡하다거나 경이롭다거나 독특하다. 자극으로 주어지는 정보가 일반적이고 평범하지 않을 때 주의를 끌고 기억은 오래 지속된다. 교육 현장에서는 예를 들어, 교사가 찢어진 청바지를 입는다거나 일부러 판서를 잘못한다거나 하는 식으로 이용할 수 있을 것이다. 넷째, 자극에는 지시적 특성이 있다. "이 내용은 중요하다"거나 "여길 보라"라고 하거나 "이제 그만" 하는 등의 자극은 주의력을 높인다.[29]

둘째, 단기기억(short-term memory) 또는 작동기억(working

---

29) 김남성, 《교육심리학》, 제2증보판 (서울: 교육과학사, 1998), 189-191; 임규혁, 《학교학습효과를 위한 교육심리학》(서울: 학지사, 1996), 158-160.

memory, 활용적 기억)이다. 단기기억은 보통 5-9개의 정보가 약 30초 정도 저장되는 것을 말한다. 작동기억은 단기기억이 의식적 성격을 띠는데 비하여 계산이나 암산을 하는 것처럼 의식적 작용을 할 때 무의식적으로 활용되는 기억이다. 아트킨슨(John W. Atkinson)과 쉬프린(R. M. Shiffrin)에 따르면 단기기억은 양에 있어서 제한을 받는 것 같다. 그렇기 때문에 한 번에 어떤 한정된 수보다 더 많은 항목을 기억하는 것이 어렵다.[30] 단기기억이 효과적이지 못한 이유 중의 하나는 작동기억이 견고하고 충실하지 못해 활성화되지 않았기 때문일 수 있다. 예를 들어, 읽는 내용을 잘 이해하지 못하는 경우, 거기에 사용된 기본적인 어휘를 모르기 때문일 수 있다. 교회에서 흔히 사용하는 말이지만 학습자에게 낯설 수 있다는 점을 유념해야 한다.

셋째, 장기기억이다. 장기기억(long-term memory)은 단기기억으로부터 받아들인 정보를 거의 영구적으로 저장하는 것이다. 단기기억이 장기기억이 바뀌는 기제에서 결정적인 역할을 하는 것이 크렙(CREB, camp-responce element binding protein)이다. 뇌 세포의 핵 안에 있는 분자인 크렙은 뇌 세포와 세포 사이를 영원히 연결시켜주는 생산에 필요한 유전자들을 활성화 시키는 작용을 한다. 은유적으로 말한다면 그것은 세포접착테이프라 할 수 있을 것이다. 크렙을 발견한 칸델(Eric R. Kandel)은 크렙 능력을 향상 시킨 해삼을 탄생시켰는데, 그 해삼들은 옆에 사는 조개의 껍데기에 있는 소용돌이무늬와 산호 색깔을 기억했다. 또한 서로 닮은 한 쌍을 찾아내거나 우리 구석에 놓인 음식들도 기억할 수 있었다.[31]

장기기억을 위해서 유의할 점은 다음과 같다. 첫째, 주어지는 정보는 서로 연결되어야 한다(네트워킹). 예를 들어, "아버지"와 "방"이란 단어는 그

---

30) John W. Atkinson and R. M. Shiffrin, "The Control of Short-Term Memory," *Scientific American* 224 (1971), 82-90.
31) Slater, *Opening Skinne's Box*, 270-297. 칸델은 기억력을 증진시키는 신약을 개발하고 있다. 그 "작은 빨간 약" 포스포디에스테라제-4, phosphodiesterase-4(PDE IV)이 우리 과거의 기억 보관소의 문을 열어 모든 기억이 우리를 덮친다면 어떤 일이 벌어질까.

대로는 기억되기 어렵다. 여기에 그 두 단어를 이어주는 술어인 "들어가신다"라는 말이 있을 경우 기억하기 쉽다는 말이다. 둘째, 정보는 논리적이고 친숙하고 의미가 있고 연상할 수 있는 것일 때 기억되기 쉽다. 여기서 논리적인 것은 추상적인 것과 구체적인 것 모두를 포함하며 위계적 성격으로 생각하면 된다. 예를 들어 시간을 가르치기 위해서는 시계로부터 시작해서 시간을 가르치는 식이어야 한다는 것이다. 셋째, 능동적 참여이다. 능동적이라 해서 외현적 활동만을 말하는 것은 아니다. 수업 중이나 수업 후에 하는 능동적 활동은 명목적 자극을 효과적 자극으로 전환시켜준다. 이와 같은 방법에는 소리 내어 암송하는 암창, 신체적 활동, 반복 등이 있다.[32]

장기기억과 관련된 현상에 전이(transfer)가 있다. 전이는 어떤 상황에서 학습한 내용을 새로운 장면에 적용하거나 사용하는 것을 의미한다. 어떤 내용을 학습하여 알게 된 것도 좋지만 그 학습 결과를 다른 과제의 학습에 사용할 수 있다면 더욱 좋을 것이다. 전이는 쉬운 것이 아니다. 완료시제를 가르쳐주기 위한 숙제를 마친 한 학습자가 교사에게 남기고 간 쪽지가 있다. "Dear Teacher: I wrote, "I have gone home"100 times and I have went home. John". 학습자들은 x와 y를 사용하던 수식을 p와 q로 바꾸어도 혼란스러워 한다. 전이에는 긍정적 전이와 부정적 전이가 있다. 긍정적 전이는 어떤 상황에서 학습한 것을 새로운 상황에서도 기억하고 적용하는 것이다. 이와는 달리 부정적 전이는 어떤 상황에서 학습한 것을 생각해 보지도 않고 새로운 상황에서도 그대로 적용하려는 것이다. 학습은 긍정적 전이가 일어나도록 하는 것이다. 전이에는 수평적 전이와 수직적 전이도 있다. 수평적 전이는 학습자가 이미 알고 있는 내용과 다르지만 수준면에서 비슷한 과제를 수행하는 것이다. 수직적 전이는 과거에 학습한 것을 적용해서 보다 상위 수준의 과제를 수행하는 것이다.[33] 전이에서 옮겨지는 것

---

32) 김남성,《교육심리학》, 193-200.

은 특수한 내용, 기술, 태도, 원리, 수단과 목적 간의 관계 같은 것 등이라고 본다. 전이는 단순하지 않으며 여러 학습 원리들과 얽혀져 있다.[34]

과거 20여 년 동안 교육심리학을 지배해 온 이론적 관심이 인지심리학이라는 사실은 누구나 인정한다. 간단히 말해서 이 관점은 인간을 상징(표상) 처리의 체제로 보고, 상징과 상징적 구조를 기억하고, 감각적 입력으로써 상징구조를 형성하고, 겉으로 나타나는 행위를 일으키는 상징구조를 생성하고, 기억 속의 상징구조를 다양한 방법으로 수정하는 일련의 과정으로 요약할 수 있다. 이러한 전제에서 출발하는 인지주의 학습이론은 인간의 상징체제가 상징적 지식을 구성하고, 저장하고, 사용하는 과정을 설명하려고 하며, 인지이론에 근거한 교수이론은 지식을 적극적으로 구성하고, 저장하고, 전이하도록 하는 교수절차를 명백히 하는 것이 된다.

그러나 현재의 인지심리학은 사고가 사람의 마음속의 있다는 가정, 사고와 학습의 과정이 개인과 상황에 관계없이 동일하다는 가정, 그리고 사고의 자원이 아동들의 일상생활의 경험의 결과나 천부의 재질로서 가지고 있는 보편적 개념 역량이기보다는 단순한 요소(특히 학교수업을 통해서 얻은)들로부터 축적된 지식이나 기능이라는 가정 등 인지과정, 즉 사고에 대한 기본가정 등에 문제가 있다는 비판을 받고 있다.[35]

기억력은 몸의 긴장을 풀고 머릿속을 텅 비게 만들면 향상된다고 한다. 후데츠(J. A. Hudetz)는 17세부터 56세까지의 사람들을 대상으로 문자 숫자 계열 테스트를 했다. 예를 들어 실험자가 'T→9→A→3'으로 읽고 나면 그것을 숫자와 문자 순서대로 고쳐서 '3→9→A→T'로 대답하는 실험이다. 이 동일한 실험을 모두 10분간 긴장을 풀게 한 후, 음악을 들려준 후, 독서를 하게한 후라는 조건에서 했을 때 기억력 향상에 가장 효과적이

---

33) 이성진,《교육심리학서설》, 241-242.
34) Ibid., 246.
35) http://learning.snu.ac.kr.

었던 것은 긴장을 풀게 한 경우였다고 한다. 기억력이 요구되는 수업의 경우 억압하거나 압박하는 분위기가 아니라 즐거운 마음으로 편안한 자세로 임할 때 효과가 있을 것이다.[36]

2. 신경망이론

신경망 이론(neural network theory)은 정보처리이론이 설명하지 못하는 패턴 인식 등과 같은 내용을 설명해 줄 수 있다. 즉 정보처리이론에서는 정보가 기호화되어 저장된다고 설명한다. 그러나 예를 들어 "코끼리"라는 기호는 가능하지만 그것의 패턴과 관련된 형태나 소리, 공간 등을 형식화된 기호로 표시하는 것은 불가능하다. 그렇다고 해서 그 같은 내용들이 처리되지 않는 것은 아니다. 우리는 "코끼리"라는 이름(기호)과 더불어 그 형태까지도 인식한다. 어떻게 그럴 수 있을까. 신경망 이론은 바로 그 이유를 말해준다.

사람의 두뇌는 다수의 뉴런(neuron)이 서로 연결된 신경망으로 구성되어 있다. 뉴런은 신경계의 구조적·기능적 단위인 신경 세포이다. 뉴런은 신경 신호를 만들어 내고 이 신호를 몸의 한 부분에서 다른 부분으로 전달하는 일을 한다. 뉴런은 별 모양의 신경세포체에 정보를 전달하는 돌기를 갖고 있다. 여기에는 축색돌기와 수상돌기가 있는데 한 개의 긴 '축색돌기'는 다른 세포로 정보를 보내는 역할을 하고, 수많은 '수상돌기'는 다른 세포의 축색돌기와 연결되어 정보를 받아들이는 역할을 한다. 뇌에는 수천억 개의 신경세포(뉴런)가 존재하며 서로 복잡한 신경망으로 구성됐다. 이들 1개의 신경세포는 수천 개의 다른 신경세포와 신호를 주고받는 '시냅스'

---

[36] 內藤 誼人, 人生相談は「不幸な人」にしよう: 心理學に學ぶ意外な日常の法則, 한은미 역, 《심리학 칵테일: 일상 속에서 배우는 기상천외한 심리 법칙》(서울: 웅진윙스, 2007), 116-117.

(synapse)란 연결을 통해 학습 기억 등 지적 능력을 발휘한다. 신경망 이론은 이 인간 두뇌의 내부 구조를 시뮬레이트(simulate)한 이론이다. 즉 생물학적인 신경체계인 두뇌의 구조로부터 영감을 얻어 뇌가 정보를 처리하는 기제를 설명하기 위한 것이다.

하나의 뉴런은 다른 많은 뉴런으로부터 여러 개의 입력 신호를 받지만 단 하나의 출력신호만을 낸다. 출력선의 세기는 입력선에 들어 온 힘의 합에 비례한다. 이 출력신호는 여러 개로 복사되어 분기되며, 분기된 출력신호들은 제각기 다른 뉴런의 입력신호로 분산된다. 어떤 신경세포는 적극적인 자극을 유발하고, 다른 신경세포는 억제 작용을 한다. 연결선, 즉 망은 학습능력을 가지고 있어서 특수한 입력이 있으면 특수한 출력을 하도록 자신을 조정한다. 뉴런 사이의 정보를 전달하는 경로는 뇌 세포의 시냅스를 모형화한 연접경로이다. 연접경로는 두 개의 뉴런을 쌍으로 연결하고 있으며 각각 연결강도가 다르다.

신경망 이론의 주요 주장은 다음과 같다. 첫째, 정보는 뇌의 여러 위치에 분산 저장(distributed storage)된다. 우리의 두뇌 속에는 독립적인 기억 시스템이 다수 존재한다. 운동능력처럼 거의 무의식에 가까운 절차적 기억(procedural memory), '새는 동물', '링컨은 대통령' 처럼 사실을 기억하는 의미론적 기억(semantic memory), 단순 사실(what)에 대한 기억인 서술적 기억(declarative memory) 등이 존재한다. 이는 정보처리이론이 정보가 장기기억에 저장된다고 주장하는 것과 다르다. 둘째, 뇌의 시냅스는 정보처리 장치이면서 동시에 정보저장 장소이기도 하다. 이는 정보처리와 정보저장 장소를 달리 보는 정보처리 이론과 다르다. 셋째, 뇌의 내부 신호는 아날로그(analog)와 디지털(digital)의 혼합 형태이다. 뇌는 복잡한 정보를 항상 정확하게 처리하는 것은 아니기 때문이다. 넷째, 뇌는 정보를 병렬처리(sequential processing)한다. 이는 정보처리이론의 순차처리(pararell processing)와 다르다. 기억의 단계가 분리되어 있다고 보기 때문에 그것을 순서대로 처리한다는 말이다. 그러나 신경망이론은 뇌는 여러 정보를 목적에 맞게 다루면서 한 번에 처리한다는 것이다.

신경망의 기능은 다음과 같다. 첫째, 연상기능이다. 연상기능이란 그림의 일부를 보고 그림의 전체를 연상하는 것과 같이 훼손된 정보로부터 입력 당시의 정보 전체를 인출해 낼 수 있는 기능이다. 또한 신경망은 고양이 그림을 보고 쥐를 연상하는 것과 같은 연합기능도 수행한다. 둘째, 최근접자료의 인출 기능이다. 이는 요청받은 정보와 정확히 일치되지 않은 정보가 없어도 그와 가장 근접한 정보를 인출해내는 기능을 말한다. 예컨대 검색 엔진 사용시, 정확도가 표시되는 경우가 유비가 될 것이다. 셋째, 비상 안전 기능이다. 이 기능은 몇 개의 뉴런이 손상된 경우에도 기억의 회상이 가능하다는 것을 의미한다. 이는 정보가 뉴런과 시냅스에 분산되어 저장되어 있기 때문에 가능한 것이다.

정보처리이론이나 신경망이론은 모두 기억의 확실성을 전제로 한다. 그런데 기억은 정말 믿을만한가? 로프터스(Elizabeth Loftus)에 의하면 기억은 조작될 수도 있다. "쇼핑몰에서 길을 잃다"란 실험으로 유명한 그녀는 피실험자들에게 그들 가족에게서 들은 실제 있었던 그들의 어린 시절에 관한 추억 세 가지와 그들이 쇼핑몰에서 길을 잃었다는 가짜 기억 한 가지를 기록한 소책자를 읽게 한 후 반응을 보았다. 그 결과 길을 잃지 않았음에도 불구하고 길을 잃었었다고 하면서 상세한 묘사까지 곁들였다.[37] 이것은 기

---

37) Slater, Opening Skinner's Box, 241-244. 이와 유사한 사례를 최근 전 D대학 교수의 허위학력 사건에서 볼 수 있다. 예일대 학위와 관련해서 그녀는 "난 분명히 2005년 5월에 예일대 박사 학위를 받았다. 논문이 취소된 건지 사기당한 건지 알아보고 있다"고 말한다. 황당할 정도로 당당한 신씨의 거짓말의 정체에 대해 정신과 전문의들은 "아마도 자신의 거짓말을 스스로 믿어 버리는 '공상적 거짓말(pseudologia fantastica)'일 가능성이 있다"고 분석했다. "진짜 거짓말쟁이는 스스로를 속이는 사람"이라는 말처럼 자신의 거짓말에 스스로 도취돼 진실인 양 믿어 버리는 상태라는 것이다. 대개 일부의 사실에다 다양하고 폭넓은 극적인 공상과 거짓말을 섞어 포장한다고 전문가들은 지적한다. 수술 자국을 전쟁이나 모험 활동 중에 받은 상처로 꾸미는 경우가 대표적이라고 한다. 《중앙일보》(2007.09.13).

억의 왜곡 정도를 넘어 틀린 기억이 이식되었음을 보여준다. 기억이 이렇게 믿을 수 없는 것이라면 우리는 무엇을 믿어야 할까. 우리가 기억하는 사실에는 오류가 있을 수 있다. 교사가 가르치는 지식은 학습자에게 전달되어 그대로 저장되었다가 기억되지 않을 수도 있다. 그러나 교사가 어떤 자세로 가르쳤는지 그 열성과 사랑은 오래 기억되지 않을까. 비록 말로 표현할 수 없어도 가슴에 따뜻하게 남아있을 것이다. 지식 안에 있는 또는 그와 더불어 오는 정서는 진실이 아닐까. 인지는 정서에 의하여 그 부족함이 채워져야 한다.

3. 두뇌기반학습 이론

두뇌기반학습(Brain-based Learning)이론은 두뇌의 구조와 기능에 바탕을 둔다. 두뇌기반학습의 원리를 구체적으로 살펴보면 다음과 같다.[38] 첫째, 두뇌는 병렬적 처리자(parallel processor)로서, 부분과 전체를 동시에 처리한다. 더 쉽게 말하면 두뇌는 맛을 보고 냄새를 맡는 식으로 한 번에 몇 가지 자극을 처리한다. 두뇌 양반구의 기능이 다르다는 증거는 있지만, 보통 사람들이 말을 하거나 수학 문제를 풀거나 음악을 할 때 양반구는 서로 밀접하게 상호 작용한다. 이처럼 부분과 전체는 의미를 도출하고 의미를 부여하기 위해 서로 상호작용 한다. 또한 인간의 두뇌는 사고, 정서, 상상력 및 성향이 동시에 작용하며 다른 정보 처리 방식과도 상호 작용한다. 그래서 훌륭한 교수는 모든 측면의 두뇌 작용이 관여하도록 학습자의 경험을 조화시켜야 한다. 한 가지 방법이나 기법은 두뇌의 다양한 부분을 충분히

---

38) Renate N. Caine and Geoffrey Caine, *Making Connections: Teaching and the Human Brain* (New York: Addison-Wesley Publishing Co., 1994); Leslie A. Hart, *Human Brain, Human Learning*, 3rd. (New York: Longman, 1983, 2002).

활성화할 수 없다. 교사들은 다양한 교수 방법과 접근을 위한 준비된 목록을 충분히 갖추어 적절히 활용할 수 있어야 한다.

둘째, 학습은 전반적으로 생리적인 과정이다. 두뇌는 생리학적인 규칙에 따라 기능하는 기관이다. 학습은 생리학적인 작용에 의해 촉진될 수도 있고 억제될 수도 있다. 뉴런의 성장, 영양, 상호 작용은 경험의 지각 및 해석과 관련되며, 지나친 스트레스와 위협은 두뇌에 부정적인 영향을 준다. 스트레스 관리, 영양 공급, 운동, 이완 및 그 밖의 건강과 관련된 요소들도 학습과정에 충분히 통합되어야 한다.

셋째, 두뇌는 주의를 집중한 요소뿐만 아니라, 주변적인 요소도 학습한다. 두뇌는 직접 인식하고 주의를 기울인 정보를 흡수할 뿐만 아니라, 주의 범위에서 벗어난 정보와 신호도 흡수한다. 이것은 곧 두뇌가 수업이 이루어지는 전반적인 감각 상황에 반응한다는 것을 의미한다. 따라서 교사는 학습자의 주의 영역에서 벗어난 것들도 사려 깊게 고려해야 한다. 심지어 교사들 자신이 학습에 대한 열정을 가짐으로써, 무의식적인 신호를 통해 학습할 내용이 가치 있음을 학습자들에게 전달하기도 한다. 이처럼 학습은 언제나 의식적·무의식적 과정을 통해 이루어진다. 다시 말해 두뇌학습은 의식적·무의식적 과정 둘 다를 포함한다. 실제로 우리는 의식적으로 알고 있는 것보다 훨씬 더 많이 학습한다.

넷째, 의미 탐색은 선천적(innate)이다. 의미 탐색은 생존 지향적이고 인간의 두뇌에게는 기본적인 과정이다. 두뇌는 신기한 자극을 탐색하면서 동시에 친숙한 것을 요구한다. 이처럼 이원적인 과정은 깨어 있는 모든 순간에 나타난다. 따라서 최적의 학습을 위해서는 안정성과 친숙성을 제공해 주는 동시에 신기함, 발견, 호기심 및 도전감을 만족시켜 주어야 한다. 이를 위해 교수 학습 과정에서는 고무적이고 의미 있는 경험을 제공하고 학습자들에게 선택의 기회를 충분히 마련해 주어야 한다.

다섯째, 의미 탐색은 패턴화(patterning)를 통해 이루어진다. 패턴화는 정보를 의미 있게 조직하고 범주화하는 것이다.[39] 패턴화에 영향을 주는 요소는 두 가지이다. 하나는 두뇌 자체의 패턴적 특성이며, 다른 하나는 정서이다. 실제로 두뇌는 패턴을 변별하고 이해하면서 동시에 자체의 독특하고 창의적인 패턴을 표현하려고 한다. 교수 학습 과정에서 정보를 통합하려는 타고난 두뇌의 능력을 인정하고 고려할 때, 처음에는 무의미했던 많은 정보와 활동들이 동화될 수 있다. 이러한 교수 학습 과정에서는 학습자들이 의미 있고 개인적으로 적절한 패턴을 형성할 수 있을 것이다.

여섯째, 패턴화를 위해서는 정서가 중요한 역할을 한다. 정서는 논리적·합리적 과정보다 더 강력하게 행동을 규정한다. 그런데 이 정서는 두뇌와 밀접한 관계가 있다는 사실이 생물학적으로 밝혀졌다. 정서는 뇌간(brain stem)과 대뇌피질(cerebral cortex), 시상(thalamus)과 시상하부(hypothalamus) 영역이 직접적으로 관련되어 있다. 정서는 정보의 저장과 회상에 중요하기 때문에, 기억에도 중요한 역할을 한다. 따라서 교사는 학습자들의 감정과 태도가 그들의 미래 학습에 결정적임을 알아야 한다. 실제로 인지적 영역과 정의적 영역은 분리될 수 없기 때문에, 전반적인 교수 학습 환경은 지지적이고 교실 안팎에 상호 존중과 수용감이 배어 있어야 한다.

일곱째, 중요한 기억으로는 암송이 필요 없는, 즉 경험하는 즉시 기억하는 일화(공간)기억(episodic memory)과 훨씬 더 많은 연습과 암송이 필요한 의미기억(semantic memory)이 있다. 연구에 따르면 일화적 기억의 부호화(episodic encoding)와 기억의 회복(retrieval)시의 뇌의 활성 영역은 서로 다르다. 즉, 대뇌반구 중 좌뇌 전두엽은 기억의 부호화 기능을 담당하고, 우뇌의 전두엽은 기억의 회복(retrieval)에 관여된다는 것이다. 또한 일화 기억(episodic memory)과 의미기억(semantic memory)의 차이점도 보고되고 있는데, 우뇌 전두엽은 일화 기억 회복 시에, 좌뇌 전두엽은 의미 기

---

39) Cane and Caine, *Making Connections*, 89.

억 회복 시에 활성화된다.[40] 특히 정보와 기능이 선행 지식 및 실제 경험과 동떨어질수록, 암송과 반복에 더 의존하게 된다. 사실들은 자연적, 공간적 기억에 뿌리를 내리고 있을 때 가장 잘 이해된다. 실제로 기억이 유용한 경우가 많기 때문에, 교사들은 기억 증진과 관련된 교수에 능숙해야 한다. 그러나 기억에만 관심을 둔 수업은 학습 전이를 촉진하지 못하고 이후에 이해의 폭이 확대되는 것을 방해할 수 있다. 결국, 교사가 각 학습자의 세계를 무시할 경우에는 학습자의 두뇌가 효과적으로 기능하는 것을 방해하는 셈이다.

특히 사실이나 정보는 자연적·공간적 기억으로 새겨 넣을 때, 기억과 이해가 촉진된다. 우리가 모국어를 습득할 때에는 어휘 및 문법과 관련된 상호적인 경험을 많이 한다. 교사들은 교실에서의 발표, 프로젝트, 현장 학습, 어떤 경험에 대한 이미지, 멋지게 수행했던 일을 머릿속으로 그려 보기, 이야기, 은유, 연극, 여러 교과를 관련짓는 실제 활동 등을 많이 활용해야 한다. 모든 감각을 고루 활용하고 학습자가 여러 가지 복잡하고 상호적인 경험을 할 때, 학습은 효율적이게 된다.

여덟째, 학습은 도전에 의해 촉진되고 스트레스나 위협에 의해 방해를 받는다. 두뇌가 적절한 도전을 받을 때에는 최적의 학습을 하지만, 위협을 지각했을 때에는 어떤 방법을 통해서라도 그 상황에서 벗어나려 하고 학습된 무력감을 겪으며, 지각의 장이 좁아진다. 그래서 학습자는 융통성이나 창의성이 줄어들어 판에 박힌 사고에만 얽매이게 된다. 교사는 학습자들이 편안한 분위기에서 학습에 주의를 기울일 수 있도록 해야 한다. 최적의 학습을 위해, 교사는 우선 지나친 스트레스나 위협을 줄이고 도전의 기회를 많이 제공해야 한다.

아홉째, 각 개인의 두뇌는 독특하다. 우리 모두의 감각과 정서가 동일하

---

40) Jennifer Coull, "Functional Neuroimaging: Current Developments in PET, fMRI and Electrophysiology," *Trends in Cognitive Sciences* 1:5 (1997), 161-162.

다고 하더라도, 모든 두뇌에서는 그런 요소들이 각기 다르게 통합된다. 또 학습이 실제로 두뇌의 구조를 변화시키기 때문에, 우리가 알면 알수록, 우리는 더 독특해진다. 따라서 모든 학습자들이 시각적, 촉각적, 정서적, 청각적 선호도를 활용할 수 있도록 교수-학습 과정에 다양한 활동을 포함해야 할 것이고, 나아가 그 밖의 여러 가지 개인차도 고려해야 한다. 개인의 관심을 끌기에 충분할 정도의 다양한 선택 기회를 제공함으로써, 일상생활과 같이 복합성을 반영하는 학습 환경을 구성해야 한다.

    교육과 관련해서 우리는 두뇌의 어느 부분에 관심을 가져야 할까. 우리의 교육은 주로 측두엽의 안쪽, 간뇌의 대부분을 차지하는 회백질부인 시상(thalamus) 등을 중심으로 하는 기억에 관여하는 신경 회로의 복합적 작용에 의존한다. 우리가 교육의 목적을 "전인"이라고 할 때, 그 "전인"은 동물과 구별되는 인간적인 성격을 말한다고 할 수 있다. 두뇌에서 가장 인간다운, 즉 동물과 구별되는 부분은 전전두엽이다. 사람의 머리의 앞부분 툭 튀어나온 부분이 전두엽이다. 특히 전두엽에서도 앞쪽의 부분인 전전두엽은 사람의 모든 행동 수행을 조절하는 곳이다. 예컨대, 오른손을 움직여 어떤 물건을 집으려 할 때, 손을 움직이라는 직접적인 명령은 중추에서 내리지만 이 운동 중추는 전전두엽이라는 더 높은 곳의 명령을 받고 조절된다. 모든 인간적인 행동을 관장하는 곳으로 알려진 전전두엽은 자발적 의지나 창조성, 참을성, 도덕성, 적절한 감정의 조절을 가능케 하며 어떤 복잡한 문제도 해결할 수 있도록 한다. 전전두엽의 기능이 저하되면 단순한 일은 기억하고 간단한 토론도 할 수 있으나 이를 이용해 어떤 문제를 해결하는 방향으로 나아가지는 못한다. 따라서 전전두엽의 기능을 발전시키려면 어떤 문제를 제기한 후 이를 스스로 적극적으로 그리고 창의적으로 판단하여 해결하도록 하는 훈련을 쌓아야 한다.[41]

---

41) 김종성, 《뇌에 관해 풀리지 않는 질문들》(서울: 지호, 2000), 138-143.

브루스(Barbara Bruce)는 두뇌이론을 학습에 적용한다. 첫 번째, 최대의 학습 효과를 거두기 위해서는 편안하고 쾌적한 환경이 준비되어야 한다. 두 번째, 학습 내용은 의미가 있는 것이어야 한다. 세 번째, 문제 해결을 위해 진지하게 노력하도록 격려하고 도전한다. 네 번째, 학습자들이 선호하는 방식을 취한다. 다섯 번째, 두뇌가 잘 활용되려면 원칙적이고 빠듯한 분위기보다 편안하고 여유로운 환경이 필요하다. 여섯 번째, 자기-주도적 학습의 기회를 부여해 참여를 높인다. 일곱 번째, 너무 어렵거나 쉽지 않은 난이도의 경계를 이용해 지적 도전을 하라. 여덟 번째, 모든 감각을 이용한 학습이 되도록 한다. 아홉 번째, 적당한 휴식을 주어 학습에 지친 두뇌를 쉬도록 해야 한다. 열 번째, 주의를 끌기 위해서는 이제까지와는 성격이 다른 방식의 학습이 도움이 된다. 열한 번째, 학습 내용에 대한 반성의 시간의 주어 이해를 심화시킨다. 열두 번째, 몸은 마음과 연결되어 있으므로 적절히 이용한다.[42]

---

42) Barbara Bruce, *Our Spiritual Brain: Integrating Brain Research and Faith Development* (Nashville: Abingdon press, 2002), 49-127.

 4장

구성주의적 학습

1. 능동적 학습

구성주의 관점에서 지식은 절대 불변의 사실로서 객관적으로 존재하는 것이 아니라, 인간에 의해 구성되며, 고정되어 있지 않으며, 지식은 성장할 수 있다는 점을 강조하고 있다. 교수-학습 설계에 직접적으로 영향을 끼치고 있는 심리학적 구성주의(psychological constructivism)에는 대표적으로 피아제(Jean Piaget)의 인지 심리학을 기저로 하는 인지적 구성주의(cognitive constructivism)와 비고츠키(Lev S. Vygotsky)의 발달 심리 이론을 중심으로 하는 사회문화적 구성주의(sociocultural constructivism)가 있다.

교수-학습에서 구성주의는 이미 만들어진, 혹은 객관적으로 존재하고 있는 의미와 신념 및 지식을 학습자로 하여금 수용하게 하거나 전달받게 하는 것이 아니라, 학습자 스스로 의미와 신념, 지식을 창출하는 생산자로서 지위를 확보하게 하고, 학습자가 교수-학습 과정의 공동 주체가 된다는 점을 강조함으로써 교수-학습 설계와 실제 학습에 새로운 지평을 제시하고 있다.

구성주의 맥락에서 교수가 전개되는 장에서는 교수-학습의 자기 주도성을 강조하고, 주어진 객관보다는 교수-학습 주체들 간의 상호작용을 강조함으로써 교육에서 교사와 학습자, 학습자와 학습자, 더 나아가 교사와 교사 사이의 소외 상황을 극복할 수 있는 지평을 열어 놓고 있다고 할 수 있다.

구성주의 교사는 학습자를 기본적으로 세상에 관한 이론을 추구하는 능동적인 사고자(thinker)로서 배려하고, 학습자가 의미 있는 문제에 기초한 능동적인 탐구활동에 몰입하도록 도와주고, 또한 구성주의 교사는 수업 주제에 관한 학습자 자신의 견해를 구성하도록 격려함으로써, 교사의 역할이 학습자의 학습을 도와주는 조언자, 안내자, 구성 촉진자로서의 기능을 수행해야 한다는 점을 강조하고 있다.

구성주의 교수 학습을 위해서는 전통적인 수업보다 교사의 전문적이고 계획적인 배려와 실제 수업 장면에서 교사 자신의 성찰적 교수활동, 또는 관찰 활동의 강조와, 교사가 자신의 일에 능동적인 태도와 전문적인 자질이 더욱 더 절실히 요구된다는 것을 자각하게 하는 점이 학습자들의 구성주의 수업을 성공으로 이끄는 중요한 관건이 된다.

2. 구성주의 학습의 특징

철학적 실재론에 근거한 전통적인 객관주의 교수-학습이론과 철학적 인지론에 근거한 구성주의 교수-학습이론의 특징을 비교하면 다음 〈표4〉

와 같다.[43]

기준	객관주의	구성주의
교수의 목적	• 객관적으로 존재하는 실재에 대한 법칙의 파악	• 세상에 대한 스스로의 해석 방법 제시 • 문화적 동화와 협력학습
교수의 내용	• 객관적 법칙이라고 밝혀진 체계화된 지식	• 현실세계와 동일한 복잡한 문제 상황 속에서 지식제공
내용의 조직	• 과제분석에 의한 세분화, 계열화	• 복잡한 현실과 다양한 관점이 포함되는 환경으로 설계
주요 교수전략	• 반복연습 • 지식의 암기와 축적 • 정오반응에 대한 피드백 제공 • 개인성취의 중요성 강조 • 외적 흥미요소 강조	• 다양한 문제 상황 속에서의 지식 활용 기회 제공 • 스스로의 의미구성 기회 제공 • 학습자의 능동적 참여 촉진
평가	• 양적 평가, 객관식 평가 • 교사의 평가 • 학습전 학습목표와 평가 기준을 설정하고 최종적으로 평가실시	• 질적 평가, 다양한 형태의 평가 • 학습자 본인, 동료 학습자, 교사의 평가 • 수업하는 과정에서 지속적으로 평가
수업설계의 핵심	• 교사가 수업 전에 설계 • 교수 목표 및 과제의 구체적 분석 • 세분화, 순서화, 구조화	• 전체적인 학습목표만 설정 • 학습자 개개인이 스스로 수업하는 중에 지속적으로 수업설계 • 현실상황의 복잡성을 나타내는 환경 구성 • 지식 생성의 환경 구성

---

43) 전성연 편, 《교수-학습의 이론적 탐색》(서울: 원미사, 2001).

교사의 역할	• 전달자, 지시자, 권위자 • 지식의 전수자 • 교육과정 실행자	• 안내자, 조력자, 자원인, 동료학습자 • 학습촉진자 • 교육과정 재구성자
학습자의 역할	• 지식의 수용자, 청취자	• 지식 이해의 구성자 • 아이디어와 의미의 구성자 • 목표설정, 과제 선정, 수업방법 결정, 평가 활동에 참여
교육방법	• 지식전달적 수업, 일제수업, 개별수업 • 교사주도성 강조	• 자율학습, 협동학습, 소집단활동 • 교사-학습자, 학습자-학습자 상호작용 강조 • 학습자 주도성 강조

표4_객관주의와 구성주의 교수-학습이론의 특징 비교

이제까지 살펴본 학습이론들은 크게 행동주의와 인지주의 접근으로 나눌 수 있다. 행동주의적 접근, 즉 행동의 변화를 의미하는 학습에는 크게 외부의 중립적 자극이 조건반응을 일으키며 강화된다는 고전적 조건화, 스스로의 자발적 행동의 결과가 강화되어 학습된다는 조작적 조건화가 있으며, 행동주의와 인지주의적 접근의 중간 지점에 있는 사회인지적 접근, 즉 모델을 보고 배운다는 사회적 학습, 그리고 인지적 접근으로는 전체와 부분 사이의 통합적인 관계를 통찰하는 식으로 이루어진다는 인지학습, 인지학습의 최근 경향이라고 할 수 있는 신경망 이론과 두뇌기반 학습, 그리고 인지적 접근과 연관되는 것으로서의 구성주의 학습이론이 있다.

이제까지의 학습이론에 대해서 거칠게 연령별 고려를 한다면 일반적으로 아동의 경우, 행동주의의 조건적 학습이, 청소년의 경우, 사회적 관찰 학습이, 성인의 경우, 정보처리 학습이 어울린다. 이와 같은 학습의 성향을 따라 아동의 경우에는 환경을, 청소년의 경우에는 관계를, 그리고 성인의 경

우에는 대화를 중심으로 하는 교수가 효과적이다.[44]

---

44) Lawrence Kohlberg, *The Philosophy of Moral Development: Moral Stages and the Idea of Justice*, Essays on Moral Development, Volume 1 (Sanfrancisco: Harper and Row, 1981); Lawrence Kohlberg, *The Psychology of Moral Development: The Nature and Validity of Moral Stages*, Essays on Moral Development, Volume 2 (Sanfrancisco: Harper and Row, 1984); Ted Ward, *Values Begins at Home*, 2nd ed. (Wheaton, IL: Victor, 1989), 94.

 5장

학습양식

학습자는 본질적으로 상이하다. 그래서 상이한 학습 양식(learning style), 즉 선호하는 학습양식을 갖고 있다. 이에 따라 학습 양식에는 인식, 사고, 문제 해결과 기억 등에 초점을 둔 인지적 양식 모델(Cognitive style models), 주의, 동기, 그리고 요구와 관련된 성격 특성에 초점을 둔 정서적 양식 모델(Affective style models), 개인의 영양과 건강과 관련된 시청각 능력의 반응에 바탕을 둔 생리심리학적 양식 모델(Physiological style model) 등이 있다.[45] 던(Rita S. Dunn)은 이와 같은 학습양식 모델 들을 합친 다면적 학습양식 모델(Multidimensional learning style)을 제시하기도 했다.[46] 그러나 여기서는 가장 잘 알려진 인지적 학습 양식에 속하는 콜브

---

45) Issler and Habermas, *How We Learn*, 117-118.

(David A. Kolb)의 이론에 대해 살펴보자.

교수는 학습을 진작시키고 학습이 야기되도록 하고자하는 의도적 간섭이다. 따라서 상이한 학습양식을 검토하고 그에 상응하는 교수 전략과 방법들을 논의하는 것이 필요하다. 학습양식이란 시간과 상황이 달라져도 교수·학습 상황에서 일관되게 나타나는 학습행동의 두드러진 특성이다. 콜브의 학습양식 이론은,[47] 일반교육에서는 맥카시(Bernice McCarthy)가 그의 이론을 적용했고,[48] 기독교교육에서는 르페버(Marlene D. LeFever)가 적용했다.[49] 이 학습양식은 자기만의 학습 선호 양식이라고 할 수 있는데 이는 연령 의존적이다. 일반적으로 생후 6개월 경 유아는 미각적 학습자이다. 걷기 시작하는 2-5세경에는 감각운동적 학습자가 된다. 5-9세의 어린이는 대부분 청각적 학습자라고 할 수 있다. 학습자의 약 40%가 중학교까지 가면서 시각적 학습자로 발달한다. 성별로 볼 때, 여성은 남성보다 더 청각적 양식을 갖게 되는 경향이 있다.

학습양식은 강력한 훈련을 통해 변화될 수 있지만 대부분은 생애 동안 지속된다. 유아 때 생존을 위해 획득한 학습양식이 이후에도 우선순위를 두기 때문이다. 연구자들은 2-5세 동안에 우리가 의존하는 태도가 형성된다고 본다.

1. 학습 단계

---

46) 이에 대해서는 Rita S. Dunn and Kenneth J. Dunn, *Teaching Students Through Their Individual Learning Styles: A Practical Approach* (Reston, VA: Reston Publishing, 1978); Rita S. Dunn and Shirley A. Griggs, *Learning Styles: Quiet Revolution in American Secondary Schools* (National Association of Secondary School Principals, 1988) 참조.
47) David A. Kolb, *Individual Learning Styles and the Learning Process* (Cambridge, MI: MIT, 1971).
48) Bernice McCarthy, *4Mat System: Teaching to Learning Styles With Right-Left Mode Techniques*, 2nd Rev ed. (IL: Excel, Incorporated, 1980).
49) Marlene D. LeFever, *Learning Styles: Reaching Everyone God Gave You to Teach* (Illinois: David C. Cook Publishing Company, 1995).

콜브는 주로 경험적 자료와 추상적 개념을 반성적으로 다루고 이 정보를 조작하는 능력에 바탕을 둔 학습양식들을 분류한다.[50] 콜브의 이론은 듀이(John Dewey), 레빈(Kurt Lewin), 융(Carl G. Jung), 피아제(Jean Piaget), 비고츠키(Lev S. Vygotsky) 등의 절충이다. 학습양식은 유전적 소양, 특별한 과거의 경험, 그리고 현재 환경의 요구들의 결과이다. 학습양식은 인식하는 방법("how we perceive")과 행하는 방식("how we process")의 조합이다. 이것이 가장 편한 학습 방식인 독특한 학습 양식을 형성하는 것이다.[51] 인식하는 방법의 두 차원인 구체적 경험(concrete experience)과 추상적 개념화(abstract conceptualization)와 행하는 방식의 두 차원인 능동적 실험(active experimentation)과 반성적 관찰(reflective observation)을 조합해서 콜브는 네 가지 학습 모델에 바탕을 둔 네 가지 범주의 학습양식을 설정했다.

콜브에 따르면 효과적 학습은 네 단계를 포함한다: 참여하는 구체적 경험(concrete experience)으로부터 듣고 관찰하는 반성적 관찰(observation and reflection), 생각을 내는 추상적 개념화(formation of abstract concepts and generalisations), 결정하는 능동적 실험(testing implications of concepts in new situations)으로의 단계이다.

---

50) David A. Kolb, *Experiential Learning: Experience as the Source of Learning and Development* (Englewood Cliffs: Prentice-Hall, 1984); Bernice McCarthy, *The 4MAT System: Teaching to Learning Styles with Right/Left Mode Techniques* (Barrington: Excel, 1987).
51) Kolb, *Experiential Learning*.

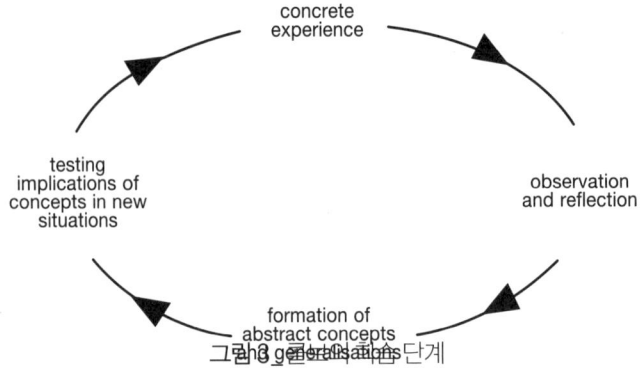

그림3 굴러쓰는스의 단계

2. 학습양식

맥카시는 콜브의 학습양식(Learning style)을 차용해서 확대하여 초1-고3까지의 수업 계획 개발을 위한 4MAT체계(4-matting system)를 짰다.52) 이 체계는 좌/우뇌의 작동에 대한 콜브의 네 가지 학습 연구를 구체화한 것이다. 기억해야 할 것은 각 사람의 학습양식은 맥카시가 네 가지 주요 학습양식을 설명한 대로 정보 인식과 처리의 조합이다.

맥카시가 말하는 학습양식은 네 가지이다.: 상상적 학습자(Imaginative Learners), 분석적 학습자(Analytical Learners), 상식적 학습자(Common Sense Learners), 역동적 학습자(Dynamic Learners). 상상적 학습자는 이미 알고 있는 것들로 시작하며 이전의 경험을 나눈다. 이들은 학습에서 개인적 의미를 찾는다. 이들은 학습할 이유가 필요하다. 그 이유라는 것은 지금 배우는 내용이 나의 개인적 경험과 관계있는 것인지, 그 정보가 일상생활에서 유용한지 하는 것이다. 여러 교수 방법 중에서 이런 학

---

52) http://www.aboutlearning.com/what_is_4mat.htm;
　　http://chiron.valdosta.edu/whuitt/col/instruct/4mat.html.

습자 타입에게 효과적인 것은 협동학습(cooperative learning),[53] 브레인스토밍(brainstorming), 내용 영역의 통합(과학과 사회, 쓰기와 미술 등) 등이다. 한편 상상적 학습자는 듣고 배운 것을 다른 사람과 나누기를 좋아하는 타입이다. 이들은 다음과 같은 것들을 즐긴다.: 소그룹 토의 및 상호 작용, 무언극, 역할극, 팀 스포츠, 가상적인 현실극. 이들이 좋아하지 않는 것은 다음과 같은 것들이다.: 제한된 시간 안에 치러야 하는 시험, 토론(Debates), 컴퓨터를 사용하는 교육, 미술이나 예술적인 면이 결여된 교육, 일반 상식적 학습양식의 교사.

분석적 학습자는 수업에서 무엇인가 새로운 것을 배우고자 한다. 분석적 학습자는 사실을 수집해서 개념과 과정에 대한 이해를 심화시키는데 관심이 있다. 이들에게 강의는 효과적인 교육 방법이다. 독자적 연구, 자료 분석, 그리고 전문가 수준의 내용을 듣는 것도 좋아한다. 이들은 사실에 근거해서 판단을 내리는 합리적인 학습자들이다. 이런 특성 때문에 이들은 전통적인 수업방식에 가장 잘 적응한다. 권위를 존중하는 까닭에 교사들의 사랑도 받는다. 지적인 실력을 쌓고자 하며 전문가에 맞추어 행동하려고 한다. 이들은 다음과 같은 것들을 즐긴다.: 잘 계획된 가르침, 잘 조직된 강

---

[53] 슬래빈(Robert E. Slavin)에 따르면, 협동학습이란 '학습능력이 각기 다른 학습자들이 동일한 학습목표를 향하여 소집단 내에서 함께 활동하는 수업방법이다'(Robert E. Slavin, *Cooperative Learning: Theory, Research, and Practice* [Englewood Cliffs, NJ: Prentice Hall, 1990]). 코헨(Elizabeth G. Cohen)에 따르면, 협동학습은 모든 학습자가 명확하게 할당된 공동 과제(collective task)에 참여할 수 있는 소집단에서 함께 학습하는 것이다(Elizabeth G. Cohen, Celeste M. Brody, and Mara Sapon-Shevin, eds., *Teaching Cooperative Learning: The Challenge for Teacher Education* (Albany: State University of New York Press, 2004). 따라서 협동학습은 소집단의 구성원들이 공동으로 노력하여 주어진 학습 과제나 학습 목표에 도달하는 수업 방법이라고 정의할 수 있다. 협동학습의 종류에는 STAD (Student teams achievement division), TGT (Teams-games-tournaments), Jigsaw, 그룹 조사(Group investigation), 도우미 학습 (Co-op Co-op) 등이 있다. 협동학습에 대해서는 Spencer Kagan, Cooperative Learning, 협동학습 연구교사 역,《협동학습》(서울: 디모데, 1999); 정문성,《협동 학습의 이해와 실천》개정판 (서울: 교육과학사, 2006); 변영계·김광휘,《협동학습의 이론과 실제》(서울: 학지사, 1999) 등을 참조.

의나 이야기들, 경쟁, 실물교육, 객관적인 시험. 이들이 좋아하지 않는 것은 다음과 같은 것들이다.: 역할극, 공개된 토의, 그룹 프로젝트, 주제에서 벗어나는 교사들, 역동적 학습양식의 교사.

상식적 학습자는 그들이 지금 배우는 것이 무슨 의미가 있는지 알고자 한다. 상식적 학습자가 주로 흥미를 갖는 것은 사물이 어떻게 작용하는가 하는 것이다. 이들은 교사의 일방적 주입보다 자신들이 직접 참여해서 시도하고 그래서 직접 경험 해보기를 원한다. 자신들이 배운 것을 실제로 생활에 적용하기를 바라기 때문에 단계적 가르침을 바란다. 이들이 좋아하는 것은 조종을 하거나, 손을 쓰는 과제, 신체적 경험 등과 같은 구체적이고 경험적인 학습활동들이다. 이들은 '듣기' 보다는 '하기'를 원한다. 그래서 다른 사람과 나누는 일에 관심이 없고, 생각도 별로 하지 않는다. 이들은 먼저 행동하고 나중에야 생각하는 타입이다. 이들은 다음과 같은 것들을 즐긴다.: 문제해결, 토론, 논리적인 문제들, 독자적인 공부, 실험들. 이들이 좋아하지 않는 것들은 다음과 같다.: 암송하는 것, 대부분의 시간동안 책을 읽는 것, 그룹 활동, 글을 써야 하는 과제, 창조적 학습양식의 교사.

역동적 학습자는 이런 저런 방식으로 자기들이 배운 것을 해보려고 한다. 이들은 스스로 배우고자 하는 욕구가 크다. 이들은 직관력에 크게 의존하고, 자신과 다른 사람들을 가르치려고 한다. 이들은 배운 것을 기꺼이 받아들이며, 그것을 시도해 보려고 한다. 이들은 개념들로부터 시작하지 않는다. 보고, 듣고, 만지고, 느끼면서 배워간다. 그런 까닭에 전통적인 수업방식에 대해서는 힘들어 한다. 따라서 역동적 학습자들을 지도하는 데는 융통성이 필요하다. 이들은 다음과 같은 것들을 즐긴다.: 사례 연구들, 교사가 지침을 주는 연상(Guided imagery), 모의실험, 역할극, 게임, 창조적 작품 만드는 행위, 독창성을 요구하는 숙제(그저 베끼는 것이 아닌, 자기 스스로 선택할 수 있는). 이들이 좋아하지 않는 것들은 다음과 같다.: 출석부, 선택할 여지가 없는 숙제들, 판에 박힌 규범들, 성급하게 행해야 하는 활동들, 분석적 학습양식의 교사.

교사는 이 네 가지 학습양식이 섞여 있는 학습자들을 대한다. 문제는 수업에서 이처럼 다양한 양식의 학습자들을 한꺼번에 상대해야 한다는 것이다. 그러나 염려할 필요가 없는 이유는 이 학습양식 자체가 하나의 학습주기를 이루고 있기 때문이다. 다시 말해 상상적-분석적-상식적-역동적 학습은 그 순서가 바로 학습의 단계가 된다는 것이다. 리처즈(Lawrence O. Richards)의 성경 학습 단계[54]나 일부 교재들의 전개 단계들[55]은 이로부터 나온 것이다.

이들 네 가지 학습양식은 성경공부와 연관해서 다음과 같은 내용을 갖는다. 상상적 학습자: 성경공부와 연관해서 이들은 이렇게 물을 것이다. "왜 내게 이것이 필요한가?" 이것은 나의 어떤 욕구를 충족시키는가? 이 같은 물음은 의미와 관계된 것이다. 분석적 학습자: 성경공부와 연관해서 이들은 이렇게 물을 것이다. "성경이 나의 필요에 대해서 무엇을 말하는가?" 내 욕구를 충족시키기 위해 내가 성서에서 배워야 할 필요가 있는 것은 무엇인가? 이 같은 물음은 내용에 관한 것이다. 상식적 학습자: 성경공부와 관련해서 이들은 이렇게 물을 것이다. "성경이 가르치는 것이 실제로 어떻게 작용하는가?" 내 욕구를 충족시키는데 내가 배운 것이 어떻게 작용하는가? 배운 것을 그대로 나에게 수용하는 것이다. 이 같은 내용은 실험과 관계된 것이다. 역동적 학습자: 성경공부와 관련해서 이들은 이렇게 물을 것이다. "자, 내가 배운 것을 어떻게 사용할 수 있는가?" 내가 배운 것을 구체적으로 어떻게 삶에 적용할 것인가? 배운 것을 다른 것에 적용하는 것이다. 이 같은 내용은 창의적 적용과 관계된다.

어린아이들은 촉각/운동적이다. 학령기가 되면 시각적 방법을 선호하게 된다. 12세가량이 되면 일부는 청각적 방식을 선호하게 된다. 10세부터 성

---

54) Hook-Book-Look-Took.
55) 예를 들어, David C. Cook의 Bible-in-Life.

인을 기준으로 10명 중 2명은 청각적이다. 여자 아이는 남자 아이보다 청각적으로 더 잘 배운다. 4명은 시각적이다. 4명은 촉각/운동적이다. 여성보다는 남성이 훨씬 더 촉각/운동적이다. 주일학교에서 남자 아이들이 떨어지는 이유 중의 하나는 촉각/운동적 방법의 결여이다.[56] 이와 같은 학습 선호방식은 변하기가 쉽지 않다.

3. 나의 학습 선호방식[57]

*가장 적절하다고 생각되는 항목에 표시를 한 다음, 그 수가 가장 많은 것이 나의 학습 선호방식이다.

1. 나의 _____을 보면 종종 나의 감정을 알아차릴 수 있다.
    1) 얼굴 표정
    2) 어조
    3) 몸짓

2. 나는 일어나는 사건을 _____을 통해 안다.
    1) 신문을 읽고서
    2) 라디오를 듣고서
    3) 신문을 휙 훑어보거나 TV뉴스를 잠깐 보고서

3. 내가 다른 사람과 봐야 할 일이 있으면, 나는 _____를 더 선호한다.

---

56) LeFever, *Learning Styles*, 100.
57) "Find Your Perceptual Strength-Visual, Auditory, or Tactual-Kinesthetic," *Instructor* (January 1980), LeFever, *Learning Styles*, 101 재인용. 그리고 임창재, 《학습양식》(서울: 형설출판사, 1994) 참조.

1) 직접 만나거나 편지를 쓴다

2) 시간 절약상 전화

3) 걷거나, 조깅, 또는 신체적인 무엇인가를 하면서 얘기

4. 나는 화가 날 때, 보통 _____.

1) 말을 하지 않거나 그냥 묵살해 버린다.

2) 내가 화난 이유를 곧바로 알린다.

3) 주먹을 꽉 쥐거나 큰소리를 지른다.

5. 나는 운전을 할 때, _____.

1) 자주 real view mirror을 확인한다.

2) 차에 들어가자마자 라디오를 켠다.

3) 편하지가 않아 몸을 계속 움직인다.

6. 나는 자신을 _____ 라고 생각한다.

1) 말쑥한 드레서

2) 감각 있는 드레서

3) 편안한 드레서

7. 모임에서 나는 _____.

1) 노트와 보여줄 것을 준비해서 간다.

2) 말하는 문제들을 즐긴다.

3) 어디 다른 곳에 있으면 좋겠다.

8. 남는 시간에 나는 _____.

1) TV시청, 영화관람, 공연장이나 독서

2) 라디오나 오디오 듣기, 연주회나 악기 연주

3) 몇 종의 신체적 활동에 참여

9. 최고의 훈련 방식은 _____.

1) 학습자를 또래그룹에서 분리시키는 것이다.
   2) 학습자와 논의하는 것이다.
   3) 수긍할 수 있는 징벌을 사용하는 것이다.

10. 최고의 보상 방식은 _____ 이다.
   1) 좋은 말을 써주거나 사람들이 볼 때 상을 주는 것이다.
   2) 또래들 앞에서 말로 칭찬을 하는 것이다.
   3) 등을 두드려주거나 껴안아준다.

코오누(Alison Le Cornu)는 신앙이 학습에 어떤 영향을 미치는 지 조사

 6장

학습과 신앙

하였다. 살면서 겪는 경험에 대해서 어떻게 대처하고 어떻게 생각하는지를 묻는 설문과 인터뷰를 통해 그는 학습과 관련된 신앙의 방식에 따라 학습자를 네 가지로 유형으로 분류하였다.[58]

1. 분리적 학습자

---

58) Alison Le Cornu, "People's Ways of Believing: Learning Process and Faith Outcomes," *Religious Education* 100:4 (Fall 2005), 425-446.

분리적 학습자(Discrete Learners)는 신앙과 경험을 연속된 것이 아니라 별개로 생각한다. 신앙과 경험은 따로따로이다. 이 유형의 학습자는 대체로 신앙과 경험을 삶의 두 가지 분리된 차원으로 생각한다.[59] 즉 각 차원은 나름대로의 성격이 있다. 우리는 그 두 차원에서 살아가고 있을 뿐이다. 예를 들어, 경험의 차원에서 분리된 독신 여성은 결혼하게 해달라는 기도에 왜 하나님께서 응답하시지 않는지 이해하지 못한다. 또한 정신분열증적인 느낌이 든다고 말하는 사람에게 병원에 가보라고 말하는 사람은 신앙적 차원으로부터 분리된 것이다.

이들의 신앙은 비인격적이다. 이들이 자신들의 삶에서 신앙적 세계관을 중시하지만 그것은 인간적인 면을 고려하지 않은 교리적 차원에서이다. 이들의 자아는 신앙적 자아와 이성적 자아가 통합되지 못한 상태이다.

2. 관련적 학습자

관련적 학습자(Related Learners)는 신앙과 경험을 통합시키기 때문에 "관련적"이란 수식어가 붙는다. 경험을 모두 신앙의 차원에서 설명한다. 경험이 신앙 안에서 용해된다. 예를 들어, 임신을 하고 출산을 하면서 그 기간 동안에 하나님에 관해 얼마나 많이 알게 되었는지 말하는 경우이다. 그들은 말한다. "내게 일어나고 있는 일들을 나는 어떻게 할 수 없었어요. 그것이 내게는 하나님이 어떤 분이신가였죠."

이들의 신앙은 인격적이다. 분리적 학습자와는 달리 이들은 신앙을 강조

---

59) Mary F. Belenky, Blythe M. Clinchy, Nancy R. Goldberger, and Jill M. Tarule, *Women's Ways of Knowing: The Development of Self, Voice, and Mind* (New York: Basic Books, 1986), 237.

하되 교리가 아닌 예수의 인격 등을 중시한다. 그런 면에서 이들의 자아는 독립적이고 확신에 차 있다.

3. 동화적 학습자

동화적 학습자(Assimilative Learners) 유형은 신앙을 그들의 경험 안으로 동화시킨다. 즉 신앙을 경험적으로 경험적 차원에서 이해하려 한다. 이들은 "자신들 안에서 하나님께서 말씀을 취하시도록 한다." 예를 들어 밖에 나가서 자연을 보면서 그것이 다윗이 찬양했던 하나님의 창조세계라고 생각한다.

4. 해석적 학습자

해석적 학습자(Interpretive Learners) 유형은 모든 경험들을 신앙의 전제를 따라 해석한다. 예를 들어, 일련의 사건들 속에서 무엇인가가 반복적으로 나타나게 될 경우, 그것을 하나님의 사랑과 돌보심의 표시 등으로 해석하는 경우이다. 이런 유형의 사람들의 구호는 항상 "하나님은 어디 계시냐?"이다. 즉 어떤 경우이든 거기서 하나님을 찾으려 하고 신앙적 의미를 부과하려고 한다.

이와 같은 유형들은 고정된 것으로 보이지 않는다. 한 사람이 여러 유형으로 행동할 수도 있다는 말이다. 그러므로 이 유형을 위계적이거나 발달적으로 생각해서는 안 된다.

동기란 어떤 행동을 발생시키고 그 행동을 유지시키며 또한 그 행동의 방

 7장

동기

향을 정해주는 요인으로서 행동의 수준 또는 강도를 결정하는 심리적 구조이며 과정이다. 학습자들은 왜 학습을 하는가? 학습자들로 하여금 학습하게 만드는 원동력은 무엇인가? 교육에서 는 이것을 '동기'라고 한다. 동기란 "어떤 목표를 지향하는 행동을 일으키고, 방향을 잡아주고, 유지하는 힘의 총합"[60]이라고 할 수 있다. 동기(motivation)는 "움직인다"는 의미의 라틴어 "movere"에서 유래되었으며, 인간의 행동을 일으키는 근원적인 힘으로 이해되고 있다. 동기를 이와 같이 볼 때, 동기는 행동의 출발점이며 구체적 방향을 향하게 하며 행동의 원동력이 되는 기능을 한다. 동기는 크게 외

---

60) D. B. Lindsley, "Psychology and Motivation," M. R. Jones, ed., *Nebraska Symposium on Motivation* (Lincoln: University of Nebraska Press, 1957).

재적 동기(extrinsic motivation, 외발적 동기)와 내재적 동기(intrinsic motivation, 내발적 동기)로 나눌 수 있다. 외재적 동기는 외부로부터 주어지는 동기이다. 높은 성적을 받았을 때, 상을 준다거나, 심부름을 했을 때, 심부름값을 준다거나 했을 때, 상이나 심부름값이 이에 해당한다. 이 같은 동기는 행동 자체보다 행동의 결과에만 관심을 갖기 때문에 순수하지 못하다. 그러므로 교사는 학습자의 흥미나 호기심과 같은 요인에서 유래하는 성취동기나 자아실현의 욕구 등과 같은 내재적 동기를 고취시켜야 한다.

행동의 근원이 되고 활력을 불어넣어주며 방향을 제시해주는 동기에 대한 관점은 크게 두 부류로 나눌 수 있다. 하나는 구조적 관점이고, 하나는 과정적 관점이다. 구조적 관점이란 동기를 생득적이고 습득된 것이며 성격적인 것으로 본다. 즉 사람이 특정하게 행동하는 것은 그가 그것에 본래 관심이 있기 때문이라는 것이다. 과정적 관점은 사람이 어떤 행동을 하는 것은 타고난 성향에 의하기도 하지만 환경의 영향도 받는다는 것이다. 즉 내용의 난이도, 교사와 부모의 특성, 교실 환경 등에 따라 동기가 좌우될 수 있다는 것이다.[61]

1. 동기에 대한 접근 이론

행동주의적 접근

동기에 대한 이론은 다양하나[62] 행동의 전반적인 면과 관계된 일반적 동기이론과 학교학습활동과 관련된 학습동기이론으로 나눌 수 있다. 일반적

---

61) 박경숙, "동기이론"《교육학대백과사전》2 (춘천: 하우동설, 1998), 1080.
62) 예를 들어, 정신분석학에서는 모든 행동이 나오는 두 개의 반대 그룹, 즉 생명과 성장을 증진시키는 생의 본능과 파괴로 밀어내는 사의 본능이 금기시되어 억압되면 충분한 의식적 표현을 찾는 대시에 무의식적 동기로 남아서 행동에 작용한다고 본다.

동기이론은 다시 행동주의 동기이론, 인지주의 동기이론, 그리고 인본주의 동기이론으로 나뉜다. 행동주의의 경우 동기란 왜 어떤 행동이 더 많은 반응을 일으키느냐에 관한 것이다. 행동주의자들은 그 이유를 강화의 차이에서 오는 것으로 본다. 즉 오랫동안 일관해서 강화를 받아온 반응이 더 강한 반응 경향을 나타낸다는 것이다. 행동주의자들에게 동기는 욕구(drives)와 긴밀한 관계가 있다. 사람은 욕구에 의해 동기를 부여받는다는 것이다. 사람은 우선 생리적 욕구인 1차적 욕구의 영향을 받으며, 다음에는 사회적, 정서적, 그리고 지적 욕구 등과 같은 2차적 욕구의 영향을 받아 행동한다는 것이다. 행동주의자들은 이처럼 욕구라는 외적 자극을 통해 행동을 위한 동기를 유발시킬 수 있다고 생각한다.

인지주의적 접근

인지주의는 사람의 행동은 실제적으로 일어나고 있는 객관적 사건에 의하여 영향을 받는 것이라기보다 그 사건을 행위자가 어떻게 생각하느냐 하는 사고방식에 의하여 영향을 받는다고 본다. 예를 들어, 한 집단에 쉬운 과제를 주면서 이 과제는 어렵기 때문에 성공하기 어려울 것이라고 하고, 다른 집단에는 어려운 과제를 주면서도 이 과제는 쉬워서 성공할 것이라고 하였다. 그 결과 어려운 과제를 받은 집단의 성공률이 높았다는 것이다.[63] 행동이 생각의 영향을 받는다는 것을 보여주는 사례이다.

성취동기이론

인지주의적 동기이론에는 크게 성취동기론(achievement theory), 귀인이론(attribution theory) 등이 있다. 성취동기이론은 처음에 머레이

---

63) Bernard Weiner, *An Attributional Theory of Motivation and Emotion* (New York: Spring-Verlag, 1986).

(Henry A. Murray)에 의해 제시되었고[64] 후에 매클레런드(David C. McClelland)와 아트킨슨(John W. Atkinson)에 의해 보다 체계적으로 발전하였다. 성취동기이론은 "왜 어떤 사람은 다른 사람보다 더 많은 성취를 이루는가?"에 대한 문제제기로부터 시작된다. 성취동기이론은 그것, 곧 성취의 차이는 성취욕구(achievement need)의 차이 때문이라고 말한다. 맥클레런드는 주제통각검사(Thematic Apperception Test, TAT)를 사용하여 성취욕구를 측정하였다.[65] 이 검사는 일련의 시리즈를 이루는 그림을 보여주고 그 그림에 나온 인물이 누구이며, 무슨 일을 했으며, 무슨 일이 일어날 것인지 등의 이야기를 꾸며보게 하는 방식이다. 여기서 성취욕이 높은 사람은 적극적 목표를 예상하거나 성공적인 면을 본다. 또 다른 실험은 여러 문자 카드를 섞어놓고 단어를 만들어보라고 했을 때 성취욕이 높은 사람은 시간이 지날수록 단어의 수가 증가하였지만, 성취욕이 낮은 사람은 시간이 지나도 단어의 수가 증가하지 않았다.

유사한 예가 있다. 한 교사가 두 개의 반에서 차례로 아인슈타인에 관하여 이야기를 들려준다. 한 반에서는 그의 천재성을 강조하면서, 다른 반에

---

64) 머레이는 사람의 성격에 나타나는 무의식적 기본적 욕구를 심리발생적 욕구(psychogenic needs)라 칭하고 그것들을 27가지로 말하는 데, 그 중의 하나가 성취동기이다. 심리발생적 욕구는 크게 과제 관련 욕구와 대인관계 관련 욕구로 나뉜다. 과제 관련 욕구는 다시 학습습관에 영향을 주는 욕구와 수행수준에 영향을 주는 욕구로 나뉘며, 대인관련 욕구는 독립성을 유지하려는 욕구와 대인관계를 유지하려는 욕구로 나뉜다. 학습습관에 영향을 주는 욕구에는 정돈(orderliness), 구조화(construction), 관리(conservation), 획득(aquisition), 파지(retention), 유희(play), 설명(exposition)의 욕구가, 수행수준에 영향을 주는 욕구에는 우월(superiority), 성취(achievement), 인정(recognition), 실패 회피(failure avoidance), 대응(counteraction), 과시(exhibition), 불가침(inviolability), 자기비하(abasement)가, 독립성을 유지하려는 욕구에는 지배(dominance), 거부(rejection), 방어(defensiveness), 공격(aggression), 자율(autonomy), 반발(contrariness)이, 대인관계를 유지하려는 욕구에는 협력(affiliation), 존경(deference), 간호(nurturance), 의존(succorance), 비난회피(blame avoidance), 유사(similance)가 속한다. Henry A. Murray, *Explorations in Personality* (New York: Oxford University Press, 1938).
65) David C. McClelland, "Toward a Theory of Motive Acquisition," *American Psychologist* 20 (1965), 321-323.

서는 그의 물리학에 대한 열정과 실패에도 도전하는 끊임없는 노력을 강조하여 이야기를 한다. 그리고는 우수성을 드러낼 수 있는 평가지향적 문제와 풀이 과정에서 많은 것을 새롭게 배울 수 있는 문제인 학습지향적인 문제를 제시한다. 아인슈타인의 천재성을 강조한 반의 경우 평가지향적인 문제를 선택하는 비율이 높았고 노력을 강조했던 다른 반의 경우에는 학습지향적인 문제를 선택하는 비율이 높았다.[66]

맥클레런드가 발견한 고성취자들의 성격 특성은 다음과 같다. 첫째, 행동에 대한 자기 책임감, 둘째, 사업을 스스로 계획함, 셋째, 온건한 모험을 저지르는 의지, 넷째, 무사안일을 생각하기보다 적극적 성취로서의 목표를 지향하려는 의지, 다섯째, 결과에 대하여 알아보려는 정열이다.

귀인이론

인지주의 동기이론 중에서 가장 대표적인 것은 귀인이론이다. 귀인이론은 개인이 어떤 특정한 상황에서의 성취결과(성공 혹은 실패)에 대하여 그 원인을 무엇에 두느냐에 따라 그의 행동이 결정된다고 가정한다. 예를 들어, 수영시험을 보는 중학생들에게 실제기록보다 저조한 기록을 알려준 후 재시도를 시켰을 때, 저조한 기록이 노력 부족 때문이라 생각했던 학습자는 기록이 향상된데 반해, 자신의 능력 부족 때문이라 생각한 학습자는 기록이 크게 떨어졌다.[67]

학습자들은 대체로 자신의 성취결과를 능력(ability), 노력(effort), 과제 난이도(task difficulty), 행운(luck)의 네 가지 원인으로 설명한다. 이들 원인들은 원인의 소재, 안정성, 통제가능성의 세 가지 차원으로 분류될 수 있다. 원인의 소재차원은 원인을 어디에서 찾느냐, 즉 외부에서 찾느냐, 아니면 자신에게서 찾느냐 하는 것이고, 원인의 안정성은 시간이나 상황이 바

---

66) "EBS 걸작 다큐멘터리: 동기 제1부-동기, 실패를 이기는 힘" (2004. 9. 2/ 2007. 2. 13).
67) "EBS 걸작 다큐멘터리".

뛰어도 원인을 먼저처럼 생각하는지 아닌지에 관한한 것이고, 통제가능성은 원인을 통제할 수 있느냐 없느냐 하는 것이다. 귀인은 프로그램에 의해 변경될 수 있다. 예를 들어, 자신의 실패를 능력의 결핍이라 추론하고 무능감에 젖어있어 성취가 감소되는(실패→ 추론된 능력 결핍→ 무능감→ 성취감소) 학습자에 대한 귀인훈련을 통해 학습자는 실패를 불충분한 노력이라 생각하게 되었고 그래서 그 책임을 자신에게로 돌리고 노력한 결과 성취가 증가되었다(실패→ 노력 결핍→ 죄책감과 수치감→ 성취증가).[68]

사회학습이론적 접근

반두라는 동기를 목표지향적 행동이라고 보는데, 그 행동은 여러 행위들의 예견된 결과와 자아효능감에 관한 사람들의 기대에 의해 유발되는 것이다(자아효능감이론[self-efficacy theory]).[69] 사람들이 목표와 현재의 수행 사이에 차이가 있다는 것을 알게 되면 변화에 대한 유인이 생기게 되고, 목표를 달성하는데 필요한 행동을 수행하기 위해 자아효능감이 요구되는 것이다. 자아효능감은 구체적인 장면에서 과제를 일정 수준에서 수행할 수 있다는 자신의 능력에 대한 개인적 신념을 가리킨다.

생후 2개월 된 아기의 발목에 실을 묶어서 모빌에 연결했다. 발을 움직일 때마다 모빌이 움직이는 것을 깨닫게 된 아이는 그 이전보다 자주, 크게 발을 흔들었다. 그러나 모빌과 연결된 끈을 끊어버리면 아이는 더 이상 발길질을 하지 않는다. 자신의 힘으로 주변상황을 변화시켰다는 느낌이야말로

---

68) Bernard Weiner, "Speculations regarding the Role of Affect in Achievement Change Program Guided by Attributional Principles," John M. Levine and Margaret C. Wang, eds., *Teacher and Student Perceptions: Implications for Learning* (Hillsdale, NJ: Lawrence Erlbaum, 1982).
69) Albert Bandura, *Social Foundations of Thought and Action: A Social Cognitive Theory* (Englewood Cliffs, NJ: Prentice Hall, 1986).

유능감의 출발이고 내적동기유발의 핵심이다. 장난감을 앉아서 갖고 놀 수 있는 아이들과 엄마의 행동을 지켜본다.[70]

반두라는 동기의 원천으로 가능한 행동결과에 관한 사고와 심상을 든다. 이것은 "나는 성공할 것인가 아니면 실패할 것인가?", "나는 사랑을 받게 될 것인가 아니면 비웃음을 사게 될 것인가?"와 같이 나타난다. 특정한 과제에서 자신이 성공할 것이라고 상상하는 능력은 그 과제에 대한 자아효능감에 의해 결정된다.

자아효능감이 높은 학습자는 과업에 집중하지만 그렇지 않은 학습자는 무력감을 느끼며 과제를 피하려고 한다. 효능감은 실제 성취에 직접적으로 영향을 미친다. 자아효능감이 어떤 수준이냐에 따라 실제 자신의 능력보다 높거나 낮은 성취를 이루게 된다. 이것은 교사의 경우도 마찬 가지이다. 자신의 능력을 신뢰하는 교사와 그렇지 않은 교사는 학습자의 학습 성취에 상이한 영향을 미치게 마련이다.

인본주의적 접근

인본주의 견해는 1940년대 당시 지배적이었던 두 세력, 즉 행동주의와 프로이트 학파인 정신분석학에 대한 반동으로서 출현했기 때문에 "제3세력 심리학"(third-force psychology)이라 불리기도 한다.

인본주의 심리학(humanistic psychology)은 행동주의적이며 자연과학적 방법을 존중하는 연합주의와 인간을 지나치게 분석적·결정론적으로 보는 입장에 반대하는 심리학적 조류에서 시작한다. 연합주의와 정신분석학은 주로 동물이나 비정상인을 대상으로 인간을 반응객체로 보고 인간현상을 기술하려 했음에 반하여, 인본주의심리학은 건전한 인간자체를 대상으

---

70) "EBS 걸작 다큐멘터리".

로 삼았으며 인간을 능동적인 성장가능의 잠재력을 가지고 있는 주체로 보았다. 또한, 인간은 보다 자기조절적이고 자기통제적이며 자기선택적이기 때문에 강요와 통제를 지양하고 그보다는 자발성과 자율성을 더욱 강조하여야 한다고 하였다.

인본주의 심리학은 동기가 외적 자극에 의하여 일어나는 것이 아니라, 자기 지시적으로 이루어진다고 본다. 인본주의에 따르면 사람에게는 적절성의 욕구(need for adequacy)가 있다. 이것은 생리적 욕구와는 다른, 생리적 만족 후에도 욕구하는 호기심, 탐험심, 혹은 단순한 취미 등과 같은 것들이다. 적절성의 욕구 때문에 사람은 스스로 그의 생활 속에서 이전보다 더욱 적절해질 것을 계속적으로 추구하게 된다.

인본주의자로서 동기유발을 가장 잘 설명하고 있는 사람은 매슬로우(Abraham H. Maslow)일 것이다. 매슬로우는 여러 욕구들을 그 강도에 따라 위계적으로 체계화했다.

---

71) 매슬로우는 나중에 8번째 단계로 초월, 또는 영적 욕구를 추가했다. Abraham H. Maslow, *Toward a Psychology of Being*, 3rd ed., 정태연·노현정 공역, 《존재의 심리학》(서울: 문예, 2005).

그림 4_ 매슬로우의 욕구의 위계도

매슬로우에 의하면 사람의 욕구 중에서 최우선적인 것은 기초적인 하위의 욕구이며, 사람은 이를 먼저 만족시키려는 경향이 있으며, 그 같은 하위의 욕구가 채워졌을 때, 그 보다 상위의 욕구를 갖게 된다는 것이다.

이와 같은 매슬로우의 욕구체계는 학급에서의 교육에 그대로 적용된다. 예컨대 배고프고 졸리운 학습자, 즉 생리적 욕구가 채워지지 않은 학습자가 그보다 높은 이해와 지식의 욕구인 학습에 전념치 못할 것은 뻔하다. 사람의 이와 욕구체계에서 교사는 성장동기를 북돋기 위해 결핍욕구를 만족시키려는 노력을 하면서도 매력을 북돋고 위험을 줄임으로써 성장욕구를 격려해야 한다.

인본주의는 동기에서 개인의 자유, 선택, 자기결정, 개인적 성장을 위한

---

71) 매슬로우는 나중에 8번째 단계로 초월, 또는 영적 욕구를 추가했다. Abraham H. Maslow, *Toward a Psychology of Being*, 3rd ed., 정태연·노현정 공역, 《존재의 심리학》(서울: 문예, 2005).

노력, 혹은 자아실현 등을 강조한다. 즉 인본주의자들은 내재적 동기의 중요성을 강조한다. 자기존중이나 자아실현과 같은 욕구의 역할이 중요하다.

2. 동기와 교수

교사는 수업을 하면서 학습자가 지속적으로 학습에 대한 동기를 유지하도록 신경을 써야 한다. 블로드코우스키(Raymond J. Wlodkowski)는 교수가 진행되면서 주의를 기울여야 할 동기의 주요 요소들을 제안한다.[72]

수업 초

수업을 시작할 때 이루어져야 할 동기의 요소들은 태도(attitudes)와 요구(needs)이다. 첫째, 태도이다. 교사는 학습자가 수업에 대해 긍정적 태도로 임할 수 있도록 해야 한다. 수업에 대한 긍정적 태도는 학습 내용에 대해서만 아니라, 가르치는 교사와 학습 상황, 그리고 학습자의 자신에 대한 생각, 그리고 성취에 대한 기대감을 갖도록 하는 것이다.

둘째, 수업 초기에 이루어져야 할 동기의 두 번째 요소는 요구이다. 교사는 수업을 통해 학습자의 요구가 충족되도록 최선을 다해야 한다. 교사는 학습자가 수업이 학습자의 요구에 반응할 것이라는 확신을 갖도록 해야 한다. 수업을 학습자의 중요한 심리적 요구와 연관을 지어야 한다. 교수 상황의 내용과 과정에서 안전, 소속감, 자존감, 자기실현의 욕구를 만족시키도록 해야 한다.[73]

수업 중

---

72) Raymond J. Wlodkowski, *Enhancing Adult Motivation to Learn: A Comprehensive Guide for Teaching All Adults*, rev. ed.(San Francisco: Jossey-Bass Publishers, 1999), 66-67.

수업 중의 동기의 요소들에는 자극(stimulations)과 영향(affect)이 있다. 첫째, 자극이다. 교사는 수업을 진행하면서 수업이 여전히 계속해서 학습자를 자극하고 있는 지 확인해야 한다. 자극은 학습자의 주의를 유지하기 위해 필요하다. 또한 학습자가 흥미를 갖도록 하기 위해서도 필요하다. 그리고 학습자의 참여를 유도하기 위해 필요하다.

둘째, 영향이다. 교사는 수업 중의 정서적 경험과 감정적 분위기가 학습자에게 얼마나 긍정적인 영향을 주고 있는지도 염두에 두며 진행해야 한다. 학습과정 안에서 학습자의 감정을 통합하고 격려해야 한다. 그리고 학급 안에 최상의 정서적 분위기를 유지해야 한다.

수업 끝

수업의 끝 부분에서 생각해야 할 동기의 요소들은 능력(competence)과 강화(reinforcement)이다. 첫째, 능력이다. 교사는 수업을 마무리하면서 학습자의 자신감이 얼마나 증가하고 확실해졌는지 살펴보아야 한다. 교사는 학습자가 자신감, 자기 결정과 내면의 동기 차원에서 학습자가 학습에서 진보와 숙달, 성취, 그리고 책임을 인식하도록 해야 한다. 둘째, 강화이다. 교사는 수업을 통해 학습자에게 어떤 강화가 이루어졌는지 확인해야 한다. 긍정적 강화가 없이는 학습자의 참여와 성취를 축소시키지 않는 한에서 학습활동의 외적 강화가 있어야 한다. 그리고 교사는 학습자가 학습을 통해 생산된 자신의 긍정적 변화를 알도록 해야 한다. 여기에 의미 있는 학습 단락에 대해 계속 동기를 갖도록 해주어야 한다.

교육심리학은 계속해서 발전해 나갈 것이다. 교육심리학에 대한 관심은

---

73) Ibid., 254-257.

학습자들의 이상적인 행동 변화를 위해 일하는 교사로서 당연히 지녀야 할 것이다. 그런데 과학적 성격의 학문이 대체로 그러하듯 교육심리학 역시 가치를 배제한 연구가 되기 쉽다. 기독교교육학은 신앙을 길러주는 교육이기에 교육심리학적 내용들이 거기에서 어긋나지는 않는 지 비판적으로 검토할 필요가 있다. 그러면서 한편으로는 교육심리학의 내용들을 기독교교육적으로 응용하려는 노력도 게을리 하지 않으면 안 될 것이다. 특히 교사의 경우에는 교육심리학의 내용들을 잘 이용해 교사로서의 사명을 수행하는 데 큰 도움이 될 수 있도록 구체적이고 현실적 안목을 가져야 할 것이다.

참고문헌

김남성. 《교육심리학》. 제2증보판. 서울: 교육과학사, 1998.

김종성. 《뇌에 관해 풀리지 않는 질문들》. 서울: 지호, 2000.

이성진. 《교육심리학서설》. 서울: 교육과학사, 1996.

임규혁. 《학교학습효과를 위한 교육심리학》. 서울: 학지사, 1996.

장근영. 《싸이코 짱가의 영화 속 심리학》. 서울: 메가트렌드, 2007.

전성연 편. 《교수-학습의 이론적 탐색》. 서울: 원미사, 2001.

Beechick, Ruth. *Biblical Psychology of Learning: How Your Mind Works*. Denver, CO: Accent Books, 1982.

Kagan, Spencer. *Cooperative Learning*. 협동학습 연구교사 역. 《협동학습》. 서울: 디모데, 1999.

Maslow, Abraham H. *Toward a Psychology of Being*. 3rd Ed.. 정태연·노현정 공역. 《존재의 심리학》. 서울: 문예, 2005.

Richard, .Reichert, *A Learning Process for Religious Education*. 박종석 역. 《기독교교육의 학습과정》. 서울: 대한기독교서회, 1997.

Slater, Lauren. *Opening Skinner's Box: Great Psychological Experiments of the Twentieth Century*. 조중열 역. 《스키너의 심리상자 열기: 세상을 뒤바꾼 위대한 심리 실험 10장면》. 서울: 에코의서재, 2005.

✢ 학습 문제

1. 강화의 원칙 다섯 가지는 무엇인가?

2. 교사로서 당신은 학습자들에게 어떤 모델이고 싶은가? 그러기 위해서 해야 할 일은 무엇인가? 자신의 생각을 써보시오.

3. 다음의 두뇌 기반 학습의 원리를 응용해서 학습자가 기억해야 할 성경 지식이나 중요한 성경 구절을 암기시키기 위한 방법을 제안해 보시오.

4. 학습자의 능동적 학습을 강조하는 구성주의 학습이론에 비추어 나의 교수방식에서 개선해야 할 점은 무엇인지 두 가지 이상을 들어보시오.

5. 책에 나와 있는 "나의 학습 선호방식"을 풀어보도록 해서 나와 관계된 학습자들의 학습 양식을 발견하여 아래의 표에 기재하시오.

6. 나와 관계된 학습자들의 신앙관련 학습 유형은 무엇인가? 아래의 표에 기재하시오.

7. 내가 교사를 하는 동기는 무엇인가? 정직하게 답하고 어떤 동기를 가져야 할 지 쓰시오.

8. 나와 관계된 학습자들이 성경공부를 하는 동기를 조사하고 그것이 여러 동기이론들 중 어디에 속하는 지 아래의 표에 쓰시오.

9. 이번 주에 가르칠 성경공부의 내용을 수업 초, 수업 중, 수업 끝 부분으로 나누어 각각에 대해 학습자의 동기를 유발할 수 있는 내용들을 생각해 아래의 표에 쓰시오.